SCHULZE STEINMANN

HEIMLER

CLAAßEN

CORDSHAGEN

(Herausgeber)

Die Zukunft sozialpsychiatrischer Heime

LISA SCHULZE STEINMANN
JOACHIM HEIMLER
JOSEF CLAAßEN
HANS CORDSHAGEN
(Herausgeber)

Die Zukunft sozialpsychiatrischer Heime

Psychiatrie-Verlag

Lisa Schulze Steinmann, Joachim Heimler, Josef Claaßen,
Hans Cordshagen (Hg.): Die Zukunft sozialpsychiatrischer Heime
Bonn : Psychiatrie-Verl., 2003
ISBN 3-88414-339-5

Bibliografische Information der Deutschen Bibliothek
Die Deutsche Bibliothek verzeichnet diese Publikation in der Deutschen Nationalbibliografie; detaillierte bibliografische Daten sind im Internet über http://dnb.ddb.de abrufbar.

Originalausgabe

Umschlag: markus lau hintzenstern, Berlin
Satz: Marina Broll, Dortmund
Druck: Druckkollektiv Lutz Köhler, Giessen

Inhalt

Lösungen

Visionen sind Vorboten, Vorboten dessen, was in uns steckt. Visionen entwickeln sich. Es sind große Idealvorstellungen. Visionen sind Wünsche und Verpflichtung zugleich. Sie zeugen von Vorstellungskraft und Fantasie, von Überzeugungen und von Energie. Sie sind manchmal spekulativ, manchmal schwärmerisch, manchmal provokant. Vielleicht sind Visionen auch so etwas wie der sechste Sinn oder das dritte Auge – eine Ahnung.

Visionen regen das Denken an – den Vergleich der Gegenwart mit einem möglichen Morgen. Visionen sind etwas für bewegliche Köpfe, in denen das Denken noch die Richtung wechseln kann, in dessen Spielräumen auch Utopien noch Platz finden.

Das vorliegende Buch will anregen, die aktuelle Heimsituation psychisch erkrankter Menschen in Frage zu stellen und Visionen der Zukunft zu entfalten. Manches mag den Umrissen nach schon erkennbar sein, manches neu, manches mag auch noch als undurchführbarer Plan gelten … Aber so wirkten die Anfänge großer und notwendiger Veränderungen immer zuerst!

Veränderungen der Heime für psychisch erkrankte Menschen sind nach Ansicht der hier vertretenen Autorinnen und Autoren notwendig. Möglicherweise haben auch Sie schon darüber nachgedacht, dass sich etwas an der Situation von Menschen in Heimen ändern müsste, dass das Heim ein Auslaufmodell ist, dass psychisch kranke Menschen eigentlich etwas anderes wünschen und brauchen.

Die Autoren und Autorinnen – sie alle arbeiten in sozialpsychiatrischen Heimen – werfen die Frage nach den Akteuren der Veränderung auf. Die Antwort liegt etwa in dem programmatischen Titel einiger bisher durchgeführter Zukunftswerkstätten und lautet: »Wer, wenn nicht wir?«

Wir wollen in diesem Buch unsere Visionen entfalten, entwickeln, überdenken, reflektieren und mit den Menschen in Heimen aktiv humane und soziale Zukunftsentwürfe realisieren. Wir wollen ermutigen und Visionen aufzeigen, wie die Lebenslage dieser Menschen überwunden werden kann. Wir wollen, dass sich die Situation in Heimen verbessert.

Wir wollen mit diesem Buch einen Diskurs über die Situation von Menschen in Heimen anregen. Vielleicht wollen Sie sich ja mit Ihren Visionen beteiligen.

Lisa Schulze Steinmann

Die Zukunft sozialpsychiatrischer Heime – Vorwort

Heime sind keine Orte zum Leben. Heime behandeln die Bewohner undifferenziert und lassen keinen Raum für persönliche Individualität. Die Routine des Heimbetriebs verhindert individuelle Bedürfnisbefriedigung der Bewohner. Sie sind Objekte standardisierter Arbeitsabläufe und anonyme Platzhalter von Belegungslisten. Viele Mitarbeiter leiden unter dieser Situation.

Heime entspringen keinem Naturgesetz. Sie sind lediglich in Beton gegossen. Sie werden nicht mehr benötigt. Davon sind viele sozialpsychiatrische Mitarbeiterinnen überzeugt. Sie stellen den Bewohner, den sie betreuen, in den Mittelpunkt ihres Handelns und fragen: Was braucht dieser Mensch? Sie wenden sich dem Individuum zu und bemühen sich, seinen persönlichen Bedürfnissen gerecht zu werden. Dabei bleiben sie jedoch Mitarbeiterinnen und Repräsentantinnen der Institution Heim und haben im Alltag mit vielen Widersprüchen zu kämpfen.

In den letzten Jahren haben sozialpsychiatrische Mitarbeiterinnen an fachlichem Einfluss gewonnen und ihre Institutionen weiterentwickelt. Sozialpsychiatrische Heime haben sich in die Konfliktlinie gewagt, um neue Wege in der Praxis zu entwickeln und die Notwendigkeit ihrer institutionellen Existenz in Frage zu stellen.

Es kann nicht ein einziges Konzept geben, das aus den Dilemmata der Heime herausführt, zu verschieden sind die Modelle unterschiedlicher Träger, zu sehr sind regionale Besonderheiten entstanden und auch die Zusammensetzungen der Bewohnerinnen weichen zu stark voneinander ab. Deshalb kann auch nicht ein einzelner Autor den Weg weisen. Erst die Gesamtheit aller Beiträge des vorliegenden Buches vermittelt ein Bild davon, wie heiminterne und heimexterne Lösungen zu finden sind. Vielfältige Ansätze müssen in der sozialpsychiatrischen Arbeit gesehen und verfolgt werden, um Heime für psychisch erkrankte Menschen zu verändern und schließlich aufzulösen. Zentral sind für diesen Prozess die strukturelle Veränderung der Trennung von Wohnen und Hilfe, das Angebot von Apartment-Wohnungen bzw. Service-Wohnen sowie die Beteiligung und Mitwirkung von psychiatrieerfahrenen Nutzern an diesem Prozess.

Ebenso wird in dem Buch deutlich, dass die Herausgebenden beide Wege für wichtig und sich ergänzend halten: Die Veränderungen von innen heraus und die Veränderung der äußeren Strukturen in jeder Gemeinde, im Stadtteil, in jedem Ort.

Der Teil »Einführung« gibt einen kurzen Überblick über den Stand der Heime, weist aber bereits im zweiten Beitrag auf den Weg hin, der herausführen könnte aus den starren Heimkonzepten, indem nämlich mit der Methode der Zukunftswerkstätten die Bewohnerinnen am Veränderungsprozess beteiligt werden.

Der Teil »Herausforderungen« enthält Beiträge zu den zentralen Problemlagen der gegenwärtigen Heime. Hier geht es um das Qualitäts- genauso wie um das Beschwerdemanagement. Es geht um junge chronisch psychisch Kranke und um die so genannten Systemsprenger. Und es geht natürlich darum, mit welcher Haltung den Bewohnern überhaupt zu begegnen ist.

Eine wahre Fundgrube ist schließlich der dritte Teil »Lösungen«. Hier haben wir innovative und mutige Projekte eingeladen, ihre Arbeit und ihre Herangehensweisen vorzustellen. Jedes dieser Projekte löst bestimmte Probleme kreativ und auf seine Weise.

Diese Beispiele stellen einen Ausschnitt dar aus dem, was in der Bundesrepublik mittlerweile an flexibilisierten Wohnformen hin zur Deinstitutionalisierung entwickelt wurde. Und sie weisen weit über den Status quo hinaus. Das Buch schließt ab mit einem Beitrag von einem ehemaligen Heimbewohner.

Allen Autorinnen und Autoren dieses Buches ist gemeinsam, dass sie und ihre Konzepte in Bewegung sind, auf der Suche nach zukunftsweisenden Lösungen. Allen und insbesondere der Herausgebergruppe ist daran gelegen, dass das, was durch die traditionellen Heimstrukturen in Beton gegossen zu sein scheint, sich öffnet, aufbricht, durchlässig wird. Aufzubrechen mit Psychiatrie-Erfahrenen in eine offene, gestaltbare Zukunft, aufzubrechen, um das Thema »Heime« zu einem Thema zu machen und in (eine möglichst große) Bewegung zu kommen – das ist das Ziel.

Jeder Weg entsteht beim Gehen und beginnt mit dem ersten Schritt! Die Leserinnen und Leser laden wir herzlich zum kritischen wie kreativen Mitgehen ein.

Lisa Schulze Steinmann, Joachim Heimler,
Josef Claaßen, Hans Cordshagen

Einführung

LISA SCHULZE STEINMANN, JOACHIM HEIMLER

Stand der sozialpsychiatrischen Heime

Das Versorgungssystem und Probleme in der Praxis

Problemlagen – sozialpsychiatrische Heime im Versorgungssystem

Wer heute mit einem sozialpsychiatrischen Heim zu tun hat, ist mit vielen Widersprüchen konfrontiert.

Die psychiatrischen Kliniken haben im Zuge der Psychiatrie-Enquete ihre Langzeitbereiche für psychisch erkrankte Menschen weitestgehend abgebaut – erfreulicherweise. Die psychisch erkrankten Menschen wurden entweder in ein heilpädagogisches Heim auf dem Klinikgelände oder in andere Heimeinrichtungen entlassen. Damit endete die Verwahrung von Menschen in psychiatrischen Kliniken, gleichzeitig begann aber ein Aus- und Aufbau von Heimeinrichtungen, in denen diese Menschen heute leben. Es hat fast unbemerkt und kritiklos eine gewaltige Verschiebung psychisch erkrankter Menschen aus den psychiatrischen Kliniken in Heime stattgefunden.

Die Umhospitalisierung in Heime veränderte an der Lebenssituation psychisch erkrankter Menschen wenig, abgesehen davon, dass der Personalschlüssel in Heimen niedriger als im klinischen Bereich ist und die persönliche Unterstützung und Nähe professioneller Mitarbeiterinnen sich durch die Entlassung ins Heim verringerte. Nun stehen die Heime in der Kritik, nun haben sie sich zu legitimieren. Welche Widersprüche erzeugt ein Heim?

Die politisch gewollte Auflösung von Langzeitbereichen und die Entlassung der Patienten waren ein finanzieller Anreiz für Träger, Heimeinrichtungen zu bauen und zu betreiben. Heime sind für die Träger die betriebswirtschaftliche Existenzsicherung. Keine andere sozialpsychiatrische Leistung lässt sich finanziell vermeintlich so vorausschauend kalkulieren wie eine Heimeinrichtung: Die Menschen haben eine sehr lange Verweildauer bei einem institutionell vorgesehenen, gleichbleibenden Hilfebedarf. Das Geld in Form des Pflegesatzes fließt regelmäßig über viele Jahre. Das sichert das Fortbestehen und dies ist ein Trägerinteresse.

Schwankungen im Hilfebedarf, die unterschiedliche Leistungen erfordern oder sogar auf zunehmende Unabhängigkeit von der Institution Heim abzielen, sind Variablen, die weder in der Finanzierung noch im Heimbetrieb Beachtung finden. Alle Heimbewohnerinnen sind gleichgesetzt – und alle bleiben. Daher bezeichnete K. Dörner denn auch Heimbetreiber und Heimleiter provokativ als »Geiselnehmer«, wirft ihnen »betriebsbedingte Systemblindheit« vor und verurteilt ihre »Profitsucht«.

Heime stehen heute betriebswirtschaftlich enorm unter Druck. Soziale Arbeit ist personalintensiv. Der fachliche Anspruch an personaler Kontinuität und die Anforderungen an fachliche Qualifikation der Mitarbeiterinnen sind in der Sozialpsychiatrie hoch. Gut ausgebildetes Personal, das sich kontinuierlich fortbildet und länger bei einem Träger beschäftigt ist, sichert personale Kontinuitäten und wird älter. Mitarbeiter bekommen Kinder. All das ist gut, wird jedoch in der Tarifstruktur des BAT kostensteigernd und wird immer teurer für den Arbeitgeber. Die entstehenden Kosten müssen zudem trotz einer permanenten Deckelung bzw. Stagnation der Entgelder für Heimbetreuung getragen werden.

Sparen war im sozialen Bereich beinahe immer ein Thema. Nun gehen die Träger etwa den Weg des Ausstiegs aus den BAT-Tarifverträgen, was in der Regel zu einer Verschlechterung des Status der Beschäftigten führt. Die Budgets für Fortbildung und Supervision werden – wie immer – schon knapp gehalten und junge, unerfahrene Mitarbeiterinnen werden bevorzugt eingestellt, da diese in den Personalkosten billiger sind. Für Mitarbeiter des gesamten sozialen Bereichs ist dies eine gravierende Veränderung ihrer Arbeitsplatzsituation. Die Folgen sind bisher noch nicht absehbar, der Widerstand ist erstaunlich gering. Ist es wirklich in unserer Gesellschaft akzeptabel, dass für Menschen, die einen höheren Hilfebedarf haben – unabhängig von Heimunterbringung – nicht ausreichend Mittel zur Verfügung stehen, dass ständig im sozialen Bereich gespart wird – jetzt verschärft an der Ressource Mitarbeiterinnen?

Psychiatrie-Erfahrene selbst kritisieren die Heime. Sie fordern, dass die Wünsche der Heimbewohnerinnen unbedingt zu respektieren sind, und klagen damit die Gültigkeit von Bürgerrechten ein, was auch einen Anspruch auf eine eigene Wohnung beinhaltet. Ebenso fordern sie die Bereitstellung kommunaler Wohnungen für »schwierige« Bewohner (BPE: 13 Forderungen zur Enthospitalisierung aus Heimen, www.psychiatrie.de/bpe/bpetag.htm).

Angehörige psychisch erkrankter Menschen können zu Hause kaum ausreichend und langfristig betreuen, insbesondere wenn ambulante aufsuchende Hilfen am Lebensort fehlen. Sie »brennen« dabei aus. Für sie ist ein Heim oftmals eine Entlastung der Familie, auch wenn viele Angehörige mit der Leistung des Heims für ihren psychisch erkrankten Menschen nicht zufrieden sind. Dennoch sprechen sie sich für Heime aus, da es einfach an anderen Hilfen fehlt. Angehörige psychisch erkrankter Menschen sind bei den Leistungen des BSHG zu gegenseitigem Unterhalt verpflichtet. Dies gilt natürlich auch für die Leistungen der Eingliederungshilfe. Eine Benachteiligung der Angehörigen chronisch psychisch kranker Menschen gegenüber den Angehörigen chronisch somatisch erkrankter Menschen wird offensichtlich. Deren Leistungen werden von den Krankenkassen getragen. Eine Bedürftigkeitsprüfung und der Zwang zur Verarmung, um an die nur von der Sozialhilfe bereitgestellten notwendigen Hilfeleistungen zu gelangen, entfallen.

Ist Gruppenwohnen, sind Wohngemeinschaften noch moderne zeitgemäße Wohnformen? Menschen wohnen in unserer Gesellschaft für gewöhnlich in einer eigenen Wohnung; viele leben sogar allein. Das Wohnen in Großfamilien und in Wohngemeinschaften ist für die meisten Menschen nicht mehr üblich. Unter Anwendung des Normalisierungsprinzips, auf Grund der Betrachtung der Realität und nach Befragungen psychisch erkrankter Menschen hinsichtlich ihrer Wohnvorstellungen erscheint es dringend erforderlich, überwiegend das Wohnen in einer eigenen Wohnung zu ermöglichen. Insofern sind Angebote der Heimunterbringung ohne individuelle Formen der Haushaltsführung und des Wohnens nicht mehr zeitgemäß.

Alle diese Problemlagen bringen die Mitarbeiterinnen in Widersprüche, die es im Berufsalltag auszutragen gilt. Die Mitarbeiterinnen in Heimen stehen in diesem Ambiguitätskonflikt – dem Aushalten von Widersprüchen.

Die Probleme aus der Sicht der Heime

Menschen, die psychisch erkrankt sind und einen besonderen Hilfebedarf haben, werden in Deutschland überwiegend in einem Heim untergebracht. Sie erhalten die Wohnung und die Hilfe- und Unterstützungsleistungen unter einem Dach. Die meisten Heimaufnahmen werden aus psychiatrischen Kliniken heraus veranlasst. In der Regel entbehren die klinischen Urteile über die Fähigkeiten und Kompetenzen zur Bewältigung des Lebensalltags der Angemessenheit. Die Feststellung eines Hilfebedarfs erfolgt in einer kritischen Ausnahmesituation: Der Klient ist akut psychotisch erkrankt und hält sich nicht am vertrauten Lebensmittelpunkt auf. Die Schlussfolgerung, ein Mensch sei heimbedürftig, wird viel zu früh, ohne Prüfung des Lebensvollzugs in einer Krisensituation und fern vom Lebensmittelpunkt getroffen.

Was können Gründe für eine Heimeinweisung sein? Vielfach führen ein Bedarf an mehreren Hilfeleistungen gleichzeitig, das Fehlen ambulanter Hilfen, die Forderung nach einer »Rund-um-die-Uhr-Präsenz« professioneller Mitarbeiterinnen und Entlassungsdruck in psychiatrischen Kliniken zur Heimaufnahme.

Auch jene psychisch erkrankten Menschen, die generell als »schwierig« gelten, werden in Heime entlassen. Die »Massierung« von Menschen, die Probleme haben, hat negative Effekte. Das Maß an positiven Zukunftserwartungen, die Möglichkeit des Modelllernens und die Chancen gegenseitiger Unterstützung sind geringer als in natürlichen Lebensumwelten, da alle Bewohner Handikaps haben.

Ein weiterer Aspekt ist für die Arbeit im Heim bedeutsam: Das Leben in einem Heim ist ein »veranstaltetes« Gruppenleben. Die Bewohnerinnen wählen diese Wohnform selten gezielt; es bleibt ihnen meist keine Wahl. Gruppen verlangen Regeln, Hausordnungen, Orientierungen, nach denen das Leben in einer Gemeinschaft erfolgt. Das ist für Menschen anstrengend. Gruppen sind bereichernd, solange sie freiwillig und zeitlich eingegrenzt sind sowie von den Mitgliedern als passend, vielleicht sogar sympathisch empfunden werden. Zwangsgemeinschaften, über große Zeiträume mit sehr unterschiedlichen Menschen, beinhalten viele soziale Stressoren, die in einem Heim nicht zu minimieren sind. Sozialpsychiatrie, die mit vulnerablen Persönlichkeiten arbeitet, hat die Aufgabe, negative Stressoren zu verringern.

In Deutschland ist das Denken in der Sozialpsychiatrie einrichtungszentriert geprägt. Jede Heimeinrichtung hat allumfassend für die eigenen Klienten zu sorgen. Diese Haltung zementiert eine Alleinzuständigkeit und lässt einen hohen Druck auf Einrichtung und Mitarbeiterinnen entstehen, auch schwierige Klienten allein zu bewältigen. Das führt oft zu gravierenden Problemen und im schlimmsten Falle zur Entlassung des Bewohners. Noch ist das kooperative Netzwerk in den Gemeindepsychiatrischen Verbünden (GPV) zu wenig auf fallbezogene gemeinsame Unterstützung und andere Leistungsanbieter der Gemeinde entwickelt. Noch ist die Haltung einer gemeinsamen Verantwortung und Leistungserbringung (Komplexleistung) für die psychisch erkrankten Menschen einer Region nicht selbstverständlich.

Es gibt Heimeinrichtungen, die sich nicht in den Gemeindepsychiatrischen Verbund eingliedern. Sie beabsichtigen eine Selektion der ins Heim »passenden« und ökonomisch »rentablen« Klienten und treten nicht in einen fachlichen Diskurs über die Versorgung der ausgegrenzten, von niemandem gewollten Menschen. Die Träger dieser Einrichtungen organisieren »ihr« Heim und legen die Inhalte der Arbeit selbst fest. Zugangsbarrieren, Auswahlverfahren, Probewohnen usw. werden unabhängig von einem GPV bestimmt. Natürlich wirft ein solches Vorgehen etwa die ethische Frage auf: Dürfen Heimbewohner ausgesucht werden?

Auch sozialpsychiatrische Einrichtungen haben sich auf eine bestimmte Klientel festgelegt. Es werden Menschen mit psychischen Erkrankungen aufgenommen. In anderen Einrichtungen werden Menschen mit Alkohol- und/oder Drogenproblemen betreut. Die Unterscheidung verläuft immer an der diagnostischen Trennlinie zwischen Primär- und Sekundärerkrankung. Psychisch erkrankte Menschen halten sich jedoch nicht an diese Trennlinie. In den meisten Heimen befinden sich heute Menschen mit einer psychischen Erkrankung *und* einem Beigebrauch (auch Missbrauch) von Alkohol und Drogen. Dies wird ein immer größeres Problem der Einrichtungen, denn die Menschen leben in einer Gesellschaft, die Alkoholkonsum akzeptiert und weichen Drogenkonsum immer mehr toleriert. Dennoch gilt in den meisten Heimen für psychisch erkrankte Menschen, häufig nur noch formal, ein Alkohol- und Drogenverbot. Das führt zu vielfältigen Widersprüchen, die von Bewohnern und Mitarbeitern auszuhalten sind.

Nicht selten wird das Alkohol- und Drogenverbot im Heim zu einer von den Mitarbeitern akzeptierten Problemverlagerung: Der Konsum erfolgt außerhalb der Einrichtung und kann dabei durchaus vital bedrohlich werden, da fast alle Heimbewohnerinnen auch neuroleptische Medikamente einnehmen müssen. Der Konsum erfolgt nicht im Blickfeld der Mitarbeiter, was im Hinblick auf die Gefährdung ein großes Risiko beinhaltet. Immer mehr Heimeinrichtungen handeln mit ihren Bewohnerinnen individuelle Vereinbarungen aus, die auch den Konsum von Alkohol und Drogen individuell regeln. Hier verändern Heimeinrichtungen antiquierte Vorstellungen über eine fiktive Trennung von psychischen Erkrankungen und gesellschaftlich akzeptiertem Verhalten. Der Versuch, durch Steuerung der Aufnahmen und Verbote von Alkohol und Drogen ein abstinentes und damit an dieser Stelle problemfreies Heim zu sein, ist Wunschdenken, nicht Realität. Eine Auseinandersetzung mit Lebensweisen in einer Suchtmittel konsumierenden Gesellschaft und die Entwicklung fachlicher Antworten sind dringend geboten.

Die Angebote der Heime entsprechen den Hilfebedarfen von »langzeithospitalisierten chronisch erkrankten Menschen« aus psychiatrischen Kliniken. Junge psychisch erkrankte Menschen, die ein geringes Rollenrepertoire kennen gelernt haben, werden heute aber ebenso zunehmend in Heime entlassen. Es fehlen Schulabschluss, Partnerschaft oder Arbeitserfahrung. Sie kommen oft aus »Broken-home-Situationen«, bringen (soziale) Missbrauchserfahrungen mit und kennen Alkohol und Drogen. Sie haben es schwer, ihren Alltag zu gestalten, da ihnen einerseits die Angebote und Zugangsmöglichkeiten zu den notwendigen Hilfen fehlen, andererseits haben sie nie die Integration in ein stabiles soziales Netz bzw. in einen Arbeits- oder Beschäftigungszusammenhang kennen gelernt.

Für diese jungen psychisch erkrankten Menschen ist unser Hilfe- und Heimsystem nicht geeignet. Die Mitarbeiterinnen bringen zu wenig Fachkenntnisse aus der Jugendarbeit mit, die bei dieser Klientel eindeutig von Vorteil sind. Der Altersunterschied zwischen Mitarbeitern und den jungen Bewohnerinnen ist häufig zu hoch, die Gemeinsamkeiten sind zu gering, um sozialpädagogisch eine Nachreifung der Persönlichkeit zu unterstützen. Sozialpsychiatrische Angebote sind für diese jungen Klientinnen nicht attraktiv, nicht klientenzentriert, zu wenig »jugendhilfeorientiert«.

Fehlentwicklungen und Schwierigkeiten

Im Zuge der Psychiatrie-Enquete wurden viele Heime errichtet bzw. Kapazitäten erweitert. Damit konnten klinische Langzeitbereiche in psychiatrischen Kliniken aufgelöst werden. Das führte zu einer Verlagerung des Problems in den so genannten komplementären Bereich. Auf Grund einer mangelhaften Datenlage wissen wir nicht genau, wie viele psychisch erkrankte Menschen in welchen Heimen leben. Fachleute wie K. Dörner gehen seit vielen Jahren von mindestens 70.000 Personen aus, die aus den Langzeitbereichen psychiatrischer Kliniken in Heime umhospitalisiert wurden. Es gibt keinen Anlass zu der Vermutung, dass diese Zahl nennenswert geringer ausfallen könnte, da bisher kaum ein Heim aufgelöst wurde. Auffallend ist auch, das im Rahmen einer Befragung des Fachausschusses »Menschen in Heimen« der Deutschen Gesellschaft für Soziale Psychiatrie nur wenige Bundesländer (Psychiatrieentwicklung fällt in die Hoheit der Bundesländer) genaue Datenangaben machen können. Die Daten erfassen die Zahl der Heimplätze für psychisch erkrankte Menschen, nicht die Zahl der psychisch erkrankten Menschen, die in einem Heim leben. Offensichtlich haben auch die Bundesländer eher einen institutionszentrierten Fokus.

Es wird ein großer, unübersichtlicher Heimbereich erkennbar, der sich auf Grund der Zuständigkeit der Länder sehr unterschiedlich gestaltet. Die Größe der Zielgruppe Heimbewohnerinnen ist nicht einschätzbar, und es ist nicht bekannt, wie viele psychisch erkrankte Menschen in nicht sozialpsychiatrischen Heimen fehlplatziert sind. Systematische bedarfsorientierte

Sozialplanung – und auch Psychiatrieplanung – ist natürlich bei einer mangelhaften Datenlage nicht umsetzbar.

Das Baustein-Modell sozialpsychiatrischer Unterstützung ist fachlich überholt. Menschen lassen sich nicht in Teilbereiche zergliedern. Psychisch erkrankte Menschen benötigen verschiedenste Hilfen, die sich, koordiniert und vernetzt, sinnvoll ergänzen müssen. Bloße Additionen von Hilfeleistungen reichen nicht aus. Ebenso hat sich das Modell der therapeutischen Kette als nicht sinnvoll erwiesen. Das Weiterreichen von Klienten bei verändertem Hilfebedarf ist wenig hilfreich. Es werden damit professionelle Beziehungen wieder abgebrochen und Klientinnen Veränderungen ausgesetzt, die mit enormen zusätzlichen Stressoren verbunden sind. Menschen reagieren jedoch auf Stressoren und nicht immer stehen alle Ressourcen und Strategien zur Verfügung, um diese neue Anforderung zu bewältigen. Zu oft kommt es durch die Beendigung eines Angebots zu Krisen, die zu einem »Rückfall« der psychischen Erkrankung führen. Das fachliche Ziel in der sozialpsychiatrischen Arbeit sind personale Kontinuität, eine stabile professionelle Beziehung über lange Zeiträume anzubieten, die Klientinnen auf ihrem Weg der Rehabilitation und Integration zu begleiten, und all dies unter strikter Beachtung des selbst gewählten Lebensortes.

Das Baustein-Modell ist eine Ansammlung verschiedenster sozialpsychiatrischer Angebote, die sich alle als eigenständige Institutionen und Dienstleistungsangebote organisiert haben. Sie weisen starre Institutionsgrenzen und ausgeprägte Institutionslogiken auf, die funktionsbezogene Eigenwelten sind. Institutionen verfolgen ein Bestandsinteresse und Standardisierungen von Abläufen bzw. Verfahrensweisen, die für die Institution geeignet sind. Es geht im Vordergrund nicht um die Interessen und Hilfebedarfe von Klienten, sondern um das, was die Institution an Angeboten bieten kann und zu erbringen vermag.

Ein weiterer Aspekt ist die Überalterung von Angeboten und Projekten, die zur Zeit ihrer Entstehung (z.B. während und nach der Psychiatrie-Enquete) fortschrittliche Modelle waren und mit jungen engagierten Mitarbeiterinnen starteten. Es wurde versäumt, sich flexibel weiterzuentwickeln und sich den Veränderungen der Zielgruppen und der Lebenswelt der Klienten anzupassen. Im Verlauf der Zeit blieben die Konzepte und die Mitarbeiter – Stagnation und systemstabilisierende Beharrungstendenzen waren die Konsequenzen. Dies lässt sich gut dort nachvollziehen, wo Angebote des Betreuten Wohnens schon lange existieren. Die Dienstzeiten orientieren sich an den Bedürfnissen der Mitarbeiterinnen, sie sind nicht klientenzentriert. Krisen der Klienten außerhalb der Dienstzeiten sind noch immer durch andere Dienste zu managen.

Das novellierte Heimgesetz ist mit den Intentionen der Eingliederungshilfe im Sinne von »Hilfe zur Selbsthilfe« nicht deckungsgleich. Ein Heimgesetz ist außerordentlich wichtig, doch inhaltlich fokussiert es zu stark den Bereich der Pflegeheime, insbesondere Pflege und Für-Sorge. Beides ist zwar von großer Bedeutung insbesondere für jene Personen, die stark darauf angewiesen sind, und sollte immer sehr sorgsam und staatlich und öffentlich geprüft werden. Es handelt sich dabei jedoch nicht um die zentralen Inhalte sozialpsychiatrischer Heime.

Sozialpsychiatrische Wohnheime sind Einrichtungen der Eingliederungshilfe, die den Auftrag der Eingliederung haben und Weichen zur Teilhabe am Leben in der Gesellschaft stellen sollen. Insofern sind Auflagen des Heimgesetzes und Prüfaufträge der Heimaufsichten nicht immer mit sozialpsychiatrischen Leitlinien vereinbar. Einige sozialpsychiatrische Heime, die ihre Hilfen von dem Wohnen der Klientinnen trennen und flexibilisieren möchten sowie insgesamt eine personenzentrierte und individuelle sozialpsychiatrische Unterstützung anstreben, haben Schwierigkeiten mit Mitarbeitern der Heimaufsichten, die Inhalte der Sozialpsychiatrie nicht kennen und den gesetzlichen Prüfauftrag analog zu einem Pflegeheim definieren. Offensichtlich steht hier die Heimaufsicht den Veränderungen und Versuchen einer Ambulantisierung des Heims im Wege.

Erfahrungen aus Beratungsprozessen: gegenwärtige und zukünftige Trends

In gegenwärtigen Beratungsprozessen sozialpsychiatrischer Heime ist unter anderem der Ausstieg aus dem Tarifvertrag ein Thema, welches die Mitarbeiterinnen, das betriebswirtschaftliche Controlling und Juristen gleichermaßen beschäftigt. Verdeckt bleibt hier der eigentliche sozialpolitische Skandal, der sich abzeichnet: Der unter politischer Verantwortung stehende Träger Sozialhilfe nimmt bei den Kostensätzen Einsparungen vor, die eine kostendeckende Refinanzierung der Heime gefährden. Für die Bewohner von Heimen zeichnen sich durch diese Ereignisse bei den Trägern zurzeit noch keine Veränderungen ab.

Positiv fällt in Beratungsprozessen auf, wie viele leitende Kolleginnen sozialpsychiatrisch ausgerichtet sind. Sie sollten jedoch der Vermittlung sozialpsychiatrischer Leitlinien an Mitarbeiter mehr Zeit und Aufmerksamkeit widmen. Diese nämlich suchen nach sozialpsychiatrischen Orientierungspunkten.

Es zeichnen sich neue Entwicklungen ab, die eng im Zusammenhang mit betriebswirtschaftlichen Anforderungen, Qualitätsmanagement und

Kundenorientierung stehen. Einige Träger lassen sich den Besuch von Fortbildungen ihrer Mitarbeiter durch die Fortbilder gegenzeichnen. Mit Absolvierung einer Reihe von Fortbildungen erreichen Mitarbeiterinnen eine weitere Gehaltsstufe. Auch werden im Zuge von Organisationsentwicklung Mitarbeiter stärker in die betriebliche Entwicklung eingebunden, zum Beispiel durch ein innerbetriebliches Vorschlagswesen. Positive Mitarbeiter-Ideen werden honoriert.

Das leistungsbezogene Gehalt wird gelegentlich thematisiert.

Sozialpsychiatrische Leitbilder

Ein wichtiges sozialpsychiatrisches Leitbild ist der personenzentrierte Ansatz und die damit verbundene Subjektorientierung bzw. das Individualisierungsprinzip. Der personenzentrierte Ansatz folgt der Fragestellung: »Was braucht dieser konkrete Mensch?« Der Bedarf an Hilfen ist bei jedem psychisch erkrankten Menschen anders und fügt sich aus unterschiedlichen Leistungen verschiedener Leistungserbringer zu einer Komplexleistung des Gemeindepsychiatrischen Verbundes (GPV) zusammen. Die Einführung eines systematischen und einheitlichen Hilfeplanverfahrens im GPV ist wichtig, um systematische Hilfeplanung und -leistung zu erbringen, allerdings nicht ausreichend. Bedeutsam sind Koordination und Kooperation aller Leistungen im GPV, für die noch verbindliche Absprachen, Vorgehensweisen und vertragliche Regelungen zu entwickeln sind.

Inzwischen sind in fast allen Bundesländern GPVs entstanden, die die sozialpsychiatrische Versorgung einer Region steuern. Noch sind diese Verbünde nicht vollends entwickelt. In vielen Regionen fehlen nach wie vor ambulante, aufsuchende sozialpsychiatrische Hilfen. Die Kooperation der Leistungserbringer ist nicht allerorten vertraglich geregelt und es gibt kaum Vereinbarung zur Kooperation im Einzelfall. Dennoch ist die Gründung von GPVs ein großer Schritt zur regionalen Verbesserung sozialpsychiatrischer Versorgung. GPVs bieten ein immenses Potenzial, das fachlich kompetente und vernetzte Hilfen vorhalten kann. Hier sind vielfältige Ressourcen zu aktivieren sowie Synergieeffekte im Sinne einer fachlich optimalen Unterstützung im Einzelfall und einer fundierten Sozialplanung auf Systemebene möglich.

Die Trennung Wohnen von allen anderen Hilfen (Betreuung, Arbeit) für psychisch erkrankte Menschen ist unbedingt erforderlich. Nur so lässt sich personenzentriert Hilfe erbringen – und so ist die Auflösung der Institution Heim und der institutionszentrierten Logik zu verwirklichen. Die Trennung Wohnen und Hilfen sollte durch eigenständige vertragliche Regelungen abgesichert werden. Die Versorgung mit Wohnraum ist eine Aufgabe der Gemeinde und Wohnen ist Kernkompetenz von Wohnungsbaugesellschaften, nicht von Wohlfahrtsverbänden. Damit ist auch das Ziel der Integration in die Gemeinde verbunden. Teilhabe am Leben in der Gesellschaft ist nur dann gegeben, wenn jemand in der Gemeinde als Bürgerin lebt.

Normalisierung meint, die Gesellschaft und ihre Institutionen sollen sich so verändern, dass kranke und behinderte Menschen mit gleichen Rechten und ohne Stigmatisierung in ihr leben können. Sozialpsychiatrisch ist die Normalisierung der Hilfen anzustreben. Das beinhaltet eine Lebenswelt- und Alltagsorientierung. Vorrangig sind Hilfen ganzheitlich und in der Lebenswelt zu erbringen. Auch natürliche, nicht professionelle Ressourcen und Hilfequellen sind zu aktivieren. Ein Heim, das dem Normalisierungsprinzip folgt, leistet einen sozialpädagogischen und fachpolitischen Beitrag zur Integration und Normalisierung. Die Hilfen, die das Heim anbietet, müssen normalisiert werden, d.h., sie müssen so normal wie möglich sein. Ausdifferenzierte Spezialhilfen sind nachrangig.

Die Hilfen und Unterstützungsleistungen sind ein sozialpsychiatrisches Case-Management, welches den Grundsätzen der persönlichen Assistenz folgt. Im Hilfeprozess haben sozialpsychiatrische Mitarbeiterinnen die Aufgabe, belastende und kränkende Stressoren zu verringern und Gesundheitspotenziale und salutogene Faktoren professionell zu unterstützen.

Eine entscheidende Leitlinie in der Sozialpsychiatrie ist die Beteiligung der Nutzerinnen, die als Expertinnen in eigener Sache professionellen Hilfesystemen verdeutlichen, welche Bedarfe, Erwartungen und Wünsche an die Mitarbeiter und an den GPV gestellt werden.

Das Leitbild eines Trägers klärt Grundhaltungen und schafft Transparenz. Es macht Aussagen zum Selbstverständnis der Organisation und des Heimes. Die Entwicklung eines Leitbildes prägt natürlich auch die Grundhaltung der Mitarbeiterinnen und ist die Basis der professionellen Arbeit mit den Klienten. Ein Leitbild muss klären, wie psychisch erkrankten Menschen begegnet wird. Welches Menschenbild liegt der Institution und ihren Mitarbeitern zu Grunde? Versteht sich die Institution »Heim« als Teil eines Systems, des GPV? Wird in regionalen Vernetzungen, Kooperationen, Verbundsystemen gedacht? Werden Zuständigkeiten und Verantwortlichkeiten kooperativ geklärt?

Konsequenterweise muss ein Heimträger im Leitbild die Inhalte und Ziele der Personalführung verdeutlichen. Will der Träger fachlich kompetente Mitarbeiter, denen durch Entscheidungs- und Handlungsspielräume Kompetenzen für selbstständiges Handeln eingeräumt werden? Gibt es eine

Selbstverpflichtung zu internen kooperativen Prinzipien? Was tut der Heimträger, um Mitarbeiterinnen fachlich zu befähigen? Welche Unterstützung erfahren Mitarbeiter, wenn sie sich mit ihren Heimbewohnerinnen in die Gemeinde »ambulantisieren«?

Die Zukunft hat schon angefangen

Ein Heim beinhaltet viele Ressourcen und Potenziale: Arbeitskraft, Raum und Geld. Mit diesen Ressourcen öffnen sich Gestaltungsspielräume und Möglichkeiten der Veränderung. Das ist ein spannender Prozess. Einige Heimeinrichtungen haben sich schon auf diesen Weg begeben.

Der sozialpsychiatrische Quantensprung liegt in einer konsequenten Personenzentrierung mit Blick auf die Kompetenzen der Klienten. Das professionelle Selbstverständnis ändert sich von der Fürsorge zur Assistenz.

Ein bewährter Schlüssel zur Deinstitutionalisierung von Heimen ist die konsequente Hinwendung zum Normalisierungsprinzip, und zwar in Form eines andauernden Prozesses in der Einrichtung. Einrichtungsträger und -mitarbeiter haben ihre Hilfeplanung und -erbringung immer wieder nach dieser Leitlinie zu überarbeiten. Im Deinstitutionalisierungsprozess fortgeschrittene Heime leisten die Betreuungskontinuität bereits über Einrichtungsgrenzen hinweg, das zeigen auch all die Beispiele im letzten Teil des Buches.

Viel Initiative zur Veränderung von Heimen geht von Mitarbeitern aus. Besonders positiv ist, dass Heimmitarbeiterinnen Psychiatrie-Erfahrene als Partnerinnen entdecken und in einen Dialog treten. In diesem Dialog liegen Chancen der Beteiligung und Chancen der Auflösung der Institution Heim.

Sozialpsychiatrie – mit dem Ziel, psychisch erkrankte Menschen in die Gemeinde zu integrieren – erfordert sozialpolitisches Engagement. Es sind – neben der Reflexion der professionellen Arbeit und fachlich fundierten Orientierungen – politische Entscheidungen erforderlich. Die Auflösung der Institution Heim braucht engagierte Kolleginnen und Nutzer, die die zukünftige Sozialpolitik gestalten! Sozialpsychiatrische Arbeit findet nicht nur mit dem Klienten und in der Institution statt. Sie führt auch in die Politik. Die Einmischung der Heimmitarbeiterinnen in politische Entscheidungen um die Gestaltung der sozialpsychiatrischen Versorgung und um die Zukunft der Menschen aus den abzuschaffenden Heimen ist unverzichtbar.

Es geht in die Gemeinde zur Teilhabe am gesellschaftlichen Leben, es geht um Rehabilitation und Integration. Der Weg in diese neue sozialpsychiatrische Zukunft ist gemeinsam mit den Heimbewohnern zu gehen – und jeder Weg beginnt mit dem ersten Schritt!

JOACHIM HEIMLER

Zukunftsforschung mit Heimmitarbeiterinnen und Heimbewohnerinnen

Psychisch Kranke brauchen Hilfe – über Maß, Art und Ziele entscheiden andere

Grundsätzliche Entscheidungen zur Gestaltung der Zukunft sind meist denen vorbehalten, die für besonders qualifiziert gehalten werden, nämlich den Planern. Die Lösung von Problemen wird an Experten delegiert, die es gelernt haben mögen, Planungen vorzunehmen. Doch der eigentliche »gesellschaftliche Schöpfungsakt« ist ein politisches Ereignis, jedenfalls in einer lebendigen Demokratie.

Psychiatrische Versorgungsplanung ist eine Domäne von Krankenhausdirektoren, Verwaltungsleitern, Geschäftsführern, Ministerial- und Kommunalbeamten. Heime entspringen diesem Geist. Was geschieht, wenn Mitarbeiterinnen sozialpsychiatrischer Heime sowie deren Bewohner selbst an ihrer Zukunftsplanung beteiligt werden? Können die das überhaupt? Was kommt denn bei so etwas heraus? Ist das noch sozialpsychiatrisch oder will man damit schon Heime auflösen?

Die Methodik der Zukunftswerkstatt, entwickelt von dem bekannten Zukunftsforscher Robert Jungk, ermöglicht eine neue Dimension der Zukunftsforschung auch in Heimen, und zwar unter Beteiligung der Mitarbeiter und der Heimbewohnerinnen.

Ich möchte die Ergebnisse einer Zukunftswerkstatt mit Heimmitarbeiterinnen aus dem Jahr 1999 sowie eine mit Heimbewohnerinnen aus dem Jahre 2000 beschreiben und auswerten.

Bewohnerinnen und Mitarbeiterinnen sozialpsychiatrischer Heime als Expertinnen

Die Methodik der Zukunftswerkstatt (ZW) erfanden R. JUNGK und N.R. MÜLLERT und gingen mit ihrem Buch *Zukunftswerkstätten – Wege zur Wiederbelebung der Demokratie* Anfang der achtziger Jahre an die Öffentlichkeit. Schon die Tatsache, dass sich in einer ZW Laien, also »Geführte« kreativ an Probleme heranmachen, deren Lösung sie sonst an Experten delegieren, ist ein Akt der Selbstbehauptung, ein Schritt zur Befreiung von der »Expertokratie«.

R. Jungk hat diesen Schritt mit Zukunftswerkstätten konzeptionell und methodisch nach seinen Vorstellungen einer »Demokratie von unten« entwickelt. Er plädiert für die Anerkennung der Kompetenz der Fantasie in Planungsprozessen und betont, dass Planung und Fantasie einander nicht feindlich gegenüberstehen müssen, sondern sich ergänzen. Die planerischen und erfinderischen, organisatorischen und imaginativen Fähigkeiten der Menschen werden in einer ZW bewusst zusammengeführt.

Die zentralen Ziele der Zukunftswerkstatt-Methode sind:

- Befreiung von der Expertokratie,
- Ermutigung, die Zukunft mitzugestalten,
- Durchdringen der Schichten der Fremdsteuerung,
- Abbau der politischen Resignation,
- Demokratisierung.

Die Durchführung von Zukunftswerkstätten mit Heimbewohnerinnen und -mitarbeiterinnen bedeutet, diese als Experten in eigener Sache anzusehen und ihnen in der Folge die Möglichkeit zu geben, sich an Planungsprozessen als mündige Bürger zu beteiligen.

Der Wille zur Veränderung

Die fachpolitischen Vorzeichen der genannten Zukunftswerkstätten ließen sich formulieren als »So geht es nicht weiter« und »So kann es nicht bleiben«. Drei Aspekte begründeten diese Haltung:

Die Enthospitalisierung der Langzeitbereiche der psychiatrischen Großkrankenhäuser führte in fast allen Bundesländern zu einer Umhospitalisierung der psychisch erkrankten Menschen in Heime. Alternativen wie das Betreute Wohnen wurden nicht Schwerpunkt der psychiatrischen Versorgung im Bereich Wohnen.

Die »personenzentrierte Hilfeplanung« ist nur schwer mit der Institution »Heim« kompatibel. Eine Hilfeplanung, die sich an den Wünschen und Bedürfnissen des Individuums orientiert und nicht an den Vorgaben bzw. aktuellen Möglichkeiten der Institution »Heim«, kann unmöglich allein innerhalb der Mauern einer Heimeinrichtung umgesetzt werden.

Nicht selten ist die Immobilie »Heim« der zentrale Punkt der Auseinandersetzung zwischen Mitarbeitern und Bewohnern auf der einen und dem Heimträger auf der anderen Seite. Wirtschaftliche Interessen stehen fachlichen wie humanen Erwägungen gegenüber.

Durchführung der Zukunftswerkstatt mit Heimmitarbeitern

Die Zukunftswerkstatt mit etwa 70 Heimmitarbeiterinnen aus dem gesamten Bundesgebiet stand unter den Leitfragen: »Sind psychiatrische Wohnheime ›Orte der Integration in die Gesellschaft‹ oder durch Umhospitalisierung geschaffene ›Endstationen für die Schwächsten‹?« Und: »Werden sie in der Zukunft überhaupt noch gebraucht?« Im Ergebnis der Kritikphase entwickelten die einzelnen Gruppen zentrale Thesen:

Gruppe Gelb:

1. Das Leben im Heim schränkt die individuelle Entfaltung ein.
2. Mangelnde Reflexion des eigenen Handelns führt zu Gewalt, Machtmissbrauch, Respektlosigkeit sowie zur Verletzung der Menschenrechte.

Gruppe Grün:

1. Die Gesellschaft grenzt psychisch Kranke aus und überantwortet sie Heimen. Es werden Standards und Qualitätsmerkmale entwickelt, um Kosten zu sparen.
2. Bewohner sind passiv und fordernd und werden nicht gesehen.
3. Die wirtschaftlichen Heimbedingungen bestimmen die Qualität der Leistung und die Zufriedenheit mit der Leistung.

Gruppe Rot:

1. Mitarbeiter haben einen Mangel an Verantwortung und Ernstnehmen des Menschen.
2. Psychisch Kranke brauchen Hilfe – über Maß, Art und Ziele entscheiden andere.
3. Kostenträger und deren Auftraggeber handeln bürokratisch, unflexibel und unwirtschaftlich für die Betroffenen.

Die Kritik an den Institutionen überwog bei allen drei Werkstattgruppen. Die Kritik an den Bewohnern ist augenfällig gering.

Zum Einstieg in die Utopiephase wurden die kritischen Thesen aus den Werkstattgruppen positiv gewendet:

Gruppe Gelb:

1. Selbstbestimmung findet da ihre Grenzen, wo akute Selbst- und Fremdgefährdung besteht.
2. Eine Reflexion auf der Basis von Vertrauen, Ehrlichkeit, Offenheit und Selbstkritik verhindert Machtmissbrauch, Respektlosigkeit und Verletzung der Menschenwürde.

Gruppe Grün:

1. Die Gesellschaft integriert psychisch Kranke – ohne Kosten und Mühen zu scheuen!

2. Bewohner sind ein Spiegelbild der Mitarbeiter (z.B. Passivität = Ausdruck von Widerstand).
3. Die wirtschaftlichen Bedingungen folgen fachlichen Qualitätsstandards und den Bedürfnissen der Bewohner.

Gruppe Rot:

1. Kostenträger und deren Auftraggeber handeln unbürokratisch und flexibel für den Betroffenen.
2. Psychisch kranke Menschen entscheiden selbst, ob, wann und welche Hilfen sie brauchen.

Zum Abschluss der Utopiephase wurden die utopischen Entwürfe im Plenum präsentiert. Hierbei wurden die Klienten mit ihren Bedürfnissen und Rechten in den Vordergrund gestellt:

Gruppe Gelb:

1. Tagesablauf im »Heim« 2010, das jetzt einen Wohnungsverbund mit Krisen- und Verwaltungszentrale sowie 24-Stunden-Präsenz von Krisenbetten darstellt.
2. Der Anbieter »Super« erhält in der Ausgabe 10/2010 der Zeitschrift *Test* der Stiftung Warentest das Prädikat »sehr gut«.
3. Neue Mitarbeiter werden von den Heimbewohnern und nicht vom Heimleiter willkommen geheißen, da sie jetzt in dem »Zuhause« der Bewohner arbeiten. An den jährlichen Mitarbeiter-Bewertungsgesprächen nehmen die Bewohner der Wohngruppen teil.

Gruppe Grün:

1. Die Beratungsstelle »Navigator/www.verrückt.de« schafft ein Versorgungsangebot für Psychiatrie-Erfahrene im Internet.

Gruppe Rot:

1. Das Heim bietet einen Schnuppermonat für Mitarbeiter aller beteiligten Behörden und Institutionen an. Die neuen Gäste haben sich dem rigiden Wochenplan zu unterwerfen.
2. Das Gesundheitsmagazin *Praxis* fordert: Heime zu Wellnessfarmen; psychisch kranke Menschen arbeiten auf dem ersten Arbeitsmarkt; es gibt ein eigenes Klientenbudget (Wahlfreiheit, Leistungen selbst einzukaufen); Arbeitszeitkonten für Mitarbeiter; es herrscht ein humanes Menschenbild; es gibt die Bereitschaft zur persönlichen Weiterentwicklung.

Das Meinungsbild im Abschlussplenum der Utopiephase kreiste um die Themen:

- Was braucht der konkrete Mensch (personenbezogene Hilfen)?
- Wie sieht das Heim im Jahr 2010 aus? Heißt es dann noch so und ist es dann noch ein Heim?

- Die einzelnen Menschen sind mit ihren Kompetenzen und Einschränkungen in ihrem persönlichen Kontext wahrzunehmen (Individualisierung).
- Systematische individuelle Hilfeplanung.
- Kritik an der Immobilie Heim, die in Beton gegossen erscheint.
- Das Heim wandelt sich zum Service-Center mit Wahlmöglichkeiten sowie zur Trennung von Hilfeleistung und Wohnen.
- Versorgungsverpflichtung.
- Notwendigkeit einer politischen Entscheidung.

Die utopischen Entwürfe der Arbeitsgruppen wurden in der Realisierungsphase weiterentwickelt und dem Plenum szenisch vorgestellt.

Gruppe Gelb:

1. Der Leiter des Wohnungsverbundes mit Krisen- und Verwaltungszentrale und 24-Stunden-Krisenbetten telefoniert mit dem zuständigen Psychiatriekoordinator und handelt die Aufnahme eines besonders schwierigen Menschen (»Systemsprenger«) aus.
2. Der Anbieter »Super« (*Test*: »sehr gut«) preist in einem Werbespot die starke Gemeinschaft eines Lebensstandardsicherungsvereins (LSSV) an und will sich bei der Qualitätskontrolle engagieren.
3. Das Heim, das die Bewohner bei der Mitarbeiterbeurteilung beteiligt, präsentiert die Bewusstseinsänderung aufbereitet in einem Psychiatrie-Rap.

Gruppe Grün:

1. Modell 1: Ausdifferenzierter Aktionsplan.
2. Modell 2: Regionale Pauschalfinanzierung, das Heim ist aufgelöst zu Gunsten Tagesstätte, Betreuten Gruppen- und Einzelwohnens, Arbeits- und Freizeitangeboten, unabhängiger Info- und Koordinationsstelle usw.
3. Modell 3: Beteiligungsformen der Interessengruppen in der Einrichtung (Mitarbeiter, Bewohner).

Gruppe Rot:

1. Der neue Service heißt »Aufsuchen statt Heimsuchen«, ein Aktionsplan zur Umsetzung wird erstellt.
2. Fach-, Angehörigen- und Psychiatrie-Erfahrenen-Verbände entwickeln ein Konzept der »globalen Budgetierung«.
3. Aktionsplan zur Deinstitutionalisierung eines Heimes unter Einbeziehung der Bewohner.

In der abschließenden Plenumsdiskussion wurde die Frage nach dem »Wie weiter?« nicht endgültig geklärt. Ein Vorschlag war, dass die Teilnehmerinnen regionale Zukunftswerkstätten mit Unterstützung der DGSP-Landesverbände anregen und organisieren. Dies würde konkretere Chancen für die Umsetzung von zu entwickelnden Projekten einräumen.

Die Möglichkeit einer weiteren Zukunftswerkstatt im Sinne eines andauernden Werkstattprozesses wurde ebenfalls erörtert, da alle Teilnehmer jetzt zu Hause ihre Projekte angehen wollten. Jedoch wurde dies ob der großen Streuung der Teilnehmerinnen über das ganze Bundesgebiet für eher unrealistisch gehalten.

Nach Auffassung der Moderatoren sollte eine zweite Zukunftswerkstatt vielmehr neue Teilnehmer ansprechen. Der Schneeballeffekt sei nach einer Veranstaltung noch zu gering, um eine bundesweite Werkstattarbeit in einem andauernden Prozess zu halten.

Auswertung

Die Kritikphase ermöglicht eine Sicht auf die in den Werkstattgruppen erhobene Anzahl der Kritikpunkte und eine Zuordnung nach den Adressaten.

Tabelle: Kritiksammlung

Adressaten der Kritik:	Gruppe Gelb:	Gruppe Grün:	Gruppe Rot:	Gesamt:	%
Heimbewohner	2	9	–	11	6 %
Mitarbeiter	14	22	9	45	24 %
Heimbetreiber	22	36	15	73	39 %
Kostenträger	3	4	12	19	10 %
Politik	8	2	4	14	7 %
GPV*	7	13	6	26	14 %

GPV = Gemeindepsychiatrischer Verbund

Insgesamt 63 Prozent aller geäußerten Kritikpunkte zielen ganz deutlich ab auf die Institution Heim (39 Prozent) bzw. deren Mitarbeiter (24 Prozent), also auf die bestehende Wohnheimstruktur und die Haltung der dort Beschäftigten.

Die utopischen Thesen sind einer Systematik zuzuordnen, die sich an drei Grundhaltungen von Mitarbeitern in der psychosozialen Versorgung orientiert: Die *humanistische Orientierung* erlaubt dem Klienten selbstständige Entscheidungen, setzt aber den Klienten als kompetenten Nutzer voraus. Die *Fürsorgeorientierung* strebt eine engere Führung des Klienten an, gesteht ihm weniger Wahl- und Entscheidungsfreiheit zu. Die *Gemeindeorientierung* sieht eine Vernetzung verschiedenster Einrichtungen und Dienste, der Angehörigenarbeit und der Selbsthilfegruppen vor, durch die Rahmenbedingungen geschaffen werden, in denen sich die Klienten nach ihrer Wahl bewegen können.

Demnach überwiegt bei den utopischen Thesen die humanistische Orientierung mit vier Zuordnungen. Die Gemeindeorientierung trifft dreimal zu. Die paternalistische Haltung der Fürsorgeorientierung kommt nicht vor.

In den Entwürfen, die bei der Realisierungsphase entstanden, sind die Ergebnisse deshalb überraschend, weil sie gemeinsam so zu interpretieren sind:

- Klientenwünsche und individuelle Bedürfnisse werden zum Leitbild professionellen Handelns.
- Klienten werden bei der Umsetzung zu Partnern gegenüber Politik, Kostenträger, Verwaltungsgemeinde und Heimträger.

Ergebnisse

Im Kern kommt die Zukunftswerkstatt mit den Heimmitarbeitern zu folgenden Ergebnissen:

- Die Grundhaltung von Heimmitarbeiterinnen ist kritisch zu überprüfen anhand des Selbstbestimmungsrechtes ihrer Klienten.
- Es sind globale oder individuelle Budgets (träger- oder personengebunden) aufzustellen.
- Der Wohnort ist von der Hilfeleistung zu entkoppeln: Das Heim wird zum Service-Center mit Satellitenwohnungen. Aus dem stationären Komplexleistungsprogramm werden Module entwickelt, die sich zu einem individuell maßgeschneiderten ambulanten Angebot zusammenstellen lassen.
- Heimmitarbeiterinnen und -bewohnerinnen müssen nach Bündnispartnern suchen.
- Es ist mehr Öffentlichkeit herzustellen.
- Die politische Arbeit (Gemeinde, Fachverband, Gesetzgeber) ist zu verstärken.
- Gerade Heime haben mehr Vernetzung und Kooperation zu betreiben.
- Normale Lebensumstände treten in den Vordergrund der Heimversorgung und nicht mehr therapeutische und institutionelle Zwänge.

Die Verbesserung der gemeinsamen Lebens- und Rahmenbedingungen von

Mitarbeitern und Bewohnern in Heimen ist als gemeinsamer und partnerschaftlicher Prozess einzuleiten mit dem Ziel, die Institution Heim in der bestehenden stationären Struktur zu deinstitutionalisieren und in ambulante Versorgungsangebote zu überführen.

Die Mitarbeiter von Wohnheimen haben während der Zukunftswerkstatt ihre eigenen Kräfte und Ressourcen sowie die Kräfte und Ressourcen ihrer Bewohner (und diese als Bündnispartner) entdeckt. Die Institution Heim befindet sich in einem Auflösungsprozess, der von den Mitarbeiterinnen als realisierbarer Weg professionellen Handelns bewertet wird. Auf Grund unterschiedlicher regionaler Bedingungen und vielfältiger Strategien sind für das Jahr 2010 auch keine einheitlichen Strukturen der (zum Teil dann: ehemaligen) Heime zu erwarten. Faktoren für eine strikt personenzentrierte, individuelle Hilfeplanung und -erbringung werden schrittweise umgesetzt. Die heutige Institution Heim entwickelt sich zu einem Service-Center, von dem aus die dort beschäftigten Mitarbeiter bedarfsgerechte Dienstleistungen überwiegend an dem von den Klienten selbstbestimmten Lebensort erbringen. Einige wenige Dienstleistungen werden zweckmäßigerweise im Service-Center angeboten.

Der Wunsch nach Autonomie: Zukunftsforschung mit Heimbewohnerinnen

Wenn man es wagt, mit Bewohnerinnen sozialpsychiatrischer Heime Zukunftsforschung in Form einer Zukunftswerkstatt mit der Fragestellung »Wie möchte ich im Jahre 2010 leben?« durchzuführen, darf es nicht verwundern, dass ein Ergebnis (von mehreren) die Forderung nach Autonomie ist. Man kann daran ablesen, welche Sehnsucht nach einem autonomen Leben ohne Stigmatisierung und Ausgrenzung und nach Anerkennung und Teilhabe an normalen gesellschaftlichen Lebensstandards die Menschen zu einer solchen Forderung geleitet hat.

Ich muss eingestehen, dass ich viel Zeit, Ermutigung und zahlreicher Fürsprache bedurfte, um mich auf das Experiment einer Zukunftswerkstatt mit psychiatrieerfahrenen Heimbewohnern einzulassen, da ich befürchtete, dass die Methode möglicherweise zur Überforderung aller Beteiligten führen könnte. Dennoch entwickelte ich schließlich gemeinsam mit einer Kollegin eine eintägige Zukunftswerkstatt, die wir für Bewohner sozialpsychiatrischer Heime des Bundeslandes Bremen durchführten.

Durchführung

Die Zukunftswerkstatt mit 13 Heimbewohnerinnen wurde unter dem Titel »Wie möchte ich im Jahre 2010 leben?« angekündigt. Es sollten Wünsche und Ideen für die eigene Zukunft der Teilnehmer entwickelt und Strategien überlegt werden, wie sich diese Pläne verwirklichen lassen.

Die Zukunftswerkstatt war auf einen Tag begrenzt, da wir nicht einschätzen konnten, ob es uns überhaupt gelingen würde, die Teilnehmerinnen für die Methodik zu motivieren. Um Geist und Körper bei Laune zu halten, hatten wir für reichlich Getränke, Essen und Pausen gesorgt. Die Aufteilung in zwei Werkstattgruppen (Rot und Blau) sollte für eine überschaubare Gruppengröße sorgen.

Die Teilnehmer kamen aus drei verschiedenen Heimen, die meisten aus den beiden Einrichtungen, die durch die Moderatoren vertreten waren. Vermutlich ist es für die psychisch kranken Heimbewohner eine wichtige Stütze, wenn Mitarbeiter aus ihren Heimen teilnehmen. Allerdings nahm unsere Teilnahme durchaus Einfluss auf die Form und den Inhalt der Kritik: Sie wäre bei neutralen Moderatoren sicherlich noch radikaler ausgefallen.

Zu welchen Ergebnissen kamen wir in der Kritikphase?

Die **Gruppe Blau** kritisierte:

- Im Heim sind zu geringe Geldmittel (niedriger Lebensstandard) vorhanden.
- Die bürokratischen Wege bei der Geldzuteilung sind zu lang.
- Die Isolation der Einzelnen, zum Beispiel durch Sucht, ist hoch.
- In der Gemeinschaftsunterkunft Heim existiert eine niedrige Wohnqualität.
- Es herrscht ein schlechter Informationsfluss, etwa bei Ankündigungen von Veranstaltungen.

Die **Gruppe Rot** kritisierte:

- Das Verhalten des Personals: Die Mitarbeiter der Heime verhalten sich besserwisserisch und bombardieren Bewohner mit abfälligen Sprüchen.
- Die Bevormundung: Im Heim existiert zu viel Bevormundung und zu frühe Bevormundung. Rigide Regeln verhindern manchmal individuelles Leben.

Die Kritik wird überwiegend an der Institution Heim geübt und am Verhalten von Mitarbeitern bestätigt. Politik und Kostenträger bleiben im Hintergrund der Kritik.

Die kritischen Thesen wurden aus Zeitgründen von den Moderatoren positiv in Utopiethesen gewendet. Diese Wendungen wurden den Teilnehmerinnen am Anfang der Utopiephase vorgestellt. In der Diskussion wurden leichte Veränderungen vorgenommen. Insgesamt aber wurden die Thesen von den Teilnehmenden für gut bis sehr gut bewertet.

Utopische Thesen der **Gruppe Blau**:

1. Finanzen: Es gibt genug Geld, sodass jeder einen normalen Lebensstandard hat. Die Geldzuteilung erfolgt unbürokratisch und kurzfristig.
2. Situation im Heim: Der Einzelne wird in die Gemeinschaft aufgenommen. Die Wohnqualität im Heim ist gut, zum Beispiel wird Wert gelegt auf eine ausgewogene, vielfältige, gesunde und schmackhafte Ernährung. Der Informationsfluss ist schnell und umfangreich. Veranstaltungen werden rechtzeitig angekündigt.

Utopische Thesen der **Gruppe Rot**:

1. Bevormundung: Im Heim gibt es keine Bevormundung. Es gibt nur wenige Regeln, die aber ein individuelles Leben erlauben.
2. Mitarbeiter: Sie verhalten sich als Berater und lernen weiter. Sie behandeln die Bewohner respektvoll und mit Achtung.

Der Schwerpunkt der utopischen Thesen liegt auf den Institutionen.

In der Utopiephase wurden dann utopische Entwürfe entwickelt:

Gruppe Blau will den Kinofilm des Jahres drehen: *Das Dopamin-Hotel*! Dieser soll dazu beitragen, dass mehr Geld, Lehrer, Arbeitsplätze und Reha-Maßnahmen zur Verfügung gestellt werden. Zudem soll er um Verständnis für psychisch kranke Menschen in der Gesellschaft werben, denn jeder kann psychisch krank werden.

Die **Gruppe Rot** will geistiges und körperliches Wohlbefinden erreichen und sieht Umsetzungsmöglichkeiten durch betreute Wohngemeinschaften, optimale Betreuung bei Reisen und Unternehmungen sowie ausreichendes Kleidungsgeldbudget.

Aus Zeitgründen wurden die utopischen Entwürfe nicht in Szene gesetzt. In der Diskussion im Abschlussplenum wurde deutlich, dass die Schwerpunkte bei der Öffentlichkeitsarbeit (Film) und bei einer Wohnform außerhalb des Heimes (Betreutes Wohnen) liegen.

Die utopischen Entwürfe der Werkstattgruppen wurden in der Realisierungsphase zu konkreten Projekten weiterentwickelt.

Realistisches Projekt der **Gruppe Blau**:

Den realistischen Kinofilm *Das Dopamin-Hotel* will die Gruppe unter Anleitung eines Drehbuchs selbst entwickeln und mit eigenen Fallgeschichten anreichern. Dieser Film soll die Lebenswirklichkeit von psychisch kranken Menschen realistisch darstellen. Alle persönlichen Kontakte sollen aktiviert werden, um an wichtige Personen wie Regisseur, Drehbuchautor und Schauspieler zu gelangen. Dabei sollen die Wohnheimträger einbezogen werden. Solange die Arbeiten für den Kinofilm nicht anlaufen können, weil es an entsprechender fachlicher Unterstützung fehlt, sollen erst einmal weniger schwierige Projekte geprüft werden, etwa ein Theaterstück bei *Blaumeier* (Theatergruppe in Bremen) oder der *Boje* (Theatergruppe in Bremerhaven) oder ein Video-Stück.

Realistisches Projekt der **Gruppe Rot**:

Das Ziel ist hier ein Leben in einer betreuten Wohngemeinschaft. Die Betreuer aus Heimen und WGs müssen besser als bisher zusammenarbeiten und kommunizieren, um eine Überforderung zu vermeiden. Dazu sollen das Personal fortgebildet und neue Fachkräfte eingestellt werden. Die jetzige Situation im Heim soll zunächst durch optimale Betreuung bei Unternehmungen wie Reisen und einer Erhöhung des Bekleidungsgeldes verbessert werden. Konkret soll mit der Abteilung Heimhilfe beim Amt für Soziale Dienste um eine Erhöhung des Budgets verhandelt werden.

Im abschließenden Plenum diskutierten die Teilnehmerinnen erschöpft, aber glücklich den Verlauf der Zukunftswerkstatt. Es gab zwei Meinungen: Manche Teilnehmer wollten gerne an einer weiteren Zukunftswerkstatt teilnehmen, die anderen das Film-Projekt realisieren. Die Entscheidung wurde letztlich nicht getroffen, sondern auf ein Anschlusstreffen vertagt.

Beim Anschlusstreffen fanden sich acht Personen aus der ursprünglichen Teilnehmergruppe zusammen. Die Motivation lag nun eindeutig bei dem Filmprojekt. Es wurden konkrete Zuständigkeiten festgelegt. Dennoch konnte das Projekt leider aus Zeit- und Organisationsgründen bisher nicht realisiert werden.

Auswertung

Die Kritikphase ermöglicht eine Datenauswertung auf die erhobene Anzahl der Kritikpunkte und eine Zuordnung nach den Adressaten.

Insgesamt 67 Prozent aller kritischen Nennungen richten sich ganz deutliche an die Institution Heim (44 Prozent) bzw. deren Mitarbeiter (23 Prozent), also an die bestehende Wohnheimstruktur und an die Haltung der dort beschäftigten Mitarbeiter.

In der Utopiephase entstehen bei der Datenauswertung der Forderungen zwei Zuordnungen: 27 Forderungen wenden sich an eine Erweiterung der persönlichen Autonomie der Heimbewohner und 13 Forderungen zielen auf Verbesserungen der Service- und Betreuungsangebote ab.

In den Entwürfen, die in der Realisierungsphase entstanden, stehen die Pläne zur Verbesserung der Service- und Betreuungsangebote von Heimen im Hintergrund. Ein Kinofilm, geleitet von der Sehnsucht, dass die Heimbewohner als psychisch kranke Menschen in der Gesellschaft so bewertet

Tabelle: Kritiksammlung

Adressaten der Kritik	Zahl der Nennungen	Prozent
Heimbewohner	3	9
Mitarbeiter	8	23
Heimbetreiber	15	44
Kostenträger	2	6
Politik	4	12
GPV*	2	6

* GPV = Gemeindepsychiatrischer Verbund

und behandelt werden wie jeder andere Mensch, ist das Projekt der einen Gruppe. Für die andere Gruppe ist der für die persönliche Autonomie so wichtige Umzug in das Betreute Wohnen und die Hoffnung auf kooperationsfähigeres Personal vorrangig.

Ergebnisse

Die Zukunftswerkstatt führte zu folgenden Ergebnissen:

- Für Heimbewohner sollen ganz normale Lebensstandards gelten und keine Sonderbehandlung (Sozialhilfe im Heim).
- Die individuelle Autonomie der Heimbewohner ist sicherzustellen.
- Die Mitarbeiter haben Kooperation zu erlernen.
- Die Mitarbeiter haben sich den Heimbewohnern gegenüber partnerschaftlichere Verhaltensweisen anzueignen.
- Die Institution Heim muss flexibel auf die individuellen Bedürfnisse der Bewohner reagieren können.
- Das Heim soll mehr am Einzelnen orientierte Service- und Betreuungsangebote machen.
- Die Institution Heim soll sich Richtung Betreutes Wohnen verändern.
- Der Kostenträger soll mit Budgets eine finanzielle Besserstellung, eine Stärkung der Selbstbestimmung und eine Aufwertung der sozialen Rolle der Bewohner unterstützen (»Kleider machen Leute«).
- Durch geeignete, normale Betreuungsangebote soll die Teilnahme am Leben in der Gesellschaft gewährleistet werden.
- Die Bereitschaft zur Selbsthilfe und zur Übernahme von Verantwortung ist hoch.

- Es sind Strategien zu entwickeln, um die Öffentlichkeit von der Normalität psychischer Erkrankungen zu überzeugen und psychisch kranke Menschen als Menschen wie alle anderen anzusehen.
- Es wird Betreuungskontinuität über Wohnformen hinweg benötigt.

Insgesamt wollen die Teilnehmerinnen normalere Lebensumstände und weniger Zwänge und Bevormundungen. Sie haben während der Zukunftswerkstatt festgestellt, dass sie selbst Möglichkeiten haben, Veränderungen zu entwickeln. Sie haben aber auch sehr deutlich gemacht, dass sie Partner benötigen, die ihnen auf diesem Weg Unterstützung zukommen lassen.

Die gegenwärtigen Formen des Heimwohnens wurden erheblich kritisiert. Veränderungen wurden konkret benannt. Dabei war die Leitlinie stets die Achtung und Stärkung individueller Autonomie. Die Forderung, dass Heime ihre Organisationsform und die Palette der Angebots- und Serviceleistungen in Richtung Normalität und Integration in die Gesellschaft verändern müssen, war unüberhörbar.

Ich habe persönlich die Erfahrung gemacht, dass die Durchführung von Zukunftswerkstätten mit Heimbewohnern ohne weiteres erfolgreich verläuft. Allerdings kann die Umsetzung konkreter Projekte nur mit ausreichender und kontinuierlicher Unterstützung und Assistenz bewerkstelligt werden.

Vergleichende Auswertung der Ergebnisse beider Zukunftswerkstätten

Auf Grund der sehr ähnlichen Themenstellung sind die Ergebnisse der beiden Zukunftswerkstätten in ihren Aussagen vergleichbar. Bei beiden Veranstaltungen stand die Kritik an der gegenwärtigen Heimversorgung in der Psychiatrie sowie die Suche nach alternativen Wohnformen für die Zukunft als Thema im Vordergrund. Die Zielstellung der Veranstaltungen war es, die Zukunft in die eigene Hand zu nehmen.

In der Adressierung der Kritik sind sich die Teilnehmerinnen beider Zukunftswerkstätten einig: Heimbetreiber und Heimmitarbeiter sind mit etwa zwei Dritteln aller genannten Kritikpunkte in das Zentrum geraten. Die Kritik an beiden liegt anteilmäßig gleich hoch.

Die nach der Kritiksammlung zusammengefassten Thesen verteilen sich anteilig auch auf andere Schwerpunkte. Die Heimbewohner konzentrieren die Kritik auf die Institution Heim. Das ist nachvollziehbar, da sie dort ihre unmittelbare Lebenswelt erleben.

Die Mitarbeiter rücken mit ihren kritischen Thesen die Kostenträger in den Mittelpunkt ihrer Betrachtungen. Zwar sehen das die Bewohner anders, doch sind die Kostenträger für sie auch sehr »weit weg«.

In ihren Zielrichtungen gehen die beiden Zukunftswerkstätten in der Utopiephase auseinander. Die Bewohner bleiben mit den Utopiethesen bei der Adresse der Institution Heim und ihrer Mitarbeiter.

Von den Mitarbeitern wird die Institution Heim überhaupt nicht mehr thematisiert! Sie wenden sich vorrangig an die Kostenträger, nehmen aber gleichwohl die Bewohner und sich selbst mit ins Boot. Es werden zwei völlig unterschiedliche Erwartungshaltungen offensichtlich: Die Bewohner konzentrieren ihre utopischen Wünsche auf das Heim und die Mitarbeiter; die Mitarbeiter konzentrieren ihre utopischen Wünsche geradezu entgegengesetzt auf Kostenträger und Bewohner.

Die Auswertung der utopischen Entwürfe der Mitarbeiter ist nicht mehr in den Kategorien Kostenträger, Mitarbeiter, Institution und Bewohner vorzunehmen, da die Grenzen fließend werden. Institutionen lösen sich auf, transformieren zu virtuellen Dienstleistungsanbietern, psychiatrieerfahrene Bürger nutzen als Kunden Medien für ihre Interessen.

Bei den zu realisierenden Projekten der Bewohner entwickeln sich zwei Ansätze heraus: Es wird deutlich, dass der Wille besteht, zur Selbsthilfe zu greifen und gegen die Stigmatisierung psychisch kranker Menschen in der Öffentlichkeit anzugehen. Die Medien und deren Experten werden genutzt, um sich selbst darzustellen.

Der Wille zur Selbstbestimmung, zur freien Verfügung eines Budgets und zur Wahlfreiheit im Einkauf einer Leistung steht im Vordergrund. Es wird Mitsprache gefordert bei der Einstellung und beim Einsatz von Mitarbeitern, die Betreuungskontinuität leisten und partnerschaftlich-assistierend arbeiten sollen.

Bei den zu realisierenden Projekten der Mitarbeiter entwickelten sich ebenfalls zwei Ansätze heraus: Die Klientenwünsche und individuellen Bedürfnisse werden zum Leitbild professionellen Handelns. Die Klienten werden bei der Umsetzung zu Partnern gegenüber Politik, Kostenträger, Verwaltungsgemeinde und Heimträger.

Die Ergebnisse der Realisierungsphase beider Werkstätten ergänzen sich. Vermutlich würden die verschiedenen Projekte durch Verschränkungen, Kooperationen oder gemeinsame Durchführungen erheblich voneinander profitieren. Die Chance zur Durchsetzbarkeit einzelner Projekte würde sicherlich dadurch erhöht werden.

In beiden Zukunftswerkstätten hat die Methode eine erstaunliche Wirkung gezeigt. Die Teilnehmer wurden schnell zu Mitmachern, die mit Fantasie und Schwung an einer Entwicklung ihrer Zukunft arbeiteten. Die

Motivation, in irgendeiner Form weiterzumachen, war sehr hoch. Nicht wenige Teilnehmerinnen waren von den Ergebnissen ihrer Arbeit so überzeugt, dass sie mit der Realisierung ihrer Ideen und Projekte gern sofort begonnen hätten.

Zentrale Thesen für die Psychiatrie-Planung

Die Ergebnisse der beiden Zukunftswerkstätten lassen sich zu sechs Thesen verdichten, die für die Zukunft von der sozialpsychiatrischen Heimversorgung zu handlungsleitenden Standards entwickelt werden müssen.

1. **Mehr Autonomie:** Heimmitarbeiter und Heimbewohner drängen auf Veränderung und mehr Autonomie des Einzelnen. Das ist die beste Grundlage einer partnerschaftlichen, zielorientierten und erfolgreichen Zusammenarbeit.

2. **Auflösung der Institution Heim:** Die Institution Heim wird sich flexibilisieren bzw. deinstitutionalisieren und zu einem Service-Center verändern.

Die Heimbewohner fordern eine Sicherstellung ihrer individuellen Autonomie. Sie haben eine hohe Bereitschaft zur Selbsthilfe und zur Übernahme von Verantwortung. Daher muss das Heim flexibel auf die individuellen Bedürfnisse der Bewohner reagieren können. Das Heim soll mehr am Einzelnen orientierte Service- und Betreuungsangebote bereithalten. Die Institution Heim soll sich in Richtung Betreutes Wohnen verändern. Die Betreuungskontinuität muss über Wohnformen hinaus gegeben sein.

Die Heimmitarbeiter fordern darüber hinaus, das Wohnen von der Hilfeleistung zu entkoppeln. Das Heim wird zum Service-Center mit Satellitenwohnungen. Aus dem stationären Komplexleistungsbereich werden Module entwickelt, die sich zu einem individuell zu formenden ambulanten Komplexleistungsangebot zusammenstellen lassen. Gerade Heime haben mehr Vernetzung und Kooperation zu betreiben.

3. **Integration in die Gesellschaft:** Durch eine Normalisierung von Lebensstandards und -umständen werden aus psychisch kranken Heimbewohnern Menschen wie alle anderen auch.

Die Heimbewohner wollen ganz normale Lebensstandards und keine Sonderbehandlung. Durch geeignete, normale Betreuungsangebote soll die Teilnahme am Leben in der Gemeinschaft gewährleistet sein.

Die Heimmitarbeiter lassen normale Lebensumstände mehr und mehr in den Vordergrund der Heimversorgung treten anstelle von therapeutischen und institutionellen Zwängen. Die Unterstützung des Menschen in seinem Alltag wird eine zentrale professionelle Aufgabe.

4. Finanzielle Unabhängigkeit: Eine individuelle Selbstbestimmung und Wahlfreiheit werden durch individuelle Budgets ermöglicht.

Die Heimbewohner erwarten durch die Budgets eine finanzielle Besserstellung, eine Stärkung der Selbstbestimmung und eine Aufwertung der sozialen Rolle.

Die Heimmitarbeiter fordern die Aufstellung globaler oder individueller, träger- oder personengebundener Budgets. Es geht um die Aufhebung der Armut durch Behinderung und um die Flexibilisierung der Mittel, die personenbezogen und bedarfsorientiert einzusetzen sind.

5. Akzeptierende Grundhaltung: Die Grundhaltung der Mitarbeiter ist geprägt von einer Achtung des Selbstbestimmungsrechtes der Heimbewohner.

Die Heimbewohner fordern die Mitarbeiter auf, Kooperation zu erlernen. Sie erwarten zudem von den Mitarbeitern, dass sie sich partnerschaftlich-assistierende Arbeitsweisen und Dienstleistungen aneignen.

Die Heimmitarbeiter wollen die Grundhaltung der Mitarbeiter kritisch anhand des Selbstbestimmungsrechtes ihrer Klienten überprüfen. Sie streben ein partnerschaftliches Arbeitsbündnis an, welches auf Aushandlung beruht und Selbstbestimmung ermöglicht.

6. Gleichstellung: Durch emanzipatorische Öffentlichkeitsarbeit werden psychisch kranke Menschen in der Öffentlichkeit anerkannt wie jeder andere Mensch auch.

Die Heimbewohner wollen Strategien entwickeln, um die Öffentlichkeit von der Normalität psychischer Erkrankungen zu überzeugen. Psychisch kranke Menschen sollen wie alle anderen angesehen und gleichgestellt sein. Es geht um die Verhinderung von Diskriminierung und Ausgrenzung und um gesellschaftliche Aufklärung etwa durch Presse- und Öffentlichkeitsarbeit, die psychisch erkrankte Menschen nicht stigmatisiert.

Die Heimmitarbeiter wollen zusammen mit den Heimbewohnern nach Bündnispartnern suchen. Sie wollen mehr Öffentlichkeit herstellen und die politische Arbeit in Gemeinde, Fachverband und zur Beeinflussung des Gesetzgebers verstärken.

Die Thesen lassen sich anschaulich in einem Phasenmodell darstellen:

1. Mehr Autonomie
2. Auflösung der Heime
3. Integration in die Gesellschaft
4. Finanzielle Unabhängigkeit
5. Akzeptierende Grundhaltung der Mitarbeiter
6. Gleichstellung.

Auffallend ist, dass diese sechs Thesen eine eigene Struktur, ein Phasenmodell aufweisen, welches ich als »Zukunftsschritte der Heimbewohner zum Eintritt in die normale Lebenswelt dieser Gesellschaft« bezeichnen möchte. Heimmitarbeiter und Heimbewohner sind Partner in diesem Veränderungsprozess.

Die Zukunft beginnt nach dem Heim – Schlussbemerkungen

Nach der Auflösung der Heime erfolgt die Integration in die Gesellschaft, realisiert durch das Wohnen in eigener Wohnung. Übergangslösungen und Zwischenstationen werden nicht angestrebt. Zur gesellschaftlichen Integration tritt die finanzielle Unabhängigkeit. Das bedeutet auch, dass in dieser Gesellschaft nur integriert ist, wer auch über finanzielle Mittel verfügt. Armut in Folge der Behinderung ist wiederum Benachteiligung und führt zur gesellschaftlichen Ausgrenzung. Alle sozialpsychiatrischen Hilfen, die benötigt werden, werden auf der Basis einer akzeptierenden Grundhaltung der Mitarbeiter erbracht. Niemand will Hilfen, die nicht freundlich, respektvoll und wertschätzend erbracht werden. Über diese Schritte hinaus sichert (lokal)politische Teilhabe die Gleichstellung psychisch erkrankter Menschen mit anderen Menschen. Die Thesen als Ergebnisse der Zukunftswerkstatt sind nicht nur Aussagen, sondern beinhalten eine gestufte Planung und schrittweise Vorgehensweise zur Problemlösung und dienen zum Eintritt in eine normale Lebenswelt, damit Psychiatrie-Erfahrene im Jahre 2010 so leben, wie sie es sich wünschen.

Die Zukunft ist nach vorn hin offen. Sie birgt alle Möglichkeiten und Chancen – und ist durch alle gestaltbar. Zukunft bedeutet auch, dass das Morgen anders und besser sein kann als das Gestern. Das gilt auch für Heime.

Herausforderungen

LISA SCHULZE STEINMANN

Kein Job wie jeder andere!
Die Arbeit in einem sozialpsychiatrischen Heim

Die Mitarbeiterinnen in sozialpsychiatrischen Heimen haben eine bedeutende Rolle in dem Leben der psychisch erkrankten Heimbewohnerinnen, denn sie beeinflussen und gestalten entscheidend die Situation und das Klima in einem Heim. Die Haltung der Mitarbeiterinnen, ihre Leitideen und ihre fachliche Kompetenz drücken sich im Umgang mit den Bewohnerinnen in der Praxis aus und beeinflussen deren Lebensqualität. Die sozialpsychiatrischen Konzepte einer Einrichtung bewähren sich erst in ihrer Umsetzung in den Alltag. In der Arbeit, die Heimmitarbeiterinnen leisten, schöpfen sie aus ihrer eigenen Person mit ihren Fähigkeiten und Grenzen. Dies ist eine enorme Anforderung an personale Beziehungsarbeit, zumal vieles im Alltag mit den Bewohnerinnen ausgehandelt werden muss, dabei gleichzeitig so manches nicht aus dem Blick fachlicher Erfordernisse verloren werden darf. Die Arbeit in einem Heim heißt, persönliche Ansprüche zurückzunehmen, sich selbst nicht zum Thema zu machen, stattdessen die einzelnen Bewohnerinnen mit ihren Bedürfnissen im Blick zu behalten und sie über lange Zeiträume zu unterstützen, zu ermutigen bzw. zu begleiten und in ihrem Eigensinn zu akzeptieren.

Sozialpsychiatrische Heime arbeiten multiprofessionell, d.h., es sind unterschiedliche Berufsgruppen beschäftigt, die im Team zusammenarbeiten. Die Mitarbeiterinnen im Heim kommen meist aus dem Pflegebereich, etwa Krankenschwester bzw. -pfleger, Altenpfleger, Heilerziehungspflegerin, Sozialarbeiterinnen und Sozialpädagogen. Seltener ist in diesem Team eine Ergotherapeutin beschäftigt.

Nicht mehr als eine Basisversorgung?

In einem Heim mit psychisch erkrankten Bewohnerinnen wird Eingliederungshilfe geleistet. Mitarbeiterinnen der Eingliederungshilfe haben die Aufgabe, einer drohenden Behinderung vorzubeugen oder eine vorhandene Behinderung und deren Folgen zu beseitigen oder zu mildern sowie die Behinderten in die Gesellschaft einzugliedern (§ 39 BSHG). Dies erfolgt mittels personaler Beziehungsarbeit. Im sozialpsychiatrischen Heim werden Bewohnerinnen in ihrer Selbstsorge unterstützt, zur Aufnahme und Gestaltung sozialer Beziehungen ermutigt, zur Aufnahme und Erhaltung einer Tagesstrukturierung angeregt und zur Inanspruchnahme von Hilfen angeleitet. Im Umgang mit der psychischen Erkrankung und der Bewältigung spezifischer Beeinträchtigungen werden Strategien und Kompetenzen erweitert.

Die professionellen Hilfestellungen beziehen sich konkret auf Ernährung, Körperpflege und Kleidung, Umgang mit Geld, das Wohnen und die Wohnraumgestaltung sowie Mobilität. Beratung, Ermutigung und Hilfestellungen erfolgen in Beziehungen zu anderen Menschen: Familienangehörigen, Partnerinnen, Kontakte im Wohn- und Arbeitsbereich sowie durch Beziehungen zu professionellen Helferinnen. Die Unterstützung erfolgt zur Aufnahme einer Beschäftigung, zur Erfüllung von Arbeits- oder Ausbildungsanforderungen, zur Gestaltung frei verfügbarer Zeit und zur Teilnahme am gesellschaftlichen Leben. Mitarbeiterinnen unterstützen Bewohnerinnen zur Inanspruchnahme sozialer, medizinischer und psychiatrischer Hilfen. Im Umgang mit Erkrankung und Behinderung, bei Selbstgefährdung und Krisen bieten Mitarbeiterinnen Hilfen an.

In der Praxis des sozialpsychiatrischen Heims sieht das so aus: Die Mitarbeiterinnen kochen und putzen mit den Bewohnerinnen, erstellen gemeinsam eine Einkaufsliste und kaufen ein. Sie achten auf die Selbstsorge der Bewohnerinnen, die Einnahme der Medikation, teilen Barbeträge ein und aus, aktivieren und intervenieren, managen Krisen, begleiten und besuchen, reflektieren und dokumentieren, nehmen an Hilfekonferenzen teil und und und.

Im sozialpsychiatrischen Heim wird den Bewohnerinnen also eine Basisversorgung angeboten. Darüber hinaus werden sozialpädagogische Ziele und Vorstellungen verfolgt. Das Heim bietet ein Komplexleistungsangebot unter einem Dach. Das Wohnen und eine Vielzahl verschiedener Hilfeleistungen sind miteinander verbunden, auch wenn eine Bewohnerin nur selektive Hilfen bezüglich einzelner Beeinträchtigungen benötigt. So sind sozialpsychiatrische Heime nun mal konzipiert. Selbst wenn sie detailliert differenzieren, welche Einzelhilfen für jedes Individuum erforderlich sind, können sie diese so oft nicht erbringen. Mitarbeiterinnen sind sich zwar oft sicher, welche konkreten Hilfen gebraucht werden, dennoch wird zu wenig erfragt und untersucht, was der Bewohner kann und welche Hilfe auch nicht nötig ist. Zudem wird zu stark auf die Probleme der Bewohnerinnen abgehoben statt auf Ressourcen zu sehen.

Bedenklich wird es, wenn das Problem zu *dem* bestimmenden Merkmal der Bewohnerin wird. Der sozialpsychiatrische Defizitblick macht leider nicht vor Heimmitarbeiterinnen Halt! Ein konsequenter Blick auf die Ressourcen und ein beständiger »Kompetenzdialog« (Herriger 1997) ließen manches in einem anderen Licht erscheinen. Auffallend ist, wie stark medizinische und pflegerische Aspekte in Hilfepläne münden, die vorrangig der Behandlung der psychischen Erkrankung dienen. Konkret betrifft das etwa die Einnahme der Medikamente und damit verbunden die Erwartung einer Compliance. Die ganzheitliche sozialpädagogische Lebensweltorientierung hat im Heim stark abgenommen. Häufig tendiert das Heim zu einer Pflege- und Fürsorgeeinrichtung. Den Mitarbeiterinnen fehlt eine Gesundheitsorientierung. Sie sehen sich zu sehr in der Tradition der Krankenbehandlung. Der integrative und rehabilitative Anspruch sozialpsychiatrischer Heime insbesondere in das Gemeinwesen hinein wurde in der Vergangenheit praktisch und theoretisch nicht ausreichend entwickelt und stellt sich heute im Alltag fast gar nicht mehr.

In der alltäglichen Arbeit fokussieren Mitarbeiterinnen häufig gerade jene Bewohnerinnen, die ihre Hilfe nicht wünschen. Zu wenig wird beachtet, dass die Angebote, die ein sozialpsychiatrisches Heim vorhält, vielleicht nicht die richtigen Hilfen sind! Ein sozialpsychiatrisches Heim hat eben nur ein bestimmtes Set an Hilfen und zu diesen gehört beispielsweise nicht die Beschaffung von Arbeit auf dem allgemeinen Arbeitsmarkt oder die Durchführung von Therapiegesprächen oder das Angebot eines Einzelzimmers ohne professionelle Betreuung. Das sind von Bewohnerinnen geäußerte Wünsche.

Wohnangebot ist keine Kernkompetenz von Heimbetreibern, sondern von öffentlichen Wohnungsbaugesellschaften und privaten Vermietern. Dies wird unter Heimmitarbeiterinnen leider zu wenig diskutiert. In sozialpsychiatrischen Heimen in Deutschland gehört es zwingend dazu, dass nur ihre Leistungen abrufen kann, wer auch in ihnen wohnt. Dieses Konzept aber ist dringend zu hinterfragen; die Bestandteile Wohnen und Hilfen sind zu entkoppeln.

In sozialpsychiatrischen Heimen leben zu zwei Dritteln Männer und zu einem Drittel Frauen. Trotz dieser Männerdominanz sind bisher geschlechtsspezifische Ansätze und Wünsche kaum artikuliert worden. Einzige jüngere Veränderung ist, dass inzwischen gezielt mehr männliche Mitarbeiter beschäftigt werden als noch vor einigen Jahren.

In Fortbildungen, Beratungen und Coachingprozessen präsentieren Heimmitarbeiterinnen gerne den »worst case«, den »schlimmsten Sozialfall« ihrer Einrichtung, sozusagen einen sozialpsychiatrischen »Super-Gau«. Auffallend ist dabei immer wieder die isolierte Wahrnehmung des Einzelfalles und das hohe Verantwortungsgefühl der Mitarbeiterinnen. Sie kämpfen um Lösungen und tragen die Verantwortung für Sicherheit und Schutz aller Beteiligten – im Heim! Hier liegt ein ganz entscheidender Punkt: Die Person des »worst case« wird nicht als Bürgerin einer Kommune gesehen, als Mitglied einer gesellschaftlichen Gemeinschaft, sondern ausschließlich als Mitglied der Gemeinschaft der Heimbewohnerinnen.

Rechte als Bürgerinnen und Bürger

Bürger haben verbriefte Rechte auf Schutz und Hilfe der Solidargemeinschaft. Der erste Schritt wäre also, diese Person als »Sozialfall« des Gemeindepsychiatrischen Verbundes (GPV) zu sehen, in dem alle gemeinschaftlich Verantwortung für die Versorgungsangebote und seelische Gesundheit der Bürgerinnen einer Region tragen. Stattdessen wird die Person in die alleinige Zuständigkeit eines Heims gestellt und bei Schwierigkeiten wird auch diesem Heim das Versagen zugeschrieben, nicht etwa dem GPV! Entsprechend allein gelassen und oft auch überfordert erleben sich die Heimmitarbeiterinnen. Sie sollten sich aber eben nicht in diese Ecke bugsieren lassen. Wohlfahrt und seelische Gesundheit von Menschen sind eine gesellschaftliche und regionale Aufgabe und muss in der Verantwortung einer Kommune wahrgenommen werden! Hier macht sich eine fehlende Gemeinwesenorientierung bemerkbar, die leider im ganzen psychiatrischen System zum Ausdruck kommt. Heime müssen mehr an der Gemeinde, dem Sozialraum partizipieren, in dem sie sich befinden. Mitarbeiterinnen müssen entsprechend dem Normalisierungsgebot viel stärker natürliche, alltägliche Hilfen und Ressourcen der Gemeinde ausfindig machen und Bewohnerinnen zur Nutzung unterstützen. Was bietet der örtliche Sportverein oder welche Kurse die VHS an? Was interessiert welche Bewohnerin? Wie lässt sich eine Teilnahme ermöglichen?

Arbeit im sozialpsychiatrischen Heim vollzieht sich auf das Individuum gerichtet und in Gruppen. Das führt häufig zu dem Grundkonflikt Individuum versus Gruppe. Manche Einrichtungen und manche Heimmitarbeiterinnen verfolgen ein Gruppenkonzept, das der Individualisierung zuwiderläuft. Die Umsetzung des Normalisierungsprinzips ist ein zentrales Anliegen in der Heimarbeit. Auch wenn es sich im Heim um ein stationäres Setting handelt, soll Alltag so normal wie nur möglich gestaltet werden. Dies haben vorrangig die Heimmitarbeiterinnen zu leisten, die im direkten Bezug mit den Bewohnerinnen stehen und die Beziehungsarbeit gestalten.

Mitarbeiterinnen im Heim stehen in einem Helferin-Klientin-Verhältnis. Die Beziehungen sind asymmetrisch, da die Macht einseitig zu Gunsten der Mitarbeiterinnen verteilt ist. Die Bewohnerinnen stehen in einem Abhängigkeitsverhältnis zu ihren Helferinnen, die Hilfe gewähren oder diese versagen können, und in einem Abhängigkeitsverhältnis zum Heimbetreiber, der ihnen Hilfe und Wohnung nehmen kann. Die Mitarbeiterinnen sind in dieser Hinsicht auch immer Repräsentanten des Heimbetreibers.

In diesem verstrickten Hilfe- und Kontrollverhältnis ist eine gleichrangige Beziehung kaum möglich. Das Machtgefälle zwischen Helferin und Klientin ist zu groß. Heimmitarbeiterinnen gehen keine Bündnisse mit ihren Bewohnerinnen ein. Das ist fachlich geboten, führt aber zu Kritik seitens der Psychiatrie-Erfahrenen. Nutzerbeteiligung und Kooperation mit Psychiatrie-Erfahrenen im Heim sind für viele Mitarbeiterinnen noch nicht vorstellbar. Zu stark wirken noch (psychoanalytische) Distanz und das Abstinenz-Gebot, zu stark vielleicht auch noch Vorurteile gegenüber psychisch erkrankten Menschen, was alles zusammen einen partnerschaftlichen Dialog erschwert. Hier sind neue Wege des Dialogs, der Akzeptanz und Wertschätzung und insbesondere der Beteiligungsverfahren zu gehen. Erste Schritte können Zukunftswerkstätten mit Bewohnerinnen sein, wie sie in diesem Buch im Einführungsteil von J. Heimler vorgestellt werden. Hier, in einem Bündnis mit Psychiatrie-Erfahrenen, liegen die Chancen, Heime zu verändern, sie aufzulösen und neue personenzentrierte Angebote und Hilfestellungen ambulant auf- und auszubauen.

Die Auslese und Selektion der Bewohner durch die Heimbetreiber ist ethisch nicht zu rechtfertigen. Wie jedes Krankenhaus oder jede Schule sollte auch ein Heim eine regionale Versorgungsverpflichtung übernehmen und erfüllen. Heimbetreiber tragen mit einer überregionalen Aufnahme von Bewohnerinnen zu einer regionalen Isolation des Heims bei. Fehlende Versorgungsverpflichtung für die Unterstützung von Bürgern der Region, die psychisch erkranken, forciert einen Heimtourismus von Menschen, die als »Systemsprenger« bezeichnet werden. Sie belasten und sprengen Systeme und werden dann disziplinarisch entlassen und bundesweit »weitergereicht«. Die Systeme ändern sich damit nicht, und der psychisch kranke Mensch entwurzelt ohne Heimat noch stärker und hat ein weiteres Versagenserlebnis zu verarbeiten.

Heimstrukturen machen Probleme unlösbar

Sozialpsychiatrische Heime sind für Bewohnerinnen oft Orte der Untätigkeit bzw. der Ersatzdienste in einer Zwangsgemeinschaft, der Langeweile, Isolation, des Stresses durch andere erkrankte Menschen und der Einflussnahme durch Mitarbeiterinnen. Es fehlen in unserer Gesellschaft Arbeitsplätze und andere Orte der sinngebenden Tätigkeit. Arbeitsplätze auf dem allgemeinen Arbeitsmarkt, die psychisch erkrankten Menschen gerecht werden, fehlen fast gänzlich. Wir wissen aber, wie wichtig es für einen Menschen ist, wertvoll zu sein, gebraucht zu werden, sich irgendwie nützlich einbringen zu können. Der Arbeitsmarkt in Deutschland wie in anderen Ländern gibt Arbeitsangebote für psychisch erkrankte Menschen nicht mehr her. Ein sozialpsychiatrisches Heim kann diese wichtige soziale Funktion von Arbeit und Beschäftigung natürlich nicht ersetzen. Für die Mitarbeiterinnen entsteht also das Problem, den Bewohnern nur unzureichend vermitteln zu können, dass sie wichtig sind, insbesondere wenn alles um sie herum – und damit auch das Heim als Wohnform – auf Ab- und Ausgrenzung angelegt ist.

Heime haben negative Effekte: Die Anonymität und Diskontinuität in den Beziehungen und Strukturen totaler Versorgung erzeugen bei Menschen Hospitalismusschäden bereits nach sechs Monaten, also schon in sehr kurzer Zeit. Die durchschnittliche Verweildauer in einem sozialpsychiatrischen Heim liegt bei über zwei Jahren. Viele Heime sind nicht kommunal eingebunden, sondern sozial isoliert und nehmen überregional auf. Zwei hemmende Aspekte werden damit wirksam:

- Die soziale Isolation der Mitarbeiterinnen und der Bewohnerinnen im Heim wird verstärkt und
- die Bewohnerinnen werden ihrer letzten Ressourcen und Hilfequellen beraubt, die sie an ihrem natürlichen Wohnort noch hatten.

Mitarbeiterinnen im Heim sind sich dieser nachteiligen Folgeerscheinungen durchaus bewusst. Sie engagieren sich in der personalen Beziehungsarbeit, um dem entgegenzuwirken. Allerdings sind die Folgen struktureller Benachteiligung (Leben im Heim, soziale Isolation und totale Versorgungsstrukturen) nicht durch Beziehungsarbeit aufzuheben.

Hinzu kommen Rahmenbedingungen, die aus der Position der Heimmitarbeiterin insbesondere durch die starke Eingebundenheit in die personale Beziehungsarbeit und Bewältigung des Alltags nur wenig zu beeinflussen sind.

Das Heim als Gebäude ist in Beton gegossen. Bauliche Veränderungen zur Verbesserung der Wohnsituation der Bewohnerinnen sind durch kaum veränderbare Architektur, mangelnde Mittel und tatsächliche Einnahmeeinbußen für den Heimbetreiber etwa durch den Umbau von Mehrbettzimmern zu Einbettzimmern kaum realisierbar. Ist das Gebäude mit öffentlichen Mitteln wie von der *Aktion Mensch* gebaut worden, so ist die Nutzung des Gebäudes durch ein Zweckbindungsprinzip auf 20–25 Jahre festgeschrieben. Eine Konversion des Gebäudes zu einem anderem Zweck denn als einem Heim für psychisch erkrankte Menschen ist nur dann möglich, wenn der Heimbetreiber die Mittel zurückerstattet oder mit der *Aktion Mensch* eine andere, entsprechend den Förderungsbedingungen gekoppelte Nutzung vereinbart.

Heimbetreiber haben ein starkes wirtschaftliches Interesse am Heimbetrieb, da Heime eine langfristige und prospektiv kalkulierbare Einnahmequelle sind. Diese Einnahmen sind durch die Beschäftigung von wenigen Mitarbeiterinnen und nicht ausreichend qualifiziertem Personal noch zu erhöhen. Nach dem Heimgesetz brauchen nur 50 Prozent der Mitarbeiterinnen Fachkräfte zu sein.

Die Arbeit im Heim muss mit zu wenigen Mitarbeiterinnen bewältigt werden. Die Kritik an nicht ausreichend ausgelegten Personalschlüsseln ist seit Jahren ein Dauerthema. Vergleiche zu Stationen in psychiatrischen Kliniken lassen erahnen, was mit genügend Personal machbar wäre. Mitarbeiterinnen im Heim können nicht die professionelle Arbeit leisten, die fachlich notwendig ist. Es gelingt lediglich die Basisversorgung am Menschen zu leisten.

Mitarbeiterinnen im Heim benötigen eine hohe Motivation für ihre Arbeit. Der Wunsch nach Veränderungen wird stark belastet, da sich Heime nur langsam verändern. Um der Hospitalisierung der Mitarbeiterinnen entgegenzuwirken, müssen Heime sich als lernende Organisationen verstehen und einen Prozess in Fluss halten, der die Potenziale der Mitarbeiterinnen und Bewohnerinnen entfalten hilft. Organisationsberatung, Supervision, Coaching, institutionsübergreifende Kooperation und Gremienarbeit, Mitwirkung in kommunaler Sozialarbeit, externe und heiminterne Projektgruppen usw. sind Möglichkeiten, ein Heim in beständiger Veränderung sich weiterentwickeln zu lassen.

Der Status und die Dotierung der Berufsgruppen im Heim ist unterschiedlich. Hier liegt meist der BAT zu Grunde, der den rein sprechenden oder mit einem Studium verbundenen Berufen wie Sozialarbeit und Psychologie einen gewichtigeren Status einräumt. Die alltagsbegleitenden Aufgaben, die »mit Handanlegen« verbunden sind, also praktisch sind, werden geringer honoriert und weniger gewichtet.

Die Arbeit im Heim erschwert den Mitarbeiterinnen die eigene Teilnahme am Leben in der Gemeinschaft. Regelmäßige Kurse, Vereinsleben und manchmal sogar das Familienleben kommen schnell zu kurz, da Dienstpläne dies nur teilweise berücksichtigen. Gleichzeitig haben Heimmitarbeiterinnen auf Grund von Schicht- und Wochenenddiensten längere »Aus-Zeiten«, die auch den inneren Abstand zur vereinnahmenden Arbeit im Heim erleichtern und den Erholungswert im Vergleich zur regelmäßigen 5-Tage-Woche erhöhen. Freizeit zu Kernarbeitszeiten der meisten Berufstätigen ermöglicht Aktivitäten, die anderen Erwerbstätigen so nicht gegeben sind.

In der professionellen fallbezogenen Arbeit lässt sich immer wieder die Spanne zwischen Komplexität und Reduktionismus erkennen. Die Vielschichtigkeit und die Wechselwirkungen menschlicher Problemlagen sind schwer nachzuvollziehen, bringen nicht immer einer Lösung näher und verstärken oft den Wunsch nach einem »klar strukturierten Problem« und einem ebenso »klaren Lösungsrezept bzw. einem Rezept des Helfens«. Es fällt Menschen nicht leicht, systemisch zu denken, sich Beziehungsgefüge und ihre Abhängigkeiten zu verdeutlichen. Professionelle Mitarbeiterinnen weisen – auch wenn sie Beziehungsarbeit leisten – dieses anthropologische Unvermögen auf. Obwohl jedem bewusst ist, dass sich lineare Ursache-Wirkungs-Ketten nicht auf Menschen in ihren Beziehungen in ihrer spezifischen Umgebung übertragen lassen, ist der Wunsch nach konkreten Verhaltensregeln deutlich. Ventilieren, sondieren, sich im Prozess bewegen usw. sind Vorgehensweisen, die der Dringlichkeit von Problemstellungen oft zuwiderlaufen.

Ebenso zeichnet sich eine Spezialisierung und Methoden-Orientierung im Fortbildungsbedarf ab. Einzelthemen, die die Erkrankungen Schizophrenie, Depression, Borderline-Störung usw. aufgreifen, sind für Heimmitarbeiterinnen von besonderem Interesse. Ganzheitliche, lebensweltorientierte bzw. gemeinwesenorientierte Konzepte finden längst nicht die gleiche Resonanz. Ist das auch Ausdruck einer medizinisch-spezialisierten Orientierung der Heimmitarbeiterinnen oder ist die Aufgabe der sozialpsychiatrischen Alltagstherapeuten zu unspezifisch? Ist es noch zu unklar, ob die Konzepte Alltag, Lebenswelt, ambulante Hilfen im Gemeinwesen tragen und die seelische Gesundheit psychisch erkrankter Menschen stützen? Sicher ist, dass psychisch erkrankte Menschen diesen Hilfen vor jedem Heim den Vorzug geben würden!

Die Arbeit im Heim ist die für ein gesellschaftliches Minderheitenproblem. Die Gesellschaft leistet den Mitarbeiterinnen wenig Unterstützung und Anerkennung. Außerhalb des Heims begegnen die Mitarbeiterinnen oft der Reaktion: »Mit psychisch Kranken? Das könnte ich nie!« Hier wird zwar Respekt, aber auch Distanz zu psychisch erkrankten Menschen deutlich. Allerdings bedingt die Nähe zur gesellschaftlich ausgegrenzten Klientel, dass Heimmitarbeiterinnen zwar Respekt, aber doch keine Statuserhöhung erfahren.

Die strukturelle Trennung des sozialpsychiatrischen Heims vom Betreuten Wohnen ist fachlich falsch! Inzwischen ist deutlich geworden, dass das Konzept der therapeutischen Kette, in der sich die Klientin von Baustein zu Baustein bewegt, nicht erfolgreich ist. Gerade hier sind die Beziehungsabbrüche strukturell vorgegeben. Die Strukturen des sozialen und psychiatrischen Hilfe- und Versorgungssystems sind so zu verändern, dass Mitarbeiterinnen ihren Klientinnen über Institutionsgrenzen hinaus folgen und tatsächlich die kontinuierliche Beziehungsarbeit über Jahre hinweg anbieten, die hilfreich und tragend wirkt. Damit würden sich die Mitarbeiterinnen hinsichtlich ihrer Arbeitsorte und deren besonderen Anforderungen immer wieder neu verändern und orientieren. Das setzt eine hohe Flexibilität der Mitarbeiterinnen voraus. Die Angst vor Veränderung des Arbeitsplatzes wird schnell eingeholt vom Interesse an neuen Aufgaben. Und schließlich geht das Beschäftigungsverhältnis ja weiter.

Mitarbeiterinnen in Heimen leisten eine enorme Arbeit, die nicht nur gesellschaftlichen Respekt, sondern auch mehr finanzielle Anerkennung verdient. In der Praxis stehen sie immer wieder vor unlösbaren Aufgaben. Warum? Weil das ganze Heimsystem unlösbare Aufgaben aufgibt. Deshalb sollen Heimstrukturen ganz aufgelöst werden, um wirklich auf die Erfordernisse der Heimbewohner eingehen zu können. Die Zauberformel lautet: Lasst uns all die Fachlichkeit, das Wissen, die Kompetenz und die Energie der stationär tätigen Heimmitarbeiterinnen umleiten in den ambulanten Bereich. Begleiten wir die Heimbewohnerinnen in normale Wohnformen in die Gemeinde! Das wäre für alle ein Gewinn: für die Klientinnen und für die Mitarbeiterinnen.

GÜNTER STORCK

Qualitätsmanagement im Heim

Das größte Qualitätsergebnis für die Heimbewohner und der optimale Weg zu einer Verbesserung der Lebensqualität ist der Auszug zurück in die Gemeinde, in die Selbstbestimmung des eigenen Lebensfeldes!

Die Versorgungsstruktur Heim hat aus meiner Sicht für einige wenige Betroffene so lange auch weiterhin ihre Berechtigung, wie die ambulante Versorgung keine Alternative bietet. Aber der Auftrag »ambulant vor stationär« bleibt eine zwingende gesellschaftliche Forderung. Deshalb müssen sich Heime nicht nur durch eine situative Indikation, sondern erst recht durch ein Qualitätsmanagement legitimieren.

Seit einigen Jahren haben wir eine ständige Diskussion über die Qualität und Qualitätssicherung in unterschiedlichen psychiatrischen Bereichen. So spielt alles, was sich um die Lebensqualität in einer stationären Versorgung rangt, auch eine Rolle für das Qualitätsthema.

In unterschiedlichen Einzelgesetzen aus dem Kontext der Sozialgesetzgebung wird auf die Notwendigkeit und Verpflichtung einer Qualitätssicherung hingewiesen. Gleichzeitig haben die Psychiatrie-Erfahrenen sehr wohl eine eigene Vorstellung von Versorgungs- und Lebensqualität, die sie von den Dienstleistern einfordern.

Beispielhaft und vor dem Hintergrund eigener Erfahrungen möchte ich über eine Qualitätsentwicklung in einer stationären Versorgungsstruktur berichten.

Mit den Jahren haben sich unterschiedliche Instrumente der Qualitätssicherung in den Versorgungsstrukturen etabliert. So bedient sich die AWO (Bezirksverband Weser-Ems) – zu der unsere Einrichtung gehört – als freier Wohlfahrtsverband der DIN EN ISO 9001/2000 und hat begonnen, auf deren Basis die Nutzung des EFQM-Modells umzusetzen.

Gelebtes Qualitätsmanagement

Das Verständnis für ein Qualitätsmanagement (QM) fängt im Kopf an, d.h. nicht nur in den Köpfen der Mitarbeiterinnen, sondern erst recht in den Köpfen der Leitungen. Deshalb ist eine der Voraussetzungen für ein effektives QM-System die Bereitschaft aller Mitarbeiter, die am Betreuungsprozess beteiligt sind, sich über das Erfordernis einer kontinuierlichen Reflexion über die Anwendung und Wirkung zu verständigen.

Unsere Forderung an ein QM-System war und ist, dass die Qualitätssicherung unter den Aspekten der Angemessenheit, einer handhabbaren Planung, einer Passung zum Versorgungsauftrag und unter dem ethischen Grundsatz eines dialogischen Prozess zwischen Psychiatrie-Erfahrenen und Mitarbeitern in der Einrichtung gelebt wird.

Dieses hatte zur Folge, dass Handlungsabläufe, prozessuale Bedingungen sowie organisatorische und institutionelle Strukturen der Einrichtung analysiert, reflektiert und in einzelnen Handlungsabläufen festgeschrieben wurden. Dabei musste auch die Qualifikation der Mitarbeiterinnen in einem multiprofessionellen Betreuungsteam, einschließlich der Fähigkeiten der Mitarbeiter der Regiebetriebe, Beachtung finden, da natürlich das Gesamtteam durch unterschiedliche Faktoren beeinflusst wird.

So spielen etwa:

- die fachliche Qualifikation der einzelnen Mitarbeiter,
- des Weiteren das Verhältnis von nicht voll qualifizierten zu voll qualifizierten Mitarbeitern,
- die individuellen Einstellungen und Haltungen (Grundhaltung)
- und nicht zuletzt die sachlichen und strukturellen Möglichkeiten der Einrichtung und des Trägers eine wichtige Rolle.

Diese Punkte spielen deshalb eine wichtige Rolle, weil die Grundvoraussetzung zur Implementierung eines QM-Systems beinhaltet, dass sowohl die Leitung als auch die Mitarbeiterinnen in der Lage sein müssen Qualität »herzustellen«!

Das heißt, dass das »Gelebtwerden« eines QM-Systems nur gewährleistet ist, wenn eine geeignete Struktur in der Einrichtung, und zwar mit geeigneten Führungskräften und für die Umsetzung des Systems geeigneten Mitarbeitern vorhanden ist.

Diese Forderung impliziert, dass Führung und Mitarbeiterinnen für die Handhabung einer Qualitätssicherung vor der Einführung geschult werden müssen und dass die Struktur des Hauses, wenn nicht schon vorhanden, an das QM-System angepasst werden muss.

Neben den Forderungen, die die Norm an die Führung der Einrichtung stellt, muss das QM-System gelenkt werden. Das heißt, es regelt die Verantwortung und Befugnisse und legt die Organisationsstruktur und die Lenkung der Dokumente des QM-Systems fest.

Welche Vorteile bietet nun ein Qualitätsmanagementsystem?

Für die Organisation:

- Schaffung von Transparenz für Nutzer und Dienstleister,
- Klärung von Kompetenz und Verantwortung,
- Optimierung der Arbeitsabläufe.

Für das Bewusstsein:

- Förderung des Qualitätsbewusstseins bei den Mitarbeitern und Mitarbeiterinnen.

Für die Kundenzufriedenheit:

- Verbesserung der Dienstleistungen durch kontinuierliche Verbesserungsprozesse (EFQM-Selbstbewertung), Qualitätszirkel, Qualitätsaudits (Audits sind systematische, unabhängige Untersuchungen, durch die das Vorhandensein und die sachgerechte Anwendung spezifizierter Anforderungen beurteilt und dokumentiert werden; etwa werden in bestimmten Abständen die Prozesse auditiert auf Anwendbarkeit, Umgang und Nutzung. Ebenso wird das gesamte QM-System pro Jahr mittels eines Systemaudits auf seine Wirkung, Anwendung und Handhabung geprüft.).

Für die Kontrollen:

- mehr Sicherheit bei internen und externen Kontrollen. Begrenzung externer Kontrollen vor dem Hintergrund des Nachweises eines funktionierenden und transparenten Qualitätssystems.

Für die Haftung:

- Nachweis der Sorgfaltspflicht bei Haftungsfragen und
- Dokumentation und Rückverfolgbarkeit der Leistungen.

Qualitätsmanagement nach DIN EN ISO 9001/2000

Nach der DIN ISO 9402 ersetzt der Oberbegriff »Qualitätsmanagement« seit März 1992 den bisherigen Begriff »Qualitätssicherung«. Qualitätsmanagement umfasst »alle Tätigkeiten des Gesamtmanagements, die im Rahmen des Qualitätsmanagementsystems die Qualitätspolitik, die Ziele und Verantwortungen festlegen sowie diese durch Mittel der Qualitätsplanung, -lenkung, Qualitätssicherung/Qualitätsmanagement, Darlegung und Qualitätsverbesserung verwirklichen«.

Folgende Elemente des Qualitätsmanagements wurden von dem Träger in das QM-System implementiert:

- Kundenzufriedenheit
- Prozessorientierung
- Kostenbewusstsein
- Prozessmanagement
- Laufende Verbesserungen
- Führungsverhalten
- Qualitätsbewusstsein

Kundenzufriedenheit Nun ist gerade der Kundenbegriff in der Qualitätsdiskussion zu einem Reizwort geworden. Der Begriff soll etwas suggerieren, was er in Wirklichkeit nicht umsetzen könne. Wie sagte K. Dörner: »Niemand geht freiwillig in ein Heim!« Also kann man den Heimbewohner wohl nicht als »Kunden« bezeichnen, denn der Kunde, etwa in einem Supermarkt, hat eine relative Wahlfreiheit, der Kunde als Bewohner im Heim hat aber nur eine höchst eingeschränkte Wahl. Dies ist ein wichtiger Einwand.

Ich denke, wenn wir den Begriff mehr auf den Dienstleister projizieren, haben wir eine andere Wirkung. Nämlich die so genannte Kundenphilosophie »Der Kunde ist König« verpflichtet uns Profis zu einer kundenorientierten Dienstleistung. Durch die Dienstleisterbrille den Bewohner als Kunden zu betrachten zwingt und erfordert eine andere Gestaltung der Beziehungsebene.

Die Basisdokumentation zur Erstellung eines Betreuungs- und Eingliederungsplans ist für sich kein Qualitätskriterium, aber die Beteiligung des Klienten bei der Erstellung seines Betreuungs- und Eingliederungsplans (Hilfe- und Förderplan), die Vorlage und Einsicht in seinen Entwicklungsbericht (Bericht an den Sozialhilfeträger für das Kostenanerkenntnis bzw. dessen Fortschreibung bzw. als Abschlussbericht) einschließlich seiner Unterschrift unter dieses Werk sowie die uneingeschränkte Einsicht in seine (Verlaufs-)Dokumentation sind Ausdruck von Kundenorientierung und qualitativem Miteinander.

Die Heimbewohner stellen als Auftraggeber ihre Forderungen an die Einrichtungsträger. Im Hinblick auf jeden einzelnen Klienten wird der Vertragsabschluss geprüft, ob dessen Anforderung von der Einrichtung erfüllt und vor allem auch zukünftig gewährleistet werden kann. Das heißt nichts anderes, als dass der Nutzer sich die Dienstleistungsangebote und deren Gewährleistung durch die Einrichtung vertraglich festschreiben lässt.

Prozessorientierung Um die Klientenzufriedenheit zu erreichen, sind beherrschte Prozesse zur Erstellung der Dienstleistung notwendig.

Das ganze System ist in einem Qualitätshandbuch dokumentiert, d.h. an dieser Stelle, dass alle Prozesse, die eine dokumentationsrelevante Handlung darstellen, in dem Handbuch zur Einsicht in Flussdiagrammen dargestellt sind. Flussdiagramme ermöglichen einen schnellen Überblick über komplexe Handlungszusammenhänge, Prozesse und Abläufe und reduzieren durch ihre kompakte Darstellungsweise die QM-Dokumentation.

Die systematische Zusammenführung und Dokumentation aller qualitätsrelevanten Faktoren in Form eines QM-Handbuches und die Zertifizierung sind die Basis im Qualitätsmanagement.

Kostenbewusstsein Die Prozesse sind unter wirtschaftlichen Aspekten zu beschreiben und durchzuführen. In der Tat ist hier das Kostenbewusstsein von entsprechender Bedeutung. Im Grunde ist der Heimbewohner und nicht die Einrichtung Sozialhilfe- und Rentenempfänger! Das bedeutet: Wir gehen im Prinzip im doppelten Sinne treuhänderisch mit seinen Unterhaltsgeldern um. Es handelt sich um Gelder einerseits des Heimbewohners persönlich und andererseits um öffentliche Gelder, die wir im Sinne einer betriebswirtschaftlichen Verantwortung verwenden müssen.

Prozessmanagement Die ISO 9001/2000 stellt ein entsprechendes Prozessdenken an die Anwender der Norm. Dieses Prozessdenken baut einen Spannungsbogen von der Anforderung des Kunden über die Produktrealisierung (Umsetzung der einzelnen Dienstleistungskomponenten) hin zur Kundenzufriedenheit. Diese Entwicklungsdynamik wird durch Messung, Analyse und Verbesserung begleitet. Die Steuerung dieser kontinuierlichen Verbesserungsprozesse liegt in der Verantwortung der Leitung der Einrichtung.

Kern des Prozessmanagements ist die Betrachtung der in der Einrichtung ablaufenden Prozesse. Alle Abläufe, insbesondere die Dienstleistungen selbst, entstehen in einem miteinander verknüpften Netzwerk aus Tätigkeiten. Diese Tätigkeiten bilden sich in Prozessen und Verfahren ab und werden schriftlich oder bildlich im Qualitätshandbuch dargestellt. Nur so ist es möglich, Orientierung zu geben, Schwachstellen zu erkennen und Verbesserungen für die und mit den Mitarbeitern im Sinne des Nutzers durchzuführen.

Erst im Zusammenspiel der Antworten von »Was wird in der Einrichtung getan? Wer hat es zu leisten? Wer ist verantwortlich? Wird der Weg klientenorientiert begangen?« findet die Dienstleistung ihr Ziel, d.h., die Prozesse in der Einrichtung sollen steuerbare Prozesse sein! Dies wird durch die Vernetzung der Prozesse – also in der Festlegung: »Welches sind übergeordnete Prozesse in der Prozessbeschreibung und Prozessverantwortung?« – sowie durch Messung und Überwachung geregelt. Dieses sagt unter anderem aus, dass das QM-System leben und sich den Entwicklungen der Zeit anpassen muss. Ein starres System ... ist ein totes System!

Laufende Verbesserungen Diese werden erreicht und gepflegt durch ein Beschwerdemanagement und durch kontinuierliche Verbesserungsprozesse wie etwa mittels Qualitätszirkelarbeit, Überwachungen des QM durch System-, Qualitäts- und Prozessaudits, einem Review (Bewertung) und einer Befragung nach klientenorientierter Zufriedenheit. (Hier verwenden wir den Bogen aus dem personenzentrierten Hilfebedarfskonzept der *Aktion Psychisch Kranke.*)

Führungsverhalten (Management der Personalressourcen) Es kann nicht erwartet werden, dass das QM-System in den Köpfen der Mitarbeiter steckt, wenn der Kopf der Leitung nicht zu dem QM-System steht. Das heißt: Durch Schulungen sind die Leitung und die Führungskräfte für ein kooperatives Leitungsverständnis vorbereitet und befähigt worden.

Die Mitarbeiterinnen tragen an erster Stelle zur Entwicklung der Einrichtung bei. Personalplanung und -entwicklung sind zentrale Elemente der Personalpolitik. Diese konkretisieren sich im Fokus für Führungskräfte, in der umfassenden Information und im durchgängigen Kommunikationsverständnis. Das heißt auch, dass der kooperative Führungsstil eine verbindliche Handlungsnorm in der Einrichtung darstellt, die in allen Bereichen der Einrichtung anzuwenden und an alle Mitarbeiter zu vermitteln ist. Dieser Verhaltenskodex findet sich in einem unserer zehn Qualitätsziele wieder. Es lautet: »Wir wissen, dass wir selbst, die Mitarbeiterinnen, wesentlicher Erfolgsfaktor unserer Arbeit sind. Der von uns praktizierte kooperative Führungsstil bindet alle Mitarbeiterinnen in Strategie und Ziele des Wohnheimes für Menschen mit seelischer Behinderung ein. Daraus bildet sich ein hohes Maß an Identität mit unserer Organisation und es führt dazu, dass alle Mitarbeiterinnen motiviert und engagiert ihre Dienstleistung an unserer Zielgruppe erbringen.« (Arbeiterwohlfahrt 2001)

In der Einrichtung sind Freiräume für Kreativität und Engagement eines jeden Mitarbeiters zu schaffen. Ziele und Auswirkungen auf die Dienstleistungsqualität sowie der Anteil und Einfluss der Mitarbeiterinnen auf die Qualität der Arbeit für die Bewohner sind jederzeit erkennbar und rückverfolgbar und damit für jeden Mitarbeiter sichtbar.

Die von den Leitungs- und Führungskräften formulierten Strategien müssen in korrektes Verhalten der Mitarbeiter umgesetzt werden. Damit hat der Zielumsetzungsprozess eine herausragende Wirkung. Die individuellen Beiträge in der täglichen Arbeit werden in so genannten Zielbildungsabsprachen festgelegt.

Dieses geschieht in jährlichen Beurteilungs-, Potenzial- und Zielvereinbarungsgesprächen zwischen Leitung und Mitarbeitern. Elemente dieser Gespräche sind:

- gemeinsame Vereinbarung von messbaren Zielen,
- jährliche Soll-Ist-Vergleiche,
- Festlegung von Maßnahmen bei Zielabweichungen,
- Besprechung der Zielerreichung in einer jährlichen Leistungsbeurteilung.

Dieser »Zielerreichungscheck« hat seine besondere Bewandtnis darin, dass er der Systematik eines Betreuungs- und Eingliederungsplanes für den Bewohner sehr ähnlich, wenn nicht sogar deckungsgleich ist.

Qualitätsbewusstsein Unser Qualitätsbewusstsein formuliert sich in dem Leitbild und in den Leitsätzen sowie in den von uns formulierten Qualitätszielen.

Wir verpflichten uns, konkrete Angebote und Aktivitäten zur Verbesserung der Lebenssituation von Hilfesuchenden und benachteiligten Menschen anzubieten, und sehen unsere Aufgabe auch darin, an der Entwicklung und Gestaltung der heutigen und zukünftigen Sozialpolitik im Sinne der Psychiatrie-Erfahrenen durch Gremienarbeit in der Gemeinde, in Institutionen und Verbänden mitzuwirken.

Ziel unserer Arbeit ist die umfassende, personenzentrierte, auf den einzelnen Hilfebedarf ausgerichtete Dienstleistung. Das bedeutet, dass wir die Hilfe zur Selbsthilfe zur Leitphilosophie unserer Betreuung und psychiatrischen Pflege machen. Wir verstehen die psychiatrische Erkrankung als ein mehrdimensionales Krankheitsgeschehen, das auch in den kommunikativen Bedingungen seine Entstehung hat. Ursachen sind Wechselwirkungen aus genetischer Disposition, physischen und psychischen Faktoren sowie psychosozialen Umweltbedingungen.

Wichtiges Ziel in unserer psychiatrischen Arbeit ist der Aufbau einer vertrauensvollen Beziehung des Bewohners zu seinem Betreuer, um die gemeinsame Arbeit auf dem Weg zurück in die Gemeinde zum nachhaltigen Erfolg zu bringen.

Wir verstehen uns dabei als Dienstleister und betrachten unsere Zielgruppe als Kunden, denen unsere höchste Aufmerksamkeit gilt und dessen Recht es ist, eine hochwertige Dienstleistung von uns abzufordern.

Das Qualitätshandbuch als zentrales Steuerungsdokument

Das QM-Handbuch dokumentiert übergreifend die Umsetzung der ISO-9001-Normforderungen für den Träger und die Einrichtung und beschreibt in seinen verschiedenen Abschnitten die Qualitätsgrundsätze des Trägers und der Einrichtung selbst. Es ist die oberste beschriebene QM-Ebene und bildet die Grundlage für eine Zertifizierung nach der ISO 9001/2000.

Im Einrichtungsbuch werden die übergreifenden Prozesse und Verfahren der Einrichtung beschrieben. Die Bereichshandbücher enthalten die Prozesse, Verfahren, Standards (etwa psychiatrische Betreuungs- und Pflegestandards), Checklisten, Formblätter und Stellenbeschreibungen der jeweiligen Fachbereiche.

Das Dienstanweisungshandbuch enthält Dienstanweisungen und Info-Schreiben.

Die Erfahrungen des Trägers und der Einrichtung mit diesem QM-System können wie folgt umrissen werden:

- Die Strukturen der Einrichtung sind für Nutzer und Mitarbeiter viel transparenter.
- Entscheidungen sind durchlässiger, überschaubarer und damit nachvollziehbarer.
- Die Entscheidungsebenen und -kompetenzen liegen zum Beispiel durch eine organigrafische Darlegung offen, d.h., interne und externe Personen haben zielgerichtete Ansprech- und Entscheidungsebenen.
- Die Träger- und Einrichtungsphilosophie der Personenzentriertheit – »Nicht die Institution, sondern der Nutzer steht im Mittelpunkt« – liegt offen im Handeln des Trägers und der Mitarbeiterinnen und kann deshalb jederzeit auch mit den Instrumenten des QM-Systems hinterfragt werden.
- Es wird nicht »aus dem Ärmel« heraus gehandelt, sondern das Handeln hat System und ist deshalb für jeden rückverfolgbar in seiner Dynamik und Auswirkung.
- Die Definition und Bekanntgabe der Qualitätspolitik und die Ausrichtung der Qualitätsziele auf den Nutzer sind für jeden bewusster und nachvollziehbarer geworden.
- Der Aufbau der Trägerorganisation und der Einrichtungsstruktur ist für jeden klarer.
- Qualitätssichernde Maßnahmen in allen Bereichen bringen Handlungssicherheiten und beseitigen Unsicherheiten bei Haftungsfragen.
- Ein systematisches Auffinden und Beseitigen von Fehlerquellen führt zu einem wirtschaftlicheren und ökonomischeren Umgang mit den Ressourcen.
- Die Beschreibung aller Abläufe, Schnittstellen und Verantwortlichkeiten ist in einer durchgängigen Dokumentation festgehalten und somit für jeden einseh- und damit ebenfalls nachvollziehbar.

Eine weitere wichtige Erkenntnis in der nun seit einigen Jahren angewandten ISO-Norm war, dass das EFQM-System als Selbstbewertungsinstrument eine sinngebende Ergänzung zur Qualitätssteigerung darstellt.

Deshalb hat man sich 2000 entschlossen, das EFQM-Modell auf der Grundlage der DIN EN ISO 9001/2000 zunächst für die psychiatrischen Einrichtungen (perspektivisch aber für alle Einrichtungen) zu etablieren.

Im Folgenden will ich darstellen, wie die Anwendung und wie die Erfahrungen mit der Umsetzung dieses Modells aussehen. Dabei will ich auf eine eingehende Beschreibung des Modells verzichten; am Ende des Artikels wird auf die weiterführende Literatur zu diesem Instrument hingewiesen.

Das EFQM-Modell

Vor dem Hintergrund der verstärkten Qualitätsförderung in Japan und später in den Vereinigten Staaten von Nordarmerika wurde 1992 unter Federführung der European Foundation for Quality Management (EFQM, von vierzehn führenden Unternehmen 1988 als gemeinnützige Organisation auf Mitgliederbasis gegründet) auch eine europäische Qualitätsauszeichnung (EQA – European Quality Awards) geschaffen.

Damit sollen die Bedeutung von Qualität als ein Erfolgsfaktor und die Akzeptanz von Total Quality Management (TQM) als umfassendes QM in den Unternehmen gefördert werden. Das in Europa zugrunde liegende Beurteilungsmodell akzentuiert stärker als in Japan und in den USA die Kriterien der Mitarbeiterzufriedenheit, der »gesellschaftlichen Verantwortung«, der Lebensqualität, des Umwelt- und des Ressourcenschutzes.

Das EFQM-Modell bietet eine allgemein gültige Struktur, nach der jede Organisation – so einzigartig sie auch sein mag – eine Selbstbewertung anhand von neun Kriterien durchführen kann. Die Selbstbewertung ermöglicht das Erkennen von Stärken und Verbesserungsmaßnahmen und die kontinuierliche Überwachung der Fortschritte.

Die neun Kriterien der Selbstbewertung

Die Kriterien teilen sich in fünf »Befähiger«-Kriterien und vier »Ergebnis«-Kriterien auf. Die Befähiger-Kriterien behandeln das, was die Organisation bzw. Einrichtung macht, wie sie vorgeht. Die Ergebnis-Kriterien behandeln, was die Einrichtung erzielt. Hierbei ist zu beachten, dass die Ergebnisse immer auf die Qualität der Befähiger zurückzuführen sind.

Die Befähiger-Kriterien gliedern sich in:

1. Führung
2. Politik und Strategie
3. Mitarbeiter
4. Partnerschaften und Ressourcen

5. Prozess

Die Ergebnis-Kriterien teilen sich auf in:

6. Kundenbezogene Ergebnisse
7. Mitarbeiterbezogene Ergebnisse
8. Gesellschaftsbezogene Ergebnisse
9. Schlüsselergebnisse

Die Kriterien gliedern sich noch einmal in Unterpunkte und Ansatzpunkte. So beinhaltet das Kriterium 3 »Mitarbeiter«, wie die Organisation (Einrichtung) das Wissen und das gesamte Potenzial ihrer Mitarbeiter auf individueller, teamorientierter und organisationsweiter Ebene managt, entwickelt und freisetzt und wie sie diese Aktivitäten plant, um ihre Politik und Strategie sowie die Effektivität ihrer Prozesse zu unterstützen. Es müssen daher ganzheitliche Konzepte der Mitarbeiterführung erarbeitet, systematisiert und ständig verbessert werden.

Das Kriterium »Mitarbeiter« wird anhand der folgenden Unterkriterien betrachtet:

a) Planung und Verbesserung der Mitarbeiterressourcen;
b) Erhalt und Weiterentwicklung der Kompetenzen und Fähigkeiten der Mitarbeiter durch Personalplanung, -auswahl und -entwicklung;
c) Vereinbarung von Zielen mit Mitarbeitern und Teams und ständige Überprüfung der Leistungen;
d) Förderung der Beteiligung aller Mitarbeiter am Prozess der ständigen Verbesserung und die Autorisierung der Mitarbeiter, selbst zu handeln;
e) Art und Weise der wirksamen Kommunikation über Hierarchieebenen hinweg von oben nach unten sowie umgekehrt und horizontal.

Ich greife das Unterkriterium 3a »Planung und Verbesserung« der Mitarbeiterressourcen heraus und betrachte es aus der Nähe:

Worum geht es?

Die Einrichtung hat ein Gesamtteam zur Erfüllung der Heimtätigkeiten mit unterschiedlichen Fachlichkeiten und Fähigkeiten. Dieses »Einrichtungskapital« gilt es zu erhalten, möglichst effizient einzusetzen und weiterzuentwickeln. Dazu müssen Rahmenbedingungen geschaffen werden, die einerseits der Führung der Organisation bzw. der Einrichtung aufzeigen, welche Personalressourcen vorhanden sind, und andererseits den Mitarbeitern die Möglichkeit geben, ihre Arbeit auszuführen und darin Erfüllung zu finden.

Was bringt es?

Die Mitarbeiterqualifikation, -kommunikation und -motivation haben aus folgenden Gründen einen wesentlichen Einfluss bei der Einführung des TQM:

- Die langfristige Orientierung der Einrichtung auf Inhalte, Entwicklungen und Veränderungen wird mit Hilfe einer geeigneten Personalstruktur und -entwicklung gefestigt.
- Der Mitarbeiter kann steigende Arbeitsbelastungen durch höhere Qualifikation und methodische Unterstützungen wieder ausgleichen.
- Eine nachhaltige Motivation der Mitarbeiterinnen hat eine höhere Leistungs- und Einsatzbereitschaft zur Folge.

Wie gehen wir vor?

Die Mitarbeiterzufriedenheit muss systematisch erfasst werden, um Personalplanung und -einsatz ständig zu verbessern. Ein Beispiel: Die Mitarbeiter werden gezielt auf ihre Aufgaben vorbereitet. Ihre Arbeitsbedingungen werden an die Arbeitsaufgaben angepasst.

Wie aus der Beschreibung des 3. Befähiger-Kriteriums und seines Unterkriteriums 3a zu ersehen ist, wird anhand dieses Beispiels schon deutlich, dass das EFQM-Modell eine Kopflastigkeit bezüglich Mitarbeiterzufriedenheit hat. Das Modell geht richtigerweise davon aus, dass nur zufriedene Mitarbeiterinnen eine hohe kunden-, also bewohnerorientierte Qualität in ihrer täglichen Arbeit erbringen können bzw. bereit sind sie zu leisten.

Schauen wir uns nun die Ergebnisseite, zum Beispiel das Kriterium 6 »Kundenzufriedenheit«, an:

Dieses Kriterium befasst sich mit der Leistung der Einrichtung bezüglich der Erfüllung der Anforderungen seiner Kundinnen. Es wird genau angeschaut, wie die Leistungen der Einrichtung vom Kunden bewertet werden. Darüber werden zusätzliche Messgrößen verlangt, die Aufschluss darüber geben, welcher Grad der Kundenzufriedenheit erreicht wird.

Das Unterkriterium 6a befasst sich mit der Beurteilung der Dienstleistungen und Kundenbeziehungen durch die Kunden.

Worum geht es?

Wie schon gesagt, soll neben der hohen Mitarbeiterzufriedenheit die Erzielung einer hohen Kundenzufriedenheit im umfassenden Qualitätsmanagement eine hohe Priorität in der Einrichtung haben. Der Weg dorthin ist auf der Befähigerseite zu beschreiben. Um ein möglichst aussagekräftiges Bild zu erhalten, wie die Kunden die Qualität der Dienstleistungen der Einrichtung einschätzen, ist die Analyse der Kundenzufriedenheit unverzichtbar. Eine Darstellung der wirklichen Verhältnisse dient dem Prozess der Zielerreichung.

Was bringt es?

Die Kenntnisse über die Forderungen, Erwartungen und Wünsche der

Nutzer gewährleisten, dass nicht an deren Interessen und Nachfragen vorbei Dienst geleistet wird.

Nur eine detaillierte Erfassung und Analyse der Klientenzufriedenheit bietet eine Basis zur ständigen Verbesserung. Notwendig ist eine Rückmeldung durch den Kunden, ob die Dienstleistungen Zufriedenheit oder vielleicht sogar Anerkennung hervorgerufen haben.

Wie gehen wir vor?

Um ein möglichst objektives Bild der Klientenzufriedenheit zu erhalten, sollten verschiedene Erhebungsverfahren und unterschiedliche methodische Ansätze gleichzeitig Anwendung finden. An unserem Arbeitsplatz etwa wird der Fragebogen der personenbezogenen Hilfen der APK verwendet, das Instrument der Zukunftswerkstatt nach Jungk genutzt und in informellen Gesprächen, Gesprächsrunden das Bild ermittelt.

Wie unschwer zu erkennen ist, können wir auf diesem Weg eine Deckungsgleichheit in der Zielsetzung zwischen den oben beschriebenen Mitarbeiter- und den Kundenkriterien erreichen und auch feststellen.

Mit einer abschließenden Betrachtung soll in einer Kurzbeschreibung der Selbstbewertungsprozess dargestellt werden.

Der Selbstbewertungsprozess

Nachdem auf der Grundlage der neun Kriterien des EFQM-Modells das Bewertungsmaterial zusammengetragen und auf das Standardformular zur Selbstbewertung nach dem EFQM-Modell 2000 abgebildet wird, kann das Selbstbewertungsteam zur Bewertung schreiten. In unserer Einrichtung besteht das Selbstbewertungsteam aus: der Einrichtungsleitung und der Stellvertretung, den Führungskräften der zweiten und dritten Ebene, dem Qualitätsbeauftragten der Einrichtung (QBE), ggf. aus Auditorinnen, den Qualitätszirkelmoderatorinnen und dem Betriebsrat. Für jedes der neun Kriterien werden vom Träger »Fachberater« bestimmt, die den Selbstbewertungsteams der Einrichtung zur Seite stehen.

Das Ziel der Selbstbewertung ist neben der Überprüfung der eigenen Leistung eine ständige Verbesserung der Organisations- und der Einrichtungsaktivitäten. Durch das Offenlegen von Verbesserungspotenzialen kann die Selbstbewertung für strategische bzw. operative Verbesserungsmaßnahmen dienen. Der Fortschritt wird bei der nächsten Selbstbewertung überprüft, die in jährlichen Abständen erfolgen sollte. Es gibt verschiedene Arten der Selbstbewertung. Der Träger dieser Einrichtung hat sich für die Selbstbewertung durch einen Workshop entschieden.

Im Rahmen des Workshops werden die Nachweise gesichtet und Stärken sowie Verbesserungsbereiche festgelegt. Dann folgt die Planung von Maßnahmen zur Absicherung der Stärken und Umsetzung der Verbesserungen. Das Management und die beteiligten Mitarbeiter (wenn möglich auch Nutzer) bekommen die Möglichkeit, sich intensiv mit den Inhalten von TQM auseinander zu setzen und es kann ein gemeinsames Verständnis geschaffen werden. Die Bewertung erfolgt auf Konsensbildung! Die Maßnahmen sind aufeinander abgestimmt. Der Nachteil dieser Bewertungsmethode ist, dass es einer umfangreichen Vorbereitung bedarf, damit Management und Mitarbeiterinnen (wenn möglich auch Nutzer) auf den Prozess der Selbstbewertung hingeführt werden.

Zur Durchführung der Selbstbewertung bietet die EFQM Hilfswerkzeuge, die hier kurz vorgestellt werden sollen. Eine so genannte Wegweiserkarte stellt eine Leitlinie dar und gibt der Einrichtung Hinweise auf der Ergebnisseite sowie auf der Befähigerseite.

Entlang dieser Wegweiserkarte lässt sich die Struktur der Selbstbewertung gut ablesen. Die Bewertungsfragen lauten:

- Berücksichtigen die Ergebnisse alle vorhandenen Interessengruppen?
- Werden alle relevanten Vorgehensweisen gemessen?
- Wird die Umsetzung der Vorgehensweisen gemessen?
- Wird die Umsetzung der Vorgehensweisen wahrgenommen?
- Berücksichtigen die Messungen die Leistungsindikatoren?
- Werden positive Trends sichtbar?
- Sind gute Ergebnisse über einen längeren Zeitraum nachzuweisen? Wenn ja, über welchen Zeitraum?
- Gibt es Ziele? Wenn ja, werden die Ziele erreicht?
- Werden die Ergebnisse mit anderen verglichen, zum Beispiel mit Wettbewerbern, dem Dienstleisterdurchschnitt oder »Klassenbesten« (Mitbewerber oder das Nachbarheim)?
- Schneiden die Ergebnisse im Vergleich gut ab?
- Weisen sie eine Ursachen-Wirkung mit den Vorgehensweisen auf?
- Wird bei den Messungen eine ausgewogene Reihe von Faktoren berücksichtigt, nicht nur gegenwärtig, sondern auch zukünftig?
- Zeigen die Ergebnisse ein ganzheitliches Bild?

Auf der Befähigerseite fragte sich, ob das Vorgehen:

- fundiert,
- auf die Bedürfnisse der Interessengruppen ausgerichtet,
- unterstützend für die Politik und Strategie,
- mit anderen Vorgehensweisen verknüpft,
- nachhaltig,
- innovativ,

- flexibel,
- messbar ist.

Ist die Umsetzung des Vorgehens:

- in allen relevanten Bereichen der gesamten Organisation bzw. Einrichtung eingeführt?
- so eingeführt, dass sein Potenzial, seine Fähigkeiten voll zum Tragen kommen?
- so eingeführt, dass es den geplanten Nutzen erzielt?
- systematisch?
- von allen Interessengruppen verstanden und akzeptiert?
- messbar?

Wird das Vorgehen im Hinblick auf seine Umsetzung:

- regelmäßig auf Effektivität geprüft?
- genutzt, um daraus zu lernen?
- mit anderen verglichen, etwa Wettbewerbern (Benchmarking)?
- anhand des Outputs von lernorientierten Aktivitäten und Leistungsmessungen verbessert? (Radke u.a. 1997)

Im Ergebnis erhält die Einrichtung ein individuelles Einrichtungsprofil, mit dessen Hilfe das Leitungsteam in der Lage ist, festgestellte Stärken und Verbesserungsbereiche klar zu definieren.

Die erste Selbstbewertung gibt lediglich einen aktuellen Eindruck der Einrichtung wieder. Erst in der regelmäßigen Wiederholung der Selbstbewertung wird deutlich, ob die jeweils festgelegten Verbesserungsmaßnahmen gegriffen haben. Unsere ersten Erfahrungen mit der Anwendung dieses Modells können wie folgt beschrieben werden:

- Mit der Sammlung der Nachweise wurde die vorhandene gesamte Dokumentation der Einrichtung bezüglich Aussage, Ablage und Rückverfolgbarkeit noch einmal hinterfragt und im Detail verbessert, korrigiert bzw. wurden neue oder andere Strukturen geschaffen.
- Die festgestellte und angenommene Kundenzufriedenheit und Mitarbeiterzufriedenheit wurden noch einmal evaluiert, ergebnisbezogen reflektiert und in der Verständlichkeit der Frage verbessert.
- Die Struktur-, Prozess- und Ergebnisqualität der Einrichtung wurden in diesem Zusammenhang mit den Kriterien des EFQM-Modells auf den Prüfstand gestellt, sodass in einigen Bereichen Verbesserungsmaßnahmen festgelegt werden konnten.
- Die in der Einrichtung in den Bereichen Mitarbeiter- und Kundenzufriedenheit angenommenen hohen Standards mussten sich Nachfragen gefallen lassen, die auf noch brachliegende Verbesserungspotenziale verwiesen.

Schluss

Der Gesetzgeber fordert qualitätssichernde Maßnahmen. Dieser Forderung haben sich Dienstleister auf dem sozialen Sektor zu stellen, so auch in Heimen für psychisch kranke Menschen. Aber nicht nur die gesetzlichen Forderungen sollten zu einem Qualitätsmanagement führen. Auch und erst recht die veränderten, selbstbestimmten Ansprüche der Nutzerinnen müssen eine Qualitätskultur auf Seiten der Dienstleister garantieren, die den Namen verdient.

Eben deshalb ist natürlich auch auf die Probleme von QM-Systemen hinzuweisen, die sein können: Überreglementierung der Arbeit, das Bürokratisieren von Arbeitsabläufen sowie eine zusätzliche Verschriftlichung des Tuns und damit eine weitere Gewichtsverschiebung von unmittelbaren zu mittelbar personenbezogenen Tätigkeiten. Eine institutionsorientierte Qualifizierung des Managements – und diese wäre dann kontraproduktiv zur personenzentrierten Gewichtung der täglichen Arbeit – ist sicherlich abzulehnen. Das Qualitätsmanagement der Einrichtung muss sich fragen lassen, welche Qualität in einer Einrichtung welche Priorität hat. Wann sind die Psychiatrie-Erfahrenen in einem Heim an welcher Stelle und in welchem Ausmaß in dem Regelwerk des QM-Systems (mitverantwortlich) einbezogen? Wer setzt die Qualitätsmarker, der Träger oder der Nutzer?

Unser Qualitätsmanagement beansprucht für sich eine herausgehobene Klientenorientierung, deshalb muss es sich daran messen lassen und Tiefenschärfe im kritischen Scheinwerferlicht der Nutzer zeigen!

Mittel- und langfristig sollte ein QM im stationären und ambulanten Bereich zu der Entwicklung führen, dass eine Heimstruktur für psychisch Kranke ungeeignet für ein selbstbestimmtes Leben in der Gemeinde ist.

PETRA JAHNKE

Veränderung durch Beteiligung: Das Vorschlags- und Beschwerdemanagement

Das deutsche Gesundheits- und Sozialwesen befindet sich in einem Reformprozess. Die Verbesserung der Lebensqualität, die Stärkung von Patienten- und Verbraucherrechten, der Gesundheitsförderung wie auch die Forderungen nach Verbesserung der Versorgungsqualität sind Ausdruck dieses Prozesses. Gesellschaftliche und wirtschaftliche Veränderungen machen im Bereich der stationären Behindertenhilfe für Menschen mit psychischen Erkrankungen auch gesetzliche Anpassungen an diese Entwicklungen notwendig. Die Intention des novellierten Heimgesetzes, des Bundessozialhilfegesetzes sowie des neuen Sozialgesetzbuches (SGB IX) ist eine Stärkung der Verbraucher- und Patientenrechte sowie die Verbesserung und Sicherung der Versorgungsqualität. Im Zuge der Weiterentwicklung des Rehabilitations- und Behindertenrechtes wird die Qualität der Dienstleistung zu einem wichtigen Faktor für die Leistungserbringer.

Für sozialpsychiatrische Heime sind das Bundessozialhilfegesetz (BSHG) und das novellierte Heimgesetz (HeimG) maßgebend. Beide stellen den Begriff der Leistungsqualität heraus. Die gesetzlichen Neuerungen zielen darauf, die Rechtsstellung und den Schutz der Bewohner zu verbessern.

Nach § 5 des Heimgesetzes hat der Träger »die künftige Bewohnerin oder den künftigen Bewohner bei Abschluss des Heimvertrages schriftlich auf ihr oder sein Recht hinzuweisen, sich beim Träger, bei der zuständigen Behörde oder der Arbeitsgemeinschaft nach § 20 (5) beraten zu lassen sowie sich über Mängel bei der Erbringung der im Heimvertrag vorgesehenen Leistungen zu beschweren« (§ 5 Abs. 10 HeimG). Bedeutsam ist, dass die Selbstbestimmung sowie die Mitwirkungs- und Gestaltungsmöglichkeiten der Hilfeempfänger sowohl durch eine interne Qualitätsentwicklung in den Einrichtungen als auch durch die Stärkung externer Kontrollen verbessert werden sollen. Gleichzeitig wurde die Stellung des Heimbeirates gestärkt, er ist bei Vergütungsvereinbarungen sowie Leistungs- und Qualitätsvereinbarungen zu beteiligen (siehe § 10 Abs. 1 HeimG).

Welche Aspekte nun sind gesetzlich, fachlich und auf der zwischenmenschlichen, kommunikativen Ebene bedeutsam, um die genannten Anforderungen in eine sozialpsychiatrische Praxis umzusetzen?

Rechte, Würde und Lebensqualität

Die Inanspruchnahme der Rechte zur Selbstbestimmung und Mitwirkung ebenso wie das Beschwerderecht setzen die Kenntnis der Rechte sowie eine aktive Rolle der Bewohner voraus. In der Realität sind »die Nutzer von Dienstleistungen dagegen nicht immer in der Position, Stellung zu beziehen und Fehleinschätzungen zu korrigieren. (...) Nutzer befinden sich schnell in der Rolle von Abhängigen« (Kämmerer-Rütten 1999, S. 39). Offensichtlich bedarf es erheblicher Anstrengungen, um die genannten gesetzlichen Forderungen in die tatsächlichen Lebensverhältnisse von Menschen in sozialpsychiatrischen Heimen zu realisieren.

K. Dörner und U. Plog (2002) erinnern daran, dass die Psychiatrie ein Ort ist, an dem der Mensch besonders menschlich ist. Vor einem solchen Hintergrund muss sich Qualitätsentwicklung am Begriff der Würde und der Lebensqualität orientieren. Lebensqualität entsteht auf drei Handlungsebenen: auf der strukturell und gesellschaftlich vermittelnden Ebene, auf der Ebene des sozialen Austausches im näheren und weiteren Umfeld, auf der Ebene der individuellen Bedürfnisse. Es wäre also sehr verkürzt, wollte man den Widerspruch zwischen den gesetzlichen Vorgaben und deren praktischer Umsetzung in den Heimen nur auf einer Ebene betrachten.

Die gesundheitspolitischen Ziele

Das Ziel der Gesundheitspolitik ist die Verbesserung und Förderung der Gesundheit. Die Minderung krankheitsbedingter Einschränkungen der Lebensqualität ist diesbezüglich eine wesentliche Voraussetzung.

Lebensqualität drückt sich, wie gesagt, auf drei Ebenen aus. Ein Wohnheim für psychisch kranke Menschen ist im Rahmen des gesetzlichen Auftrages für die Gestaltung der Lebensverhältnisse psychisch kranker Menschen verantwortlich. Innerhalb dieses Lebensfeldes werden Verhaltensbedingungen und Verhaltensanreize für den einzelnen Menschen geschaffen und damit wird die Gesundheit positiv (oder negativ) beeinflusst. R. Rosenbrock unterstreicht das gesundheitspolitische Grundwissen, mit dem gesundheitliche Beeinträchtigungen und Funktionseinbußen individuell im Sinne möglichst hoher Autonomie und Lebensqualität bewältigt werden können. Es gelten »die Grundsätze der Selbstbestimmung des

Individuums und des Schutzes der Schwachen sowie die Bevorzugung von Selbststeuerung gegenüber Fremdsteuerung« (ROSENBROCK 1998, S. 708). Im Juni 1999 fasste die Gesundheitsministerkonferenz einen Beschluss zur Charta der Patientenrechte. Sie unterstreicht die Zielrichtung im Gesundheitswesen:

- Stärkung der Patientenposition
- Ausbau der Patientenbeteiligung
- Verbesserung der Rechtsstellung und des Schutzes der Patienten

Transparenz und Information sind diesbezüglich wesentliche Voraussetzungen, denn nur wer seine Rechte und Pflichten kennt, kann diese Aufgaben bewusst und erfolgreich wahrnehmen. Auch das Heimgesetz wurde entsprechend dieser Zielrichtung angepasst. Es stärkt die Rechte der Bewohner und Bewohnerinnen und betont die Forderungen zur Stärkung der Selbstbestimmung und Beteiligung.

Die institutionelle Ebene

Der Auftrag der Heime steht in dem klassischen Widerspruch der stationären Psychiatrie, einerseits Hilfe und Fürsorge anzubieten, andererseits Kontrolle und Fremdbestimmung über die Bewohner auszuüben. Im Rahmen der Hospitalismusforschung hat E. Goffman die Auswirkungen vom Leben in einer »totalen Institution« herausgearbeitet (siehe dazu ADERHOLD 1998).

Als therapeutischer Ort bringen Heime allgemein und insbesondere sozialpsychiatrische Heime eine spezifische Problematik mit sich, der auch heute noch ein einrichtungszentriertes Denken zu Grunde liegt. Kennzeichnend ist das Anstaltsparadigma, wobei als das Ziel der therapeutischen Beziehungen die möglichst vollständige Kontrolle der Patienten gilt. Der Hilfebedürftige wird nicht als mündiger und selbstbewusster Kunde betrachtet, sondern als ein zu bevormundender, unmündiger und entscheidungsunwilliger Patient. Insofern sind die Beziehung und Kommunikation zwischen dem Hilfebedürftigen und dem Helfenden durch die Asymmetrie von Macht und Abhängigkeit gekennzeichnet. Die Veränderung der Perspektive, vom Hilfebedürftigen zum Kunden und Mitgestalter, ist die zentrale Herausforderung der Sozialpsychiatrie. Die Weiterentwicklung von Kommunikations- und Kooperationsstrukturen, in denen psychisch kranke Menschen sich aktiv beteiligen, ist eine Voraussetzung zur Gestaltung einer demokratischen Sozialpsychiatrie.

Die individuelle Ebene

Menschen in der stationären Psychiatrie machen immer wieder die Erfahrung der Entmündigung und Fremdbestimmung. Hierdurch entsteht ein Zustand von Hilflosigkeit, d.h. das Gefühl, keinen oder wenig Einfluss auf das eigene Leben und darauf, was mit einem geschieht, zu haben. Viele psychisch kranke Menschen sind daher in der Vertretung ihrer Interessen und der Mitwirkung an den Lebensbedingungen im Heim beeinträchtigt. Heimbeiräte sind die gesetzlich vorgeschriebene Form der Interessenvertretung, aktuell sind im Bereich der Behindertenhilfe aber Strukturen der Beteiligung der Heimbeiräte kaum ausgeprägt und werden häufig eher als störend empfunden. Auch die Heimaufsicht der Behörden scheint sich nur bedingt zur externen Qualitätskontrolle der Leistungsqualität zu eignen (Bundesvereinigung der Altenheimbewohner 2002).

Es existiert eine erhebliche Diskrepanz zwischen den inhaltlichen Zielen der Gesetze zur Verbesserung der Leistungsqualität und den Rahmenbedingungen, in denen sich die realen Lebensbedingungen psychisch kranker Menschen vollziehen. Seit Anfang 1999 wurde zwar der Qualitätsbegriff zum Vergleichsmaßstab für den Kostenträger bestimmt, sodass der Bedarf für die Einführung von Verfahren zur Qualitätsentwicklung in den Einrichtungen groß ist, jedoch orientiert sich diese Qualität zu wenig an den Bedürfnissen der Bewohner. Es ist zu befürchten, dass die Qualitätssicherung sich zu stark an betriebswirtschaftlichen Kategorien ausrichtet und dass die Kosteneinsparung das Ziel der Verbesserung der Lebensqualität der Bewohner in den Hintergrund drängt.

Qualitätsentwicklung und Verbesserung von Lebensqualität

Die Kostenträger sozialpsychiatrischer Heime geben bislang keine umfassenden Qualitätsmanagementsysteme vor. Daher gestaltet sich die Qualitätsentwicklung in Heimen sehr unterschiedlich und reicht von der Implementierung umfassender QM-Systeme bis zur Einführung einzelner Qualitätsinstrumente (siehe den Beitrag von G. Storck im vorliegenden Buch). Dementsprechend entwickelten die Fachvereinigungen und Verbände der Behindertenhilfe nach je unterschiedlichen Gesichtspunkten die Qualität ihrer Dienstleistung. Die *Arbeiterwohlfahrt* beispielsweise betreibt Qualitätsmanagement nach DIN EN ISO 9001:2000. Die Psychiatriefachverbände *Bundesverband Evangelische Behindertenhilfe* (BEB) und *Psychiatrie in der Caritas* (PiC) gehen unterschiedliche Wege. Sie fokussieren auf eine leitzielorientierte Qualitätsentwicklung am Handbuch *ProPsychiatrieQualität*.

Die Aktivitäten zum Thema Qualität in der sozialpsychiatrischen Versorgung zielen auf die Verbesserung der Qualität der angebotenen Hilfen. Die Einrichtungen der stationären Behindertenhilfe sehen sich diesbezüglich mit dem Faktor Qualität konfrontiert, der mit den Eckpunkten Kundenorientierung, Effizienzorientierung und Mitarbeiterorientierung zunehmend zu einer erfolgsbestimmenden Dimension im Wettbewerb der Leistungsanbieter wird. Im Zuge dieser Entwicklungen stehen Heime für psychisch kranke Menschen vor der Herausforderung, sich im Spannungsfeld zwischen Ökonomisierung und Lebensqualität neu orientieren zu müssen. Daher stellen sich folgende Leitfragen:

- Können die gesetzlichen Forderungen zur Verbesserung der Leistungsqualität tatsächlich einen Beitrag zur Verbesserung der Lebensqualität von Menschen in Heimen leisten?
- Welche Voraussetzungen und Strukturen sind notwendig und könnten innerhalb der sozialpsychiatrischen Einrichtung umgesetzt werden, um die Bewohnerorientierung zu stärken und dem Heimbewohner Beteiligung und Mitbestimmung zu ermöglichen?
- Welche Kompetenzen muss der Heimbewohner erwerben, um Rechte auf Mitbestimmung, Interessenvertretung und Partizipation wahrnehmen zu können?
- Wie kann der Bewohner unterstützt werden, die Fähigkeit zu erlangen, Einfluss auf seine derzeitigen Lebensbedingungen zu nehmen?

Das novellierte Heimgesetz artikuliert in § 2 zum Zweck des Gesetzes, dass die Würde, die Interessen und Bedürfnisse der Bewohner und Bewohnerinnen zu schützen sind. Die Selbstbestimmung und die Selbstverantwortung der Bewohner sind zu wahren und zu fördern, und die persönliche Mitwirkung ist zu sichern. In Anlehnung an das englische Qualitätssicherungskonzept »Homes are for living-in« (Harris 1995) muss die Verbesserung der Leistungsqualität demnach insbesondere eine auf die Verbesserung der Lebensqualität abhebende Qualitätsentwicklung sein. Im Rahmen der gesetzlichen Vorgaben sind die Einrichtungen verpflichtet, die Qualität der Versorgung zu gewährleisten und kontinuierlich zu verbessern. Dazu stehen den Einrichtungen verschiedene zielgerichtete und systematische Qualitätsmaßnahmen zur Verfügung.

Eröffnet nun die Qualitätsentwicklung ein Handlungsfeld, in dem Bewohner und Einrichtung eine gemeinsame Verantwortung für mehr Selbst- und Mitbestimmung übernehmen?

Zur weiteren Entwicklung der Fragestellung werden im Folgenden zwei bislang in der Praxis einzeln eingesetzte Konzepte miteinander verknüpft. Ausgegangen wird einerseits von dem Empowermentansatz der Gesundheitsförderung, andererseits wird Bezug auf die Qualitätssicherung genommen, die mit Hilfe von systematischen und standardisierten Verfahren zur Verbesserung der Qualität der Dienstleistung beitragen will.

Gesundheitsförderung und Empowerment

Der Zusammenhang zwischen Krankheit und sozialer Ungleichheit konnte in zahlreichen Studien nachgewiesen werden. Die Rehabilitation eines psychisch kranken Menschen im Rahmen einer stationären Eingliederungsmaßnahme, etwa im Übergangswohnheim, wird von den Sozialhilfeträgern finanziert. Die Regelfinanzierung der Rehabilitation über BSHG führt zu einer Benachteiligung psychisch kranker Menschen gegenüber somatisch Kranken hinsichtlich der Gesundheitschancen (Brill 1996) und führt zudem zu einer Stigmatisierung (Flick 2002). In der Versorgung chronisch psychisch kranker Menschen verstärken sich Beeinträchtigung und Benachteiligung wechselseitig. Psychisch behinderte Menschen können auf diesem Wege nur reduziert ihre allgemeinen Lebensinteressen verwirklichen.

Der Gesundheitsförderung liegt das Modell der Salutogenese nach Antonovski (siehe Gerber 2001) zu Grunde. Es fragt danach, was Menschen hilft, ihre Gesundheit zu erhalten oder wiederherzustellen. Das Modell geht davon aus, dass jeder Mensch die Fähigkeit hat, vorhandene Ressourcen für seine Gesundheit einzusetzen.

Auch Psychiatrie-Erfahrene befassen sich zunehmend mit ihrer Gesundheit. Sie fordern eine Subjektorientierung der Professionellen sowie die Wertschätzung von Ressourcen, die auch psychisch kranke Menschen haben. Die Abkehr von der Bevormundung und Fremdbestimmung des Kranken durch den Professionellen setzt ein Gesundheits- bzw. Krankheitsverständnis voraus, das den kranken oder gekränkten Menschen als gleichberechtigten, aktiven Partner, als Ko-Produzenten (eigentlich ist er Haupt-Produzent) seiner seelischen Gesundheit betrachtet. In dieser Rolle wird die Situation für den Bewohner handhabbar und er kann seine Stärken konstruktiv zur Gestaltung seines Alltages einbringen. Eine salutogene Sichtweise eröffnet Chancen, diese Kräfte wahrzunehmen, und bereitet allen Beteiligten ein Lernfeld, auf dem neue Begegnungen wachsen können.

In der Gesundheitsförderung bezeichnet Empowerment einen Prozess, der Menschen befähigt, vorhandene Ressourcen für die eigene Gesundheit einzusetzen. Befähigung zu selbstbestimmtem Handeln heißt auch, einem Menschen eine größere Kontrolle über Entscheidungen und Handlungen zu ermöglichen, die seine Gesundheit beeinflussen. Dabei gilt als ein Ziel die Stärkung des Selbstbewusstseins, wo das Gefühl der Machtlosigkeit, Hilflosigkeit und des Kontrollverlustes abgebaut werden sollen.

Selbstbestimmung bedeutet aber auch, dass psychisch kranke Menschen in Heimen gefordert sind, an dieser Entwicklung aktiv teilzunehmen. Sie sind gefordert, Lernchancen zu nutzen, sich zu informieren, mit zu entscheiden und Verantwortung für die Gestaltung ihrer Lebensbedingungen zu übernehmen. In diesem Sinne können die gesetzlichen Forderungen zur Stärkung der Selbstbestimmung und Mitwirkung von Menschen in sozialpsychiatrischen Heimen als eine Aufforderung zur Gestaltung eines partnerschaftlichen Dialogs zwischen dem Leistungsanbieter und dem Leistungsempfänger verstanden werden. Diese Betrachtungsweise steht auch im Einklang mit den Zielen sozialpsychiatrischer Arbeit: »Wenn das Ziel therapeutischen Bemühens ist, (...) Menschen zu Autonomie, Selbstbestimmung, zur Fähigkeit der Exploration und Veränderung ihrer Lebensbedingungen zu verhelfen, so müssen die Institutionen, die das zum Ziel haben, auch Elemente enthalten, die das Erreichen des Zieles ermöglichen (...), (so) muss aus der Phase der Abhängigkeit und des Aufbegehrens eine der gemeinsamen Verantwortung und des gemeinsamen Handelns entwickelt werden.« (Dörner 1996, S. 520)

Nutzerorientierte Qualitätsentwicklung

Die Wahrnehmung und Beurteilung der Qualität einer Dienstleistung wird durch die Perspektive der Zielgruppe bestimmt. Aus der Sicht der Kostenträger wird die Qualität einer Dienstleistung anders beurteilt als aus Sicht der Bewohner und Bewohnerinnen. H. Ebner u.a. definieren Qualität als »die Optimierung des Verhältnisses von Aufwand zu Ergebnis, wobei als Ergebnis die optimale Erfüllung von Kundenerwartungen angesehen wird« (Ebner u.a. 2002, S. 43). Aus dieser Definition lässt sich ableiten, dass die Dienstleistung primär den Bedürfnissen und Erwartungen der Nutzer entsprechen soll. Die WHO definiert nun Lebensqualität als »das Gefühl der einzelnen Menschen oder ganzer Bevölkerungsgruppen, dass ihre Bedürfnisse befriedigt werden und ihnen keine Möglichkeiten, Glück und Erfüllung zu finden, vorenthalten werden« (Brandt 2001, S. 451). Eine Qualitätsentwicklung, die Erwartungen und Bedürfnisse der Dienstleistungsempfänger in das Zentrum ihrer Bemühungen stellt, trägt demnach zur Verbesserung der Lebensqualität von Menschen in sozialpsychiatrischen Heimen bei.

Auf Grund der besonderen Situation des Empfängers sozialpsychiatrischer Dienstleistungen spiegelt die Anwendung des Kundenbegriffs aus der Wirtschaft nicht die realen Beziehungen der Beteiligten wider. Im Folgenden möchte ich daher die Bezeichnungen »Nutzer« oder »Bewohner« verwenden. Der Nutzerbegriff ist in den angelsächsischen Ländern geprägt geworden und wird zunehmend auch in der Bundesrepublik gebraucht. Im Bereich der Psychiatrie sind Nutzer und Nutzerinnen Menschen, die eine sozialpsychiatrische Einrichtung bzw. deren Angebote in Anspruch nehmen.

Ressourcen- und Prozessorientierung

Die Qualität der Dienstleistung wird über die Dimensionen Strukturqualität, Prozessqualität und Ergebnisqualität definiert. Bei der Definition der Leistungsqualität von personenbezogenen Dienstleistungen rücken der Prozess der Dienstleistungserbringung (Prozessqualität) und die Bewertung der Qualität (Ergebnisqualität) durch den Leistungsempfänger in den Vordergrund. Die Ergebnisqualität der Dienstleistung, also die Zufriedenheit des Bewohners, entsteht im Prozess der Interaktion und Kommunikation zwischen Dienstleister und Empfänger. Interaktion und Kommunikation können daher als Kernprozesse der Dienstleistung bezeichnet werden. Diese Prozesse sind das Bindeglied zwischen den Ressourcen der Bewohner und Bewohnerinnen sowie der Einrichtung. Entsprechend sollte die sozialpsychiatrische Einrichtung die subjektive Wahrnehmung und Rückmeldung des Bewohners über die Dienstleistungserfahrung als Ressource zur Verbesserung der Leistungsqualität betrachten. Sie sind der Schlüssel zur Bewohnerorientierung und führen im Ergebnis zur Verbesserung der Zufriedenheit.

Mithilfe von Nutzerbefragungen soll die Zufriedenheit und die Lebensqualität der Befragten ermittelt und damit die Prozess- und Ergebnisqualität gesichert werden. Nutzerbefragungen dienen allerdings selten der Optimierung von Dienstleistungsprozessen, sondern werden eher zu einer Bestandsaufnahme genutzt. Die befragten Personen erwarten aber, dass die genannten Probleme aufgegriffen werden und Konsequenzen haben.

Das Phänomen hoher Zufriedenheitswerte in sozialen Diensten ist bekannt, sagt aber nicht unbedingt aus, dass die Befragten wirklich zufrieden sind. Ein internes Vorschlags- und Beschwerdemanagement kann einen wichtigen Beitrag zur Validität des Instrumentes Nutzerbefragung leisten, indem es langfristig eine Beteiligungs- und Befragungskultur aufbaut. Die Aufmerksamkeit für die Bedürfnisse der Bewohner wird zur Normalität und entsteht nicht in einer künstlichen Befragungssituation.

Das interne Vorschlags- und Beschwerdemanagement ermöglicht zudem im Sinne der Prozessorientierung die wachsende Erfahrung der Bewohner, dass sich Diskussionen und Veränderungen auf der Grundlage der geäußerten Unzufriedenheit ergeben. Auf diese Weise können die Bewohner ungewollte Zustimmungstendenzen und Sanktionsängste abbauen.

Die notwendigen externen Qualitätskontrollen zur Nutzerzufriedenheit können zusätzlich zu einem aussagekräftigeren Evaluationsinstrument weiterentwickelt werden.

Das interne Vorschlags- und Beschwerdemanagement

Unter Vorschlags- und Beschwerdemanagement wird der Prozess der Planung, Durchführung und Überprüfung aller notwendigen Maßnahmen zum Umgang mit Beschwerden und Vorschlägen verstanden. Es stellt ein systematisches Selbststeuerungsinstrument zur kontinuierlichen Verbesserung der Dienstleistungsqualität dar. Als Qualitätsstandard fördert es die bewohnerorientierte Umstrukturierung der Dienstleistung durch die verstärkte Orientierung an der Beurteilung der Bewohner. Das Vorschlags- und Beschwerdemanagement kann als institutionalisiertes Feed-back-System dienen und ermöglicht somit eine kontinuierliche Selbstreflexion der Dienstleister.

Es umfasst:
- die Stimulierung von Vorschlägen und Beschwerden,
- die Organisation der Vorschlags- und Beschwerdeentgegennahme,
- die Organisation der Bearbeitung,
- das Vorschlags- und Beschwerdecontrolling. (Wilhelm 2001)

Die systematische Bearbeitung und Auswertung der Vorschläge und Beschwerden gibt Orientierung für Einrichtung wie Bewohner und schafft die Voraussetzungen für eine gemeinsame lösungs-, ressourcen- und bewohnerorientierte Vorgehensweise bei der Gestaltung des Heimalltages.

Ein internes Vorschlags- und Beschwerdemanagement schafft ein Handlungsfeld für partnerschaftliche Kooperation und Kommunikation im Sinne des Empowerment. Es handelt sich dabei um ein prozess- und ressourcenorientiertes, systematisches Selbststeuerungsinstrument. Es schafft Strukturen der Beteiligung, zur Verbesserung der Kommunikation und trägt zur Kompetenzentwicklung der Nutzer bei. Dies lässt sich aber nur erreichen, wenn die beschriebenen Anforderungen an Qualitätsentwicklung berücksichtigt werden. So kann die Sichtweise der Nutzer als wichtiger Prüfstein für die Qualität der Gesamtkonzeption Gemeindepsychiatrie ernst genommen werden.

Abbildung 1 zeigt Rahmenziele für ein internes Vorschlags- und Beschwerdemanagement. An der Spitze steht das übergeordnete Ziel. Die Förderung der Gesundheit und die Entwicklung der Qualität sind diesem Ziel untergeordnet und werden nach speziellen Zielen untergliedert. Auf der linken Seite der Grafik finden sich die Ziele, die für die Nutzer anstrebt werden können. Auf der rechten Seite werden die Ziele für die Mitarbeiter und Mitarbeiterinnen formuliert. In der Mitte der Grafik werden die Ziele der Qualitätsentwicklung genannt.

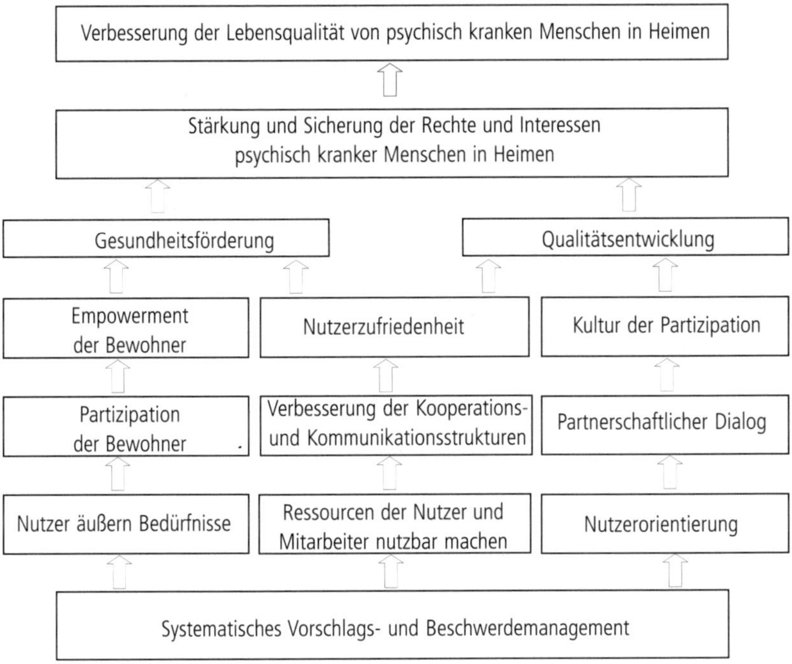

Abb. 1: Ziele eines Vorschlags- und Beschwerdemanagements

Die Veränderung der Einrichtungskultur ist ein übergeordnetes und langfristiges Ziel der Qualitätsentwicklung. Die Einstellungen und Haltungen von Mitarbeitern und Nutzern können sich verändern und zu einer Kultur der Partizipation entwickeln. Zusammen mit der Einführung der Verfahrenstechnik des Vorschlags- und Beschwerdemanagements wird auch die kontinuierliche Verbesserung der internen Kooperations- und Kommunikationsstrukturen angestrebt. Ein spezielles Ziel ist, dass entgegen der Gewohnheit der Institution, Kritik und Beschwerden abzuwehren, Wünsche und Beschwerden der Nutzer konstruktiv aufgegriffen werden.

Vorschläge und Beschwerden sind als Kommunikationsangebot der Nutzer und Nutzerinnen an die Mitarbeiter zu verstehen, in einen gemeinsamen Dialog zu treten. Der Dialog ist die Grundlage für das sozialpsychiatrische Prinzip »Verhandeln statt behandeln«. So entsteht die Chance, eine partnerschaftliche Beziehung aufzubauen, in der der Bewohner als aktiver und verantwortlicher Mensch respektiert wird. Darüber hinaus wird der Nutzer zum Ko-Produzenten der personenbezogenen Dienstleistung.

Durch diese Sichtweise können sich das Erfahrungswissen der Nutzer und das Expertenwissen der Dienstleister als Ressourcen für die gemeinsame Herstellung der Dienstleistung ergänzen. Die Aufmerksamkeit für die Bedürfnisse der Bewohner wird kurzfristig und langfristig deren Zufriedenheit erhöhen. Im Zentrum des internen Vorschlags- und Beschwerdemanagements steht also die Gestaltung von Interaktionsprozessen.

Als Verfahren sichert das Vorschlags- und Beschwerdemanagement den systematischen Umgang mit den Wünschen und der Kritik der Nutzer. Im Rahmen dessen soll ein verbindlicher, dokumentierter und transparenter Verfahrensstandard eingeführt werden, wodurch die Interessen und die Rechte der Heimbewohner gestärkt werden. Das Ziel der Nutzerzufriedenheit hat Priorität.

Die Ziele des Vorschlags- und Beschwerdemanagements sind:

- Klärung der Bedeutung des Vorschlags- und Beschwerdemanagements,
- Stimulierung von Vorschlägen und Beschwerden,
- Organisation der Vorschlags- und Beschwerdeentgegennahme,
- Organisation der Vorschlags- und Beschwerdebearbeitung,
- Gewährleistung der Vorschlags- und Beschwerdereaktion,
- Sicherung der Vorschlags- und Beschwerdeauswertung. (Bandemer 2000, S. 3)

Der über diesen Weg erreichbare Abbau von Informationsdefiziten und Misstrauen fördert die Entstehung eines vertrauensvollen Klimas und ermöglicht langfristig den wirksamen Einsatz von Managementinstrumenten zur Qualitätsentwicklung.

Gesundheitsförderung durch Partizipation

Lebensqualität entsteht durch das Gefühl, dass eigene Bedürfnisse befriedigt werden. Ein spezielles Ziel des Vorschlags- und Beschwerdemanagements ist es, dass Bedürfnisse in Form von Vorschlägen und Beschwerden zum Ausdruck gebracht werden. Es will Vorschläge, Wünsche sowie Kritik und Beschwerden stimulieren. In diesem Rahmen sollen für den

Nutzer reale Handlungsfelder zur Partizipation und Selbstbestimmung entstehen. Beteiligung und Mitwirkung sind Voraussetzung und Folge des Bedürfnisses nach Selbstbestimmung und Eigenverantwortung.

Darüber hinaus wird dem Bewohner vermittelt, dass seine Mitwirkung und Zufriedenheit gewünscht und gefördert werden. Das Ziel der aktiven, selbstverantwortlichen Beteiligung der Bewohner wird als Sinn stiftend erlebt, bemächtigt im Sinne des Empowerment und ist daher gesundheitsfördernd.

Wie lässt sich nun das interne Vorschlags- und Beschwerdemanagement verankern?

Das Vorschlags- und Beschwerdemanagement soll als Leistungsangebot der Einrichtung im Heimvertrag verankert werden und räumt dem Bewohner konkrete Beteiligungs- und Mitwirkungsrechte ein. Es ist als Vertragsbestandteil eine Leistung, auf die der Bewohner ein Recht hat und über das er informiert wird. Das interne Vorschlags- und Beschwerdemanagement wird im Rahmen einer freiwilligen Selbstverpflichtung als Qualitätsstandard in der Leistungsvereinbarung festgeschrieben, womit die Einrichtung neben den Bewohnern und Bewohnerinnen auch den Kostenträgern zur Erbringung der Leistung, zu Transparenz und Information verpflichtet ist. Beschwerdeinstanzen und Partizipation sind Formen der Mitsprache und zielen auch auf die Unterstützung des Bewohners im Sinne des Verbraucher- und Patientenschutzes. Die Einräumung von Mitspracherechten trägt dazu bei, dass die anfangs genannte gesundheitspolitische Zielrichtung auch in das Lebensfeld Heim Einzug findet.

Versorgungsqualität versus Nutzerorientierung?

In der Auseinandersetzung mit der Entwicklung von Qualität in Gesundheitsorganisationen zeichnet sich zunehmend eine Umkehr traditioneller Prinzipien ab. Als systematisches Selbststeuerungsinstrument trägt das interne Vorschlags- und Beschwerdemanagement zur nutzerorientierten Umstrukturierung der Dienstleistung bei, da die Einrichtung Hinweise auf Unzufriedenheit, Verbesserungsmöglichkeiten und Fehlerquellen erhält. Die Bewohner werden systematisch in Planungs- und Umsetzungsphasen der Hilfe einbezogen. Darüber hinaus wird dem Bewohner eine Kontrolle der Dienstleistung ermöglicht.

Im Zuge der Weiterentwicklung des Versorgungssystems werden unabhängige Unterstützungssysteme benötigt. Das interne Vorschlags- und Beschwerdemanagement ist dafür ausgelegt, ein Angebot in einem Netzwerk von unabhängigen Unterstützungssystemen zu sein, wie Heimfürsprecher oder regionale und landesweite externe Beschwerdestellen. Für den Aufbau dieser Strukturen ist die Stärkung der Nutzer und Nutzerinnen eine wesentliche Voraussetzung. Möglicherweise können Nutzer psychiatrischer Dienstleistungen mit einer aktiven Stimme dazu beitragen, dass sie eine politische Lobby bekommen. Die Entwicklung dorthin reicht von den Heimbeiräten und Patienten- oder Heimfürsprechern über interne Beschwerdeverfahren bis hin zu Patientenanwälten oder Ombudsleuten.

Darüber hinaus gibt es externe regionale Beschwerdestellen etwa in Mannheim und Bielefeld. In Nordrhein-Westfalen gibt es Besuchs- oder Beschwerdekommissionen der Landschaftsverbände. Laut Heimgesetz sind auch die psychosozialen Arbeitsgemeinschaften der Gemeinde und die zuständige Behörde Ansprechpartner für Beschwerden. Die bestehenden Beschwerdeinstanzen sind in diesem föderal gegliederten Staat durch die jeweiligen Psychiatriestrukturen und Gegebenheiten in den einzelnen Bundesländern sehr unterschiedlich in ihrer Organisationsform, Funktion und Rechtsstellung sowie ihrer Verbreitung und der Zugangsschwelle.

Es gibt bereits eine Vielzahl von Beschwerdestellen, die sich um die Belange psychisch kranker Menschen kümmern. Leider hat sich noch keine systematische Beschwerdestruktur herausgebildet, an der sich Kommunen, Verbände und Heime orientieren können.

Ambulant vor stationär

Die Diskussion über die Verbesserung der Versorgung psychisch kranker Menschen in Heimen gewinnt auch für die Träger der Sozialhilfe an Bedeutung, da die Kosten der Eingliederungshilfe jährlich um 7 Prozent wachsen. Stellt man dieser Zahl das Ergebnis einer Befragung von Heimbewohnern durch den *Dachverband Psychosozialer Hilfevereinigungen* gegenüber, ist festzustellen, dass 61,7 Prozent der Bewohner sich das Leben in einem Heim nicht selbst ausgesucht haben (ZECHERT 2002). Wenn es die psychiatrischen Versorgungsstrukturen in Deutschland ermöglichten, würden diese Menschen aus dem Prinzip »Ambulant vor stationär« gelebte Realität werden lassen.

Im Hinblick auf die Stärkung der Interessenvertretung und den Aufbau von Selbstbefähigung leistet das interne Vorschlags- und Beschwerdemanagement einen Beitrag zur Erweiterung des Wissens und der Daten über Wünsche und Versorgungsbedarf psychisch erkrankter Menschen. Eine dem entsprechende Sozialplanung und Versorgungsqualität zwingen zu einer Veränderung hin zu nutzerorientierten Strukturen, die ambulante Hilfen eindeutig bevorzugen!

LISA SCHULZE STEINMANN

Junge psychisch Kranke – die »new chronics« der Sozialpsychiatrie?

Rückblickend wurden in den letzten 10–20 Jahren viele Heime zur Enthospitalisierung von Langzeitpatientinnen psychiatrischer Kliniken eröffnet. Der Prozess der Enthospitalisierung konnte inzwischen weitgehend erfolgreich abgeschlossen werden. Mittlerweile fand ein Generationswechsel statt, die Klientel hat sich völlig verändert. Es kommen die »new chronics« in die sozialpsychiatrischen Heime, die jung sind, denen in der Regel keine Langzeithospitalisierung in psychiatrischen Kliniken widerfuhr und die ganz andere Erwartungen und Bedürfnisse haben als die »old chronics«, für die diese Heime ursprünglich aufgebaut wurden. Das verändert die Situation der Heime grundlegend. Allerdings ist die aktuelle Situation der sozialpsychiatrischen Heime so, dass alle Personen, die schwierige psychische Probleme aufweisen und nicht anderweitig ausreichend ambulante Unterstützung vorfinden – was meist der Fall ist –, immer noch und ausschließlich auf Aufnahme in einem Heim angewiesen sind.

Hier ist eine ausdrückliche Warnung vor den sozialen Nebenwirkungen einer Heimunterbringung angezeigt. Ich möchte daran erinnern, dass eine längerfristige stationäre Unterbringung von »new chronics« der Chronifizierung der psychischen Erkrankung Vorschub leistet und langfristig Hospitalismusschäden erzeugt.

Wie dem Chaos begegnen?

Immer mehr sozialpsychiatrische Mitarbeiterinnen arbeiten mit jungen psychisch erkrankten Menschen im Heim und berichten über vielfältige professionelle Herausforderungen. Eine Mitarbeiterin eines sozialpsychiatrischen Heimes beendete eine Fallvorstellung mit der Frage: »Wie dem Chaos begegnen?«

In der Arbeit mit jungen psychisch erkrankten Menschen stellen sich viele Fragen. Was wissen wir über diese jungen psychisch erkrankten Menschen?

Was wollen sie? Über welche Ressourcen verfügen sie? Wie sind Psychose und Beigebrauch von Drogen aller Art fachlich zu »handeln«? Wie gestaltet sich das Zusammenleben der »new chronics« mit den »old chronics«? Wie lässt sich Selbstverantwortung sozialpädagogisch und sozialtherapeutisch vermitteln? Sind die Mitarbeiterinnen zu alt für diese Personengruppe? Ging der weiteren Psychiatrisierung ein Versagen der Jugendhilfe und Kinder- und Jugendpsychiatrie voraus? Kann das sozialpsychiatrische Hilfesystem helfen? Wie lässt sich Chronifizierung verhindern? Solche und ähnliche Fragen tauchen immer wieder auf. In Fallbesprechungen und Supervisionen sind die »new chronics« häufiger Thema als andere Klientinnen und die professionelle Arbeit mit den »new chronics« birgt ein hohes Burn-out-Risiko für die Mitarbeiterinnen.

Das Fehlen ausreichender ambulanter Maßnahmen und die konzeptionelle Engführung des Betreuten Wohnens führen junge psychisch kranke Menschen rasch in ein Heim. Für junge Menschen mit mehrfach aufgetretenen Psychosen ist die Aufnahme in einem sozialpsychiatrischen Heim falsch! Aus fachlichen Erwägungen und auch aus der juristisch vorgeschriebenen Vorrangigkeit (§ 3a BSHG) sind ambulante Leistungen immer zu bevorzugen. Die viel verbreitete Devise aus Mangel an Alternativen: »… dann ins Heim – besser als gar nichts!«, um eine Heimunterbringung zu rechtfertigen, wird keinem jungen psychisch erkrankten Menschen gerecht und ist fachlich nicht vertretbar.

Gerade weil psychische Krisen und Psychosen junge Menschen hinter die alters- und lebensgeschichtliche Entwicklung zurückfallen lassen und einen Menschen zutiefst verunsichern, ist sozialpsychiatrische Unterstützung und sozialpädagogische Hilfe unbedingt erforderlich.

Sozialpsychiatrische Unterstützungsarbeit sollte als Übergangspassage vom Status von Versagen und Defizit zu Erfolg und Ressourcen in einer eigenständigen Wohnform konzipiert sein. Grundsätzlich sind die Leistungen Wohnen und Hilfe voneinander zu entkoppeln. Die Bereitstellung von Wohnraum ist eine Kernkompetenz kommunaler Wohnungsbaugesellschaften und sollte nicht von sozialen Dienstleistern erbracht werden.

Ein Heim ist kein adäquates Angebot für die jungen Menschen, weder für eine Zeit des Übergangs noch für eine längerfristige persönliche Weiterentwicklung und Stabilisierung.

Junge psychisch erkrankte Menschen – eine Phänomenologie

Die jungen psychisch erkrankten Menschen, die als »new chronics« bezeichnet werden, sind Menschen, die mehrfach psychotisch erkrankten und deren Psychosen also tendenziell einen chronischen Verlauf nehmen. Der Begriff »Chronizität« ist etikettierend. Ich selbst verwende ihn nur, wenn mindestens fünf psychotische Krankheitsphasen über eine Zeit von fünf Jahren auftraten. Zur weiteren definitorischen Eingrenzung verstehe ich unter »new chronics« 18- bis 27-Jährige und orientiere mich damit an Heranwachsenden, entsprechend dem BGB und KJHG. Ebenso bin ich der Auffassung, dass das Hilfe- und Versorgungssystem insbesondere in stationären Settings durch hospitalisierende Effekte massiv zu Chronifizierung von psychischen Erkrankungen beiträgt. Chronifizierungen sind Artefakte eines Versorgungssystems.

Fast alle dieser »new chronics« kommen aus Broken-home-Situationen. Sie haben Gewalt und Missbrauch erleben müssen, Erfahrungen von Vernachlässigung und Ablehnung gemacht sowie elterliches und eigenes Versagen, oft begleitet mit lang anhaltendem Drogenmissbrauch, erlebt. Letzteres drückt sich auch in der Versagenserwartung dieser Klientinnen aus. Bei vielen von ihnen ist eine brüchige Ich-Identität wahrzunehmen. Dazu kommen manchmal Konflikte mit dem Gesetz. Einige dieser jungen psychisch erkrankten Menschen kommen aus anderen Kulturkreisen und stehen zwischen zwei Kulturen. Zusätzlich bringen die meisten eine lange Geschichte von Betreuungen und fehlgeschlagenen Unterstützungsversuchen aller Art mit sich. Ihre Familienerfahrungen sind gekennzeichnet von Kontaktabbrüchen, Scheidung, vom Leben in Pflegefamilien, von Übergriffen und Tabuverletzungen durch nahe stehende Personen.

Die Familie ist als soziales Gebilde oft gar nicht mehr erkennbar oder vorhanden. Die Kernfamilie als primäre Sozialisationsinstanz ist ausgefallen. Basale soziale (Lern-)Erfahrungen auf Grund vertrauensvoller Beziehungen, die Persönlichkeitsentwicklung ermöglichen, fehlen bzw. konnten nur unzureichend entwickelt werden. Anstelle von Urvertrauen tritt Urmisstrauen. Eine stabile Ich-Identität konnte sich nur bruchstückhaft ausbilden. Fast alle haben Jugendhilfe-Maßnahmen erlebt oder sind schon als Kinder oder Jugendliche in einer psychiatrischen Klinik behandelt worden. Die psychiatrische Symptomatik zeigt bei diesem Personenkreis fließende Übergänge von schweren Persönlichkeitsstörungen bis zur Psychose. Dabei sind meines Erachtens Menschen mit Persönlichkeitsstörungen (etwa Borderline-Störungen), aber auch mit Neurosen ohnehin nicht die Kernklientel eines psychiatrischen Wohnheims und sollten entsprechend dort auch nicht aufgenommen werden, insbesondere da die Institution Heim hospitalisierende Effekte hat, die zusätzlich schädigen.

Viele dieser jungen psychisch erkrankten Menschen nehmen zudem Drogen aller Art. Meist ist die Doppeldiagnose Psychose plus Alkohol-/Cannabiskonsum festgestellt worden. Inzwischen hat sich jedoch eine starke Tendenz zu regelmäßigem Konsum von Cannabis und synthetischen Drogen (etwa die Designerdroge Ecstasy) und einem ergänzenden Beigebrauch von Alkohol entwickelt. Diese jungen psychisch erkrankten Menschen werden oftmals durch passageren Drogenkonsum erneut psychotisch und gleichzeitig ist der Drogenkonsum auch ein Versuch, die Psychose zu mildern. Auffallend ist ein eher unbekümmerter Umgang mit Risiken wie Alkohol, Drogen, Verhalten im Straßenverkehr und in der Sexualität.

Bei jungen psychisch erkrankten Menschen lässt sich zudem beobachten, dass sie wenig »echte« Freundschaften hatten und haben. Die sexuellen Beziehungen kennzeichnen sich bei Frauen durch wechselnde Partner aus. Mitarbeiterinnen berichten, sie haben den Eindruck, es ginge den jungen Frauen nicht um Sexualität, sondern um die Aufwertung des Ichs, indem Frauen männliches Interesse spüren und dann davon erzählen. Die Partner kommen meist aus anderen Klientengruppen. Sie sind oft wohnungslos, alkohol- oder drogenabhängig oder haben Straftaten begangen. Einige Frauen berichten über sexuelle Übergriffe und Gewalt durch diese Partner. Den jungen psychisch erkrankten Männern fehlen die Partnerinnen und die altersgemäße Form von Sexualität. Aus dieser Situation heraus entstehen Selbstbefriedigungspraktiken und homosexuelle Kontakte als Folge von Hospitalisierung.

Natürlich kommen mit den Partnern Gäste in das Heim, die eigene Probleme mitbringen, zum Beispiel stellen Mitarbeiterinnen sozialpsychiatrischer Heime im Gegensatz zu früheren Jahren mehr Diebstähle und Zerstörungen im Heim fest, die von dem »Besuch« verursacht werden.

Das soziale Rollenverhalten junger psychisch erkrankter Menschen ist unzureichend ausgebildet. Viele soziale Rollen wurden nicht erlernt bzw. nie ausgeübt und nicht oder nur unzureichend als (Lern-)Modell erfahren. Vielfach trat die psychotische Ersterkrankung in der beginnenden Pubertät auf. Die eingeschränkte Teilnahme am Schulunterricht verhinderte Bildungsabschlüsse. Damit fehlt die Grundlage für eine Berufsausbildung. An sozialen Rollen erfährt der junge psychisch erkrankte Mensch die Rolle des Kindes, eines Schülers, eines Peergroup-Mitglieds, des »schwierigen, da sozial auffälligen Heranwachsenden« und des Kranken. Die Rollen der Auszubildenden, des Mieters, der Partnerin werden kaum erfahren. Es fehlen so wichtige Statusereignisse wie das Verdienen des ersten eigenen Geldes, den Führerschein zu machen, einen PKW zu haben usw.

Belastend ist die finanzielle Mangelsituation und die Abhängigkeit von der Sozialhilfe. Hier verändert sich im Leben der jungen psychisch erkrankten Menschen nichts im Vergleich zu ihrer Kindheit. Auch als junge Erwachsene sind sie im Heim »Taschengeldempfänger« (es handelt sich um einen »Barbetrag«, weshalb dieser Begriff vorzuziehen wäre, da er die Rolle des Taschengeldempfängers als Kind nicht assoziieren lässt).

Es haben nur wenige junge psychisch erkrankte Menschen eigenständige Wohnerfahrungen. Die wenigen, denen es gelang, eine eigene Wohnung zu beziehen, hatten deutliche Schwierigkeiten in der Selbstsorge. Die Wohnung geriet in einen »verwahrlosten«, schließlich nicht mehr bewohnbaren Zustand, was der Grund für die Aufnahme in ein Heim war.

Das Freizeitverhalten von jungen psychisch erkrankten Menschen wird von Mitarbeiterinnen aus sozialpsychiatrischen Heimen als fantasielos beschrieben. Dominierend seien Konsum und »Abhängen«, also nichts zu tun. Diese Beschreibungen sind natürlich wertend und sagen einiges über die Maßstäbe der Mitarbeiterinnen aus. Möglicherweise handelt es sich um ein Verhalten, das in vielen jugendlichen Gruppen durchaus üblich ist. Doch welche Möglichkeiten werden jungen psychisch erkrankten Menschen im Heim und besonders heraus aus dem Heim angeboten? Jeder Mensch möchte sinnvoll und nützlich, wichtig, gebraucht sein. Wenn wir insbesondere junge Menschen zur Untätigkeit verdammt in ein Heim unterbringen, signalisieren wir auch das Nicht-Gebrauchtwerden in dieser Gesellschaft. Das können selbstverständlich Heime allein nicht lösen, denn es ist unbestritten, dass es an Ausbildungs- und Arbeitsmöglichkeiten für psychisch erkrankte Menschen mangelt.

Das Verhalten junger psychisch erkrankter Menschen ist deutlich abweichend von Verhalten nach »normalen« Entwicklungsverläufen aus einem liebenden Umfeld. Aber wen überrascht das? Im Antrieb tendieren sie stark zu Aktivitäten/Abwechselungen und fokussieren wenig den Alltag. Insgesamt werden sie als viel aktiver als andere Klientinnen wahrgenommen. Die angebotenen Aktivitäten zur Alltagsbewältigung stoßen jedoch auf Grenzen.

Auffallend ist eine niedrige Frustrationstoleranz und eine geringe Bereitschaft zur Übernahme von Verantwortung. Hier ist immer zu klären, ob es sich um eine nicht ausgebildete Fähigkeit handelt oder ob der institutionelle Ablauf des Heimes so gestaltet ist, dass ein Bewohner zwar Verantwortung für das Gießen der Blumen übernehmen kann (Stichwort: Dienste), aber nicht über das eigene Leben entscheiden darf! Personale

Kompetenzen lassen sich jedenfalls nicht feststellen durch die Art der Erledigung von Gemeinschaftsaufgaben!

Mitarbeiterinnen fällt auf, dass es ihnen in der personalen Beziehungsarbeit mit den »new chronics« an Offenheit und Echtheit fehlt. Sie erleben junge psychisch erkrankte Menschen eher so: »Die tricksen, denen gelingt es, diffuse Quellen zu aktivieren, die latent delinquent sind.« Das erschwert die Beziehungsarbeit deutlich, da ein Vertrauensverhältnis nicht ausreichend vorhanden bzw. instabil ist und starken Schwankungen unterliegt.

Eine latente Aggressions- und Gewaltbereitschaft findet verbal gegen Gegenstände gerichtet und auch körperlich Ausdruck. Es schwinden hier übrigens geschlechtsspezifische Unterschiede. Sowohl junge psychisch erkrankte Männer als auch Frauen wenden sich aggressiv gegen Gegenstände, Mitbewohner und Personal. Allerdings finden sich große quantitative Unterschiede zwischen verschiedenen Heimen. Erst der institutionelle Umgang mit Gewalt verstärkt oder mildert aggressive Ereignisse. Dennoch fällt überall ein fast beiläufiges Zerstören von Gegenständen auf. Nach meiner Einschätzung handelt es sich dabei meistens um eine gruppenbezogene (subkulturelle) Verhaltensweise im Hinblick auf die Anwesenheit anderer. Auch wenn es sicher nicht als Versuch der Brandstiftung zu bewerten ist, wenn ein junger Mann in der Küche das Feuerzeug unter eine Tischecke hält, kann dieses Verhalten dennoch zu einer Gefahr für alle führen.

Ein ständiges Chaos scheint diese »new chronics« zu umgeben. War es noch gestern ein Konflikt mit einem Mitarbeiter, so sind es heute zerschnittene Hände auf Grund des Einschlagens einer Fensterscheibe und morgen ein Alkoholexzess. Dieser ständige »Thrill« wirkt wie ein Grundmuster. Die Ereignisse entwickeln eine rasche Dynamik. Oft scheint es um Aktionen zu gehen, die um Haaresbreite schief gehen könnten – und manchmal durchaus entgleisen. Manches Verhalten beinhaltet auch ein demonstratives Sich-in-Szene-Setzen, was ebenfalls dramatisch enden kann. Diese Verhaltensweisen erfordern ein ruhiges, besonnenes, risikoabschätzendes und auch Risiken mittragendes Vorgehen seitens der Mitarbeiterinnen. Es verlangt sehr viel fachliche Kompetenz, Geduld und Beharrlichkeit in der Beziehungs- und Unterstützungsarbeit.

Außergewöhnlich sind überhöhte, unrealistische Wünsche an die Umgebung, an Mitarbeiterinnen und das Hilfesystem überhaupt. Diese Wünsche und Erwartungen stehen in einem starken Kontrast zu bisherigen eigenen Fähigkeiten und Anstrengungen. Es kann sich um Vollversorgungswünsche handeln oder ausschließlich um den Wunsch nach einem Einzelzimmer, etwa verbunden mit der Aussage: »Hier hab ich ein schönes Zimmer, mehr will ich nicht!«

In Gesprächen mit »new chronics« fallen starke Gerechtigkeitswünsche auf. Im Heim ziehen alle Bewohnerinnen Vergleiche mit anderen und prüfen bzw. fordern Gleichbehandlung. Die »new chronics« sehen sich häufig von Mitarbeiterinnen und anderen Heimbewohnerinnen falsch eingeschätzt, verurteilt und ungerecht behandelt. Sie fordern sehr deutlich Fairness.

Die Ressourcen der »new chronics« lassen sich kaum pauschal einschätzen. Eine ganz wesentliche Ressource ist allerdings ihr Lebensalter. Sie sind jung und bergen vielfältige Möglichkeiten in sich, die bisher nicht genutzt wurden. »New chronics« haben Lebensperspektiven und Chancen für eine Integration in diese Gesellschaft. Sie haben Kraft und kämpfen mit sich und auch gegen das Hilfesystem und seine Stellvertreterinnen. Im besten Falle ist der Grad der Hospitalisierung gering. Sie stellen Forderungen und äußern ihre Unzufriedenheit mit den sozialpsychiatrischen Angeboten. Sie haben Träume, Wünsche, Sehnsüchte wie jeder Mensch.

Junge psychisch erkrankte Menschen: Was brauchen sie?

Junge psychisch erkrankte Menschen brauchen Begleitung, Unterstützung und Möglichkeiten zur individuellen Nachreifung. Sie brauchen Wertschätzung, Lob, Zuwendung, Liebe. Sie wollen – wie jeder Mensch – gemocht und akzeptiert werden. Sie sind bedürftig, da sie diese Ressource familiärer Bindung kaum familiär erfahren haben und zudem ständig mit der gesellschaftlichen Ausgrenzung und Entwertung als psychisch erkrankter Mensch konfrontiert sind. Mitarbeiterinnen können diesen jungen Menschen durch akzeptierende Beziehungsarbeit etwas anbieten, was vielleicht »sozialer Geborgenheit, einem Gut-aufgehoben-Sein, emotionaler Wärme« nahe kommt. Obwohl die Gefahr der Abhängigkeit insbesondere in diesen emotionalen Aspekten immer droht, ist dies Teil eines Prozesses. Akzeptierende Beziehungsarbeit und vertrauensbildende Maßnahmen ermöglichen individuelle Nachreifung und Weiterentwicklung. Weiterentwicklung bedeutet dann, sich emotional stabiler zu verabschieden aus institutioneller Abhängigkeit des Heimes und weitestgehend selbstbestimmt zu leben, möglicherweise mit assistierenden Hilfen. Ergiebig ist es meistens, diese Frage mit dem jungen psychisch erkrankten Menschen zu erörtern!

Was brauchen junge psychisch kranke Menschen unabhängig von einem Heim?

Diese Menschen brauchen professionelle Unterstützung auf einer Verbal- und Handlungsebene, die negative Einstellungen zu sich selbst verringern hilft und Selbstvertrauen, kompetentes Verhalten und Bewältigungsstrategien – auch im Umgang mit Krisen und der psychischen Erkrankung – stärken will. Bestenfalls können junge psychisch erkrankte Menschen korrigierende Erfahrungen in einem Lebensraum machen, der ihrer Belastbarkeit und ihren Bedürfnissen entspricht. Bedeutsam sind die Distanz und Entlastung von überfordernden Beziehungen und Aufgaben und das Angebot von stabilen Beziehungen, die die Annahme und Akzeptanz der eigenen Person unterstützen. Professionelle Unterstützung bietet Chancen, neue Fähigkeiten und Kompetenzen zu erwerben, und ermöglicht Modelllernen. Neue Lernfelder werden angeboten und dysfunktionale Anschauungen durch konfrontatives Aufdecken und Ansprechen und praktische Umsetzung begleitet. Professionelle Unterstützungsarbeit beabsichtigt die Entfaltung und Stabilisierung neuer Zukunftsperspektiven und will mehr Kompetenz zur psychischen Gesundheit vermitteln.

Der hohe innere Spannungszustand führt rasch zu Konflikten in der Umwelt. Das Reduzieren der inneren Anspannung ist ein bedeutsames salutogenes Ziel. Kompetenztrainings, Verhaltenstrainings und Psychoedukation können dazu beitragen. Lernerfahrungen kennzeichnen sich durch Üben und Experimentieren und durch Fehler. Die gilt es mit jedem jungen psychisch erkrankten Menschen sorgsam zu reflektieren.

Zentral sind dabei die Selbstbestimmung und die Verantwortung für sich selbst einschließlich der Übernahme noch unbekannter sozialer Rollen. Wichtig ist es, Konsequenzen des eigenen Handelns zu erfahren. Konsequenzen des eigenen Handelns sind meist wirkungsvoller als professionelle Sanktionen und entsprechend diesen vorzuziehen. Hilfreich ist eine klare, individuelle Beziehungsarbeit, die in einem Bezugssystem personenzentriert in einer Balance zwischen Nähe und Distanz stattfindet. Junge psychisch erkrankte Menschen brauchen Grenzen, die ihrer Person und der Situation angepasst sind. Grenzen bieten Orientierung. Die Grenzen sind stabil und immer flexibel zu handhaben, wiederum nicht zu verwechseln mit Willkürlichkeit. Das erfordert das zweigleisige professionelle Vorgehen des Aushandelns und Eingrenzens. Regeln, die individuell ausgehandelt werden, sind erforderlich. Stabile und flexible Grenzen berücksichtigen das Individuum. Darauf kommt es vorrangig an, nicht darauf, das Regeln um ihrer selbst willen eingehalten werden!

Ein kritischer Blick auf die Institution Heim

Es wird immer deutlicher, dass die bisherigen Angebote in den Heimen auf psychisch kranke Menschen mit langen Verweildauern in Kliniken ausgerichtet sind, was natürlich zum Abbau von Langzeitstationen erfolgreich beigetragen hat. Junge psychisch erkrankte Menschen jedoch haben eine ganz andere Biografie und andere Bedürfnisse als die »old chronics«. Für »new chronics« sind Heime ungeeignet.

Die Unterbringung in einem Heim ist in unserem Kulturkreis ein Stigma. Ob Kinderheim oder Altenheim – das Wort »Heim« löst Gefühle der Hoffnungslosigkeit und Ausgrenzung aus. Das ist für junge psychisch kranke Menschen, die vom Lebensalter gerade an der Schwelle zur selbstständigen Lebensführung stehen, kaum zu akzeptieren. Für »new chronics« ist die Heimunterbringung meist ein kränkendes Versagenserlebnis.

Das Leben im Heim ist eine markante Lebenserfahrung. Es begleitet Menschen dauerhaft. Selbstbestimmung und Selbstständigkeit sind im Heim unmöglich. Heime sind als Gruppenwohnmodelle konzipiert, die meist zu stark Gruppeninteressen und -prozesse gewichten. Dem Grundsatz der Individualisierung werden Heime nur unzureichend gerecht. Menschen entwickeln sich individuell in Beziehungen und im sozialen Kontakt in Gruppen weiter. Ein Heim muss den Bewohnern Privatsphäre bieten, am besten durch ein eigenes Zimmer bzw. Appartement mit der Möglichkeit zum Rückzug und der selbst gewählten Gestaltung der unmittelbaren Umgebung. Dazu gehören: der eigene Schlüssel, ein Briefkasten, das Telefon usw., ebenso die Nutzung eigener Möbel.

Strukturen totaler Versorgung wie Vollverpflegung, maximale Geldeinteilung durch Mitarbeiterinnen, institutionelle Regeln und fremdbestimmte Tagesabläufe führen in kürzester Zeit (bereits nach sechs Monaten) zu einer Versandung von basalen Fähigkeiten der Selbstsorge oder lassen junge psychisch kranke Menschen am System scheitern, da ihnen die Anpassung und Unterwerfung nicht gelingen.

Die Laborsituation Heim verstärkt die zwischenmenschliche Isolierung der Bewohnerinnen, da es sich um ein institutionelles System mit Grenzen nach außen und um eine künstliche Lebenswelt im Innern handelt. Ein Heimbetrieb hat kaum etwas mit natürlichen Alltagswelten und Kommunikationswelten gemein. Die Laborsituation Heim ist durch das Zementieren in Beton auch nur wenig veränderbar. Neue Modelle versuchen die Umwandlung des Heims in ein Service-Haus für psychisch kranke Menschen umzusetzen, die in einer eigenen Wohnung wohnen. Das sind erste, aber erstaunliche und zukunftsweisende Modelle (siehe den Beitrag von H. Cordshagen in diesem Buch)!

Noch sind die meisten Heime die typischen Großgruppenwohnhäuser, die allein schon in ihrer Architektur zur Entfremdung beitragen. Ein strukturierter, übersichtlicher Rahmen in der Architektur des Heims und in einer Binnendifferenzierung erleichtert Übersicht und ermöglicht eher ein Gefühl der Zugehörigkeit beispielsweise zu einer bestimmten Wohngruppe, auch wenn es sich um Zwangsgruppen handelt. Stressoren im Heim sollten möglichst – und zur Entlastung aller – minimiert werden.

Natürlich belasten und stressen sich psychisch kranke Menschen, die an einem Ort leben, gegenseitig, was jede Massierung zeigt. Dazu kommen jedoch auch wohnliche und architektonische Stressoren, die sich abstellen lassen. Ein Beispiel: Eine Heimeinrichtung hatte über jede Zimmertür eine Glasscheibe eingebaut. Abends oder nachts wurde im dunklen Flur auf dem Weg etwa zur Toilette natürlich der Lichtschalter bedient. Dies Licht fiel so immer schlafstörend in die Bewohnerzimmer. Ein anderes Beispiel: Viele psychisch erkrankte Menschen haben Schwierigkeiten, in der Fülle der Reize zu fokussieren. Eine Pinwand mit unzähligen Hinweisen ist für jeden Menschen eine Anforderung hoher mentaler Strukturierung. Die Gestaltung von Informationswänden oder auch nur die Anordnung von Lichtquellen kann orientieren oder in die Irre führen. Um solche Mängel abzustellen, empfiehlt sich die Begehung der Einrichtung mit externen Personen, die all das, was sie störend, anstrengend, unübersichtlich usw. wahrnehmen, den Mitarbeiterinnen schildern. Diese können dann ihre gewohnte Einrichtung mit anderen Sinnen wahrnehmen und verändern.

Aufnahmegründe?

Heimaufnahmen werden bei jungen psychisch erkrankten Menschen begründet mit auffallendem Verhalten, das auch Fremdgefährdungen einschließt, Verwahrlosung, Ablehnung von Medikation, suizidalen Impulsen und sie sollen zur Eingrenzung einer heftig ausgeprägten Suchtkomponente beitragen.

Daher kommt auch den Erstgesprächen zur Aufnahme eine besondere Bedeutung zu. Welches Ziel, welchen Sinn hat die Unterbringung im Heim? Die Frage nach dem Ziel führt weg von der oben genannten Problembegründung einer Heimaufnahme.

Trägt die Heimunterbringung in irgendeiner Weise zur Entwicklung neuer Erfahrungen und Sichtweisen des Selbst bei? In dem Erstgespräch ist immer zu erarbeiten, was anders sein wird, wenn die Entlassung ansteht, und woran die Mitarbeiterinnen erkennen, wann der Zeitpunkt der Entlassung gekommen ist. Fragen wie »Wie werden Sie wissen, wann Sie bereit sind, die Einrichtung zu verlassen? Was wird dann anders sein?«, helfen den impliziten Auftrag des Klienten zu verstehen.

Professionelle Unterstützungsarbeit in Peergroups?

Der Peergroup, meistens die Gruppe der Gleichaltrigen, kommt eine große identitätsstiftende Bedeutung zu, die sehr hoch zu bewerten ist. Zu jeder menschlichen Individuation gehört die Gruppe der Gleichaltrigen dazu. Sie trägt zur Ausbildung von Selbstkonzept und Selbstwertgefühl entscheidend bei. Interessen werden gemeinschaftlich erfahren, Einstellungen und Werte geprägt, Maßstäbe und Vergleiche angelegt und sozialer Kontakt, also Beziehungen unterhalten, was auch soziale Unterstützung (social support) beinhaltet. Jede Gruppe hat (definierende) subkulturelle Eigenarten ausgebildet, die sich in Sprache, Symbolik (Jargon, Kleidung, Abzeichen) und Themen äußert. In dieser Gruppe gibt es Möglichkeiten, »jemand zu sein« und sich gleichermaßen von den anderen und auch von anderen Gruppen zu unterscheiden; es geht um Anerkennung und Dazugehören, um Abgrenzung und Unterscheidung. Bedeutsam sind die Grenzen zwischen Innen und Außen, die bei Menschen mit psychischen Problemen leicht verschwimmen. Es geht um wesentlich mehr als »nur« darum, mit anderen Zeit zu verbringen.

Sozialpädagogische und sozialtherapeutische Unterstützungsarbeit

Wie begegnen Mitarbeiterinnen jungen psychisch erkrankten Menschen? Ganz wesentlich erscheint mir in der Arbeit mit allen psychisch erkrankten Menschen der Wechsel der Paradigmen von der Defizitseite und Krankheit zu Ressourcen und Gesundheit. Das gilt selbstverständlich auch für »new chronics«. Ressourcenorientierte Ansätze aus der systemischen Sozialarbeit und gesundheitsfördernde (salutogene) Aspekte sind einerseits positives Ziel, für das es lohnt, sich anzustrengen, und sie sind etwas, was jeder Mensch mitbringt. Jeder hat Ressourcen, jeder hat gesunde Anteile und auch Vorstellungen davon, wie dies aussieht.

Andererseits: Wenn die »new chronics« in das Heim kommen, sind alle Beteiligten schon auf einem Auge blind! Sie fokussieren die Krankheit und begleitende Probleme und neigen dazu, die Person genau darauf zu reduzieren. Die Person ist nicht nur Teil eines Problems, sondern sie ist *das* Problem, was sie meist auch schon selbst von sich glaubt. Indirekt ist damit eine Schuldzuweisung verbunden. Ein Versuch ist, das Problem nach außen zu verlagern (zu externalisieren), es in einen anderen Rahmen zu stellen. Diese Umdeutung beabsichtigt, die Handlungsfähigkeit eines Menschen zu erhalten und zu erhöhen. Vielleicht ist die psychische Krankheit ja ein Lösungsversuch für irgendetwas und steht für andere Schwierigkeiten? Meist gab es äußere Anlässe, die den Lösungsweg in die Psychose prägten. Ein anderer Zugang ist die Suche nach Ausnahmen von den Problemen bzw. einem Verhalten, und zwar verbunden mit der Frage: »Wie haben Sie das geschafft?« Salutogene Ressourcen lassen sich durch Gesundheitsgeschichten entdecken und Erfolge sind immer hervorzuheben. An dieser Stelle verweise ich zur Vertiefung auf systemische ressourcenorientierte Beratungsansätze sozialer Arbeit.

Wesentlich für die professionelle Arbeit ist, dass Mitarbeiterinnen sich der gelernten Versagenserwartung der »new chronics« gegenüber immun erweisen. Trotz aller schwerwiegenden Probleme ist es notwendig, eine Erfolgsorientierung konsequent durchzuhalten.

Das setzt voraus, dass die Ziele benannt und als erreichbar eingeschätzt werden, also in einer ausgewogenen Balance zwischen Über- und Unterforderung liegen. Ebenso ist es bedeutsam, diese Erfolge wahrzunehmen und vielleicht sogar in einer besonderen Art und Weise zu würdigen. Professionelle Arbeit ohne Hoffnung ist wesentlich belastender als mit, entspricht zudem nicht dem Auftrag der Eingliederungshilfe und ermutigt den Adressaten sozialer Arbeit auch nicht zu Veränderung und Entwicklung.

Die Mitarbeiterinnen sind dennoch keine Ersatzeltern. Sie haben mit den Klientinnen keine gemeinsame Geschichte. Mitarbeiterinnen sollten den jungen psychisch erkrankten Menschen immer in der professionellen Rolle begegnen, auch wenn häufig anderes von diesen gewünscht bzw. verlangt wird. Ein Beispiel: In einem sozialtherapeutischen Wohnheim spricht eine junge psychisch kranke Bewohnerin ihren Bezugsbetreuer stets mit »Papa« an. Der Mitarbeiter bleibt jedoch strikt dabei, der jungen Frau mit der Anrede »Frau ...« zu antworten. Solche Beispiele verdeutlichen die Wünsche und Bedürfnisse dieser jungen Menschen, die die professionellen Mitarbeiterinnen leicht zu Verstrickungen (ver)führen. Dennoch ist es wichtig, eben nicht wie Eltern verwickelt zu werden, sondern möglichst in der Rolle als Professionelle »überlegt« zu reagieren, was oft alles andere als leicht ist.

Ein wichtiger Aspekt ist in diesem Zusammenhang auch die Klärung des Du oder Sie als Anrede. Grundsätzlich ist jede Anrede nur dann akzeptabel, wenn sie beidseitig erfolgt. Mitarbeiterinnen können Klientinnen duzen, wenn sie sich von den Klientinnen ebenfalls duzen lassen. Dennoch plädiere ich für die Anrede Sie, um Assoziationen zum Eltern-Kind-Verhältnis oder zu einem Freundschaftsverhältnis nicht aufkommen zu lassen. Die Beziehungen in der sozialen Arbeit sind dienstliche Beziehungen. Mit dem Sie wird das Erwachsenen-Ich angesprochen und der Mitarbeiter bleibt in der professionellen Rolle als Fachmann.

Im Hilfeplanverfahren ist die Orientierung auf die einzelne Person zwingend. Gleichberechtigte Hilfeplanung in Abstimmung mit dem jungen psychisch erkrankten Menschen führt häufig in Sackgassen und endet mit Zielkonflikten. Die Wünsche und Erwartungen sind dann nicht falsch oder nicht nachzuvollziehen, sondern unrealistisch. Mitarbeiterinnen führt es in die prekäre Situation des »Bewahrens vor negativen Ereignissen« (Schonraum-Modell) und des »Lernens durch Misserfolge«, die stark entmutigend wirken (Konfrontation bzw. Realitätsprinzip).

Das junge Lebensalter der »new chronics« erfordert auch junge Mitarbeiterinnen, die ihnen in ihrer Lebensentwicklung näher stehen und Situationen, Verhaltensweisen und Interessen stellvertretend dem Team verständlich machen können. Heimeinrichtungen brauchen professionelle Mitarbeiterinnen, die fit sind in der Jugendarbeit und nicht so alt sind wie die Eltern der »new chronics«. Ebenso müssen Mitarbeiterinnen zur Übernahme von elterlichen Funktionen, ohne eine Elternposition einzunehmen, bereit sein. Die jungen Mitarbeiterinnen sollten sorgsam darauf achten, nicht in eine Kumpel- bzw. Freundin-Position zu geraten. Sie sind dann oft dem fehlenden Respekt seitens der jungen psychisch erkrankten Menschen ausgesetzt. Altersgemischte Teams aus männlichen und weiblichen Mitarbeiterinnen erscheinen sinnvoll.

In der konkreten Arbeit sind die Mitarbeiterinnen besonders Verhandlungspartnerinnen. Es geht immer wieder um das Aushandeln und Eingrenzen. Hier ist beharrliche Geduld ohne Rechthaberei vonnöten. Mitarbeiterinnen sollten eine Erfolgsorientierung pflegen und ermutigend agieren.

Junge psychisch erkrankte Menschen zwingen die Institution Heim zu immer mehr Kontrolle. Das Verweis auf Hausordnungen und auf die Einhaltung von Regeln wird zum großen Bestandteil der Arbeit.

Erfolgreiche sozialpädagogische Interventionen in der professionellen Beziehungsarbeit sind:

- die Betonung der Ausnahmen vom Problemverhalten,
- die Externalisierung des Problems und
- eher mit Konsequenzen statt mit Sanktionen zu arbeiten.

Sanktionen müssen zur Person passen, nicht zur Tat, und sollten weder Rache- noch Sühne-Aspekte beinhalten (im Sinn der »schwarzen Pädagogik«). Eskalationsspiralen sind möglichst zu vermeiden, was besonders bei »new chronics« schwierig ist, da sie bis an die Grenzen der Mitarbeiterinnen gehen und diese auch überschreiten. Kontrolle steht im Widerspruch zu dem sozialpädagogischen Anspruch der Selbstbestimmung der Adressaten sozialer Arbeit. Dennoch sind Kontrollen zum Beispiel des (selbst- und fremdgefährdenden) Verhaltens, des Suchtmittelgebrauchs, der Einnahme der Medikamente und der Gäste unerlässlich. Bei extremem Verhalten sind Eingriffe und Kontrollen notwendig und richtig. Mitarbeiterinnen müssen allerdings auch großzügig sein und gewähren lassen können, etwa im Hinblick auf den Grad der Verschmutzung von Person und Zimmer, auf den äußerst ambivalenten Umgang mit Medikation, das Suchtverhalten und auf andere auffällige Verhaltensweisen. Es geht nicht um einfaches Zulassen oder Sorgeabgeben, sondern darum, einen Menschen so anzunehmen, wie er ist – insbesondere mit seinen herausfordernden Aspekten. Erst das ist eine Basis, die Aushandlung ermöglicht.

In der psychotherapeutischen Arbeit mit früh gestörten Persönlichkeiten werden Normen, auch die ungeschriebenen, die als selbstverständlich gelten, immer wieder benannt. Mit diesem Vorgehen wird auch das Realitätsprinzip immer wieder eingeführt. Freundliche Erinnerungen der Mitarbeiterinnen, dass im Heim Streit geklärt wird, aber deswegen niemand schreien muss, sind ein Beispiel dafür.

Mitarbeiterinnen können mit der personell unzureichenden Ausstattung der Heime überwiegend nur versorgende und kontrollierende Funktionen ausführen – und das ist die institutionelle Falle des Heims! Essenzubereitung, Einhaltung von Putzplänen, im Bedarfsfall mit Hand anzulegen, Krisen zu managen, Medikation zu kontrollieren, Gespräche zu führen, zu dokumentieren usw. sind institutionsgebundene basale Aufgaben im Heim. Es fehlt die Zeit zu biografisch lebensfeldbezogener, stadtteilorientierter Gemeinwesenarbeit mit dem einzelnen Menschen. Begleitung und Unterstützung in natürliche Alltagswelten und Wahrnehmung gesellschaftlicher Teilhabe entfällt meist ersatzlos. Die Heimsituation trägt zusätzlich zur Isolierung und zu mangelnder Außenorientierung der psychisch erkrankten Menschen bei.

Unter den Mitarbeiterinnen in Heimen wächst ein kritisches Bewusstsein von ihrer Arbeit. Sie sehen sich einem paradoxen Auftrag ausgesetzt: Sie müssen mit Menschen arbeiten, die gar nicht ins Heim passen. Mitarbeiterinnen in Heimen nehmen immer stärker wahr, dass sie nach Konzepten arbeiten, die nicht für junge psychisch erkrankte Menschen maßgeschneidert sind. Die Erfolge der Arbeit bleiben aus. Sie drängen auf Veränderungsprozesse im Heimbereich.

Es zeigt sich ein zunehmendes Interesse an neuen Konzepten, an der Teilnahme an Zukunftswerkstätten zur Entwicklung neuer Ideen, an der Aufmerksamkeit für die Heime-Enquete. All das ist gut so!

Sozialpsychiatrische (Wohn-)Modelle für »new chronics«

Innerhalb der Heime gibt es bisher mehrere Wohn-Modelle, die sozialpsychiatrisch und konzeptionell verfolgt werden. Im 1. Modell wird die Gruppe der Gleichaltrigen im Heim in verschiedene Wohngruppen getrennt und hat nur in der Freizeit bzw. in der »betreuerfreien« Zeit Gelegenheit zu Kontakt und Austausch. Einrichtungen, die auf dieses Konzept setzen, wollen das erwartete Chaos und ein Ausbrennen von Mitarbeiterinnen verhindern. Kontaktverbot zur Peergroup wird dann zuweilen als Sanktion eingesetzt. Häufig ist der Effekt, dass eine Wohngruppe sich zum Treffpunkt dieser jungen psychisch erkrankten Menschen herausbildet und dort mehr Konflikte auftreten als in anderen Wohngruppen.

Ein zweites Modell berücksichtigt das Individualisierungsgebot besonders und ermöglicht jedem Heimbewohner ein Leben im eigenen Appartement unter dem Dach des Heims. Diese für »old chronics« bewährte Form – wenn sie denn dann noch außerhalb des Heimes angeboten wird – entspricht nicht den Bedürfnissen der jungen psychisch erkrankten Menschen. Sie erleben es als eine zu isolierte Wohnform, klagen über Einsamkeit und Langeweile und wissen kaum etwas mit ihrem Freiraum anzufangen. Sie suchen sich die Peergroup im Heim. Die jungen psychisch erkrankten Menschen wünschten sich mehr Kontakt in der Gruppe, zu Mitarbeiterinnen und mehr emotionale Wärme.

Ein drittes Familien-Modell betreut eine Gruppe mit ausschließlich »new chronics«. Die professionellen Mitarbeiterinnen haben Elternrollen inne und übernehmen elterliche Funktionen. Das Modell entspricht teilweise den Jugendwohngemeinschaften aus der Jugendhilfe, die Frauen und Männer als Betreuende gezielt einsetzen, um weiblich/mütterliche und männlich/väterliche Anteile zu repräsentieren. Kritisch scheint die Ablösephase für beide Seiten zu sein. Ebenso birgt dieses Modell das Risiko des Ausbrennens.

Das Modell 4 ist die Peer-Wohngruppe der jungen psychisch erkrankten Menschen. Dieses Modell kommt am stärksten den jungen psychisch erkrankten Menschen entgegen, kann aber tatsächlich zu einer sich gegenseitig verstärkenden Interaktionsdynamik zwischen den einzelnen Erkrankten führen. Diese Dynamik kann für die Mitarbeiterinnen sehr stressig sein, lässt sich aber auch »sportlich« sehen! Die Mitarbeiterinnen verstehen sich als »nachelterliche Weggefährten«, bleiben in ihrer professionellen Rolle als erwachsener Partner, werden nicht zum Kumpel oder »Berufsjugendlichen«, sondern unterstützen besonders durch eine klare Persönlichkeit.

Aus dem gegenwärtigen Mangel an alternativen ambulanten Unterstützungsmöglichkeiten scheinen die Modelle 3 und 4 für »new chronics« geeigneter zu sein als andere. Das Familien-Modell bietet den »new chronics« etwas an, das familienähnlich ist, indem Ersatzfunktionen von »stellvertretenden Eltern« angeboten werden. Die Beziehungsebene ist eher asymmetrisch und weist schützende, auch »kleinkindliche« Züge auf. Das Peer-Wohngruppenmodell arbeitet mehr mit den Methoden der sozialen Gruppenarbeit und eines sozialtherapeutischen Milieus und setzt auf partnerschaftlich-erwachsenen Dialog. Die Beziehung wird eher auf gleicher Ebene angesiedelt und will symmetrisch(er) sein.

Alle Varianten haben sich in der Praxis, also aus empirischem Wissen herausbildet und sprechen für die Notwendigkeit von Gemeinschaft für junge psychisch erkrankte Menschen. Doch wären klientenzentrierte Ansätze, vielfältige Innovationen und Anleihen aus anderen Bereichen sozialer Arbeit durchaus ein Gewinn für die »new chronics« und die professionelle Arbeit mit ihnen.

Entlassungsgründe

Im Erstgespräch wird erarbeitet, woran die Mitarbeiterinnen erkennen, dass die Entlassung ansteht. Dies ist der implizite Auftrag und während der gesamten Verweildauer richtungsweisend. Ein Dokumentationssystem, das neben einer Verlaufsbeschreibung auch eine systematische Erfassung von Erfolgen im Hinblick auf die festgelegte Zielsetzung beinhaltet, erleichtert den Blick auf erfolgsorientierte Fortschritte entgegen Beschreibungen defizitären (Wieder-)Versagens. Beispiel: »Welche Hinweise hat es heute gegeben, dass Herr Y. kleine Fortschritte macht?« Oder Teambesprechungen unter der Überschrift: »Was ist diese Woche besser gelaufen?«

Minimale Voraussetzungen der Entlassung aus dem Heim sind Grundlagen der Selbstsorge. So konnte etwa eine mir bekannte Einrichtung bisher niemanden entlassen, weil die Voraussetzungen für ausreichende ambulante Angebote bei den »new chronics« fehlten. Andere Einrichtungen haben »new chronics« eher aus disziplinarischen Gründen entlassen müssen. Nach den Worten einer Mitarbeiterin war der sozialpsychiatrische Anspruch, niemanden rauszuwerfen, mit jungen psychisch erkrankten Menschen nicht durchhaltbar.

Ziel einer Heimaufnahme ist die Entlassung. Der Entlassungsgrund sollte jedoch nicht identisch mit dem Grund der Aufnahme ins Heim sein!

Im Hilfe- und Versorgungssystem

Das Hilfe- und Versorgungssystem ist so, wie es ist – im Moment. Insofern sind zwei Strategien zu verfolgen: Schnellstmöglich Alternativen auf der Systemebene für »new chronics« zu entwickeln und weiterhin in bestehenden Heimen das Beste aus der Situation zu machen! Aber die Institution Heime ist ein Auslaufmodell.

Im Hinblick auf junge psychisch erkrankte Menschen ist es bedeutsam, sie nicht in unser System hineinzupressen, sondern neue, innovative Angebote zu entwickeln.

Sozialpädagogische Unterstützungsarbeit ist dringend notwendig. Es geht um außerschulische Entwicklung und Bildung. Daraufhin sind auch die Stellenpläne der psychosozialen Dienstleistungserbringer zu überprüfen. Das Hilfe- und Versorgungssystem und die Mitarbeiterinnen der Heime und des Betreuten Wohnens sind gefordert, sich auf den Weg zu machen. Es sind Anleihen aus der Jugendhilfe zu machen und es ist viel stärker mit Kollegen aus dem KJHG-Bereich und der Kinder- und Jugendpsychiatrie zu kooperieren. Hier ist professionell zu lernen und aufzubauen. Notwendig sind Wohnformen, die Gemeinschaftserfahrungen via Wohnform in kleinen Gruppen ermöglichen und die Peergroup einbeziehen und nutzen. Intensive sozialpädagogische Unterstützung ist nach einem Rund-um-die-Uhr-Modell mit Präsenzdiensten bzw. Hintergrunddiensten zu gestalten und individuell flexibel – personenzentriert und situativ – zu erbringen.

Junge psychisch erkrankte Menschen lehnen die Vermittlung in Angebote des Hilfe- und Versorgungssystems wie Tagesstätte oder Werkstatt für Behinderte ab. Schulische Bildung und das Nachholen von Schulabschlüssen muss Thema werden, um die Chancen zur Rehabilitation und zur gesellschaftlichen Teilhabe tatsächlich zu erhöhen. Im Hinblick auf den Suchtmittelkonsum ist provokant zu fragen: Ist Gemeindenähe sinnvoll? Muss der Umgang mit konsumierenden Freunden geduldet werden? Wie ist auf den Kontakt zur Szene zu reagieren? All das sind noch offene Fragen, auf die die Praxis eine Antwort entwickeln muss.

Ob junge psychisch erkrankte Menschen nun zornig erscheinen oder unterdrückt, sie sind meist überwältigt von den Schwierigkeiten ihrer eigenen Person und ihrer Umwelt. Sie brauchen neuartige sozialpädagogische Angebote in der Sozialpsychiatrie, um aus dem Chaos zu gelangen!

WOLFGANG BAYER

Zuhörend und fragend den individuellen Weg begleiten

Viele sozialpsychiatrische Heime verstehen sich heute als zeitlich begrenzte intensive Hilfe für besonders schwierige Menschen, die von ambulanten Hilfeangeboten nicht erreicht oder dort nicht »aufgenommen« werden. Es gibt vielfältige Verbindungen mit dem ambulanten Betreuungssystem und Begriffe wie Enthospitalisierung, regionale Versorgung und Gemeindepsychiatrie stellen Anforderungen an die professionelle Praxis.

Das Wissen, dass gute und wirksame Hilfen nur gemeinsam von Mitarbeitern und Klienten entwickelt werden können, muss sich nicht nur als Idee oder in Konzepten durchsetzen, sondern auch in der konkreten Arbeitspraxis der Heime seinen Niederschlag finden. Das Beharren auf den institutionell erwünschten Regeln muss durch die Beteiligung der Klienten an der Erarbeitung von Regeln, die für das Zusammenleben unabdingbar sind, ersetzt werden. Dieser Wandel vom »allwissenden Mitarbeiter« zum »fragenden Mitarbeiter« und der Umgang mit der damit verbundenen Verunsicherung sind nicht einfach zu gestalten. Mitarbeiter müssen in ihrem Handeln authentisch bleiben, aber sich selbst zurücknehmen. Ihr Handeln gestaltet sich damit in die Zukunft hinein offen, um Raum zu lassen für die individuellen Bedürfnisse und Entwicklungsperspektiven der Klienten.

Aber nur durch dieses Fragen und Zuhören und die daraus gemeinsam erarbeitete Planung und der Betreuung selbst, kann es gelingen, unsere professionelle Hilfe als echte Unterstützung und Begleitung wahrnehmbar und erlebbar zu machen. S. Prins verdeutlichte, dass solche professionellen Kontakte, die Klienten als gleichberechtigte Gegenüber akzeptieren und ihre Haltungen ernst nehmen, besonders hilfreich seien bei der Entwicklung eigener Lebenspläne (PRINS 2001, S. 60 ff.). Fragen rücken die Klienten wieder in den Mittelpunkt des Betreuungsalltags und eröffnen für das Betreuungskonzept neue Perspektiven.

Dies muss auch und gerade für Menschen in Heimen für psychisch

Erkrankte gelten. Die Gratwanderung zwischen Regelung und Gewährung ist besonders in Heimen schwierig zu bewältigen. Die dort vorhandenen institutionellen Zwänge und die Komplexität vieler Problemlagen machen es sehr einfach, die Betreuung mit möglichst allgemein gültigen Regelungen zu strukturieren. Hier müssen alle Mitarbeiter gezielt gegensteuern und die eigene Lebenserfahrung und ihre fachliche Haltung und Meinung als *eine* von verschiedenen möglichen Orientierungshilfen für die Klienten ansehen. Wenn die Betreuungsprozesse gemeinsam mit den Klienten gestaltet werden, erlangen Mitarbeiter als Mitmenschen eine neue Bedeutung. Mit unseren Fragen klären sich, wie die Beispiele zeigen werden, Wünsche, Hoffnungen und Pläne der Klienten, statt sie zu bestimmen. Die Klienten selbst entscheiden, welche Wege eingeschlagen und gegangen werden, und sind mit ihren Betreuern an der Seite die eigentlichen Planer.

Eine Frage der Haltung

Eine Eigenheit vieler Heime ist es, dass die Klienten etwas tun müssen, das ihnen die Mitarbeiter gesagt haben. Die Heimbewohner sollen etwa arbeiten gehen und ihren Wohnbereich sauber halten. Sie sollen selbstständig sein und weniger auffällig. Sie sollen ihre Lebensgestaltung selbst in die Hand nehmen und den Empfehlungen und Anweisungen von Mitarbeitern folgen. Sie sollen sich in alltagspraktischen Fertigkeiten üben und sich möglichst »normal« verhalten. Die Mitarbeiter vermitteln, begleiten und unterstützen dabei. Sie kümmern sich darum, wie sich die Klienten entwickeln, und konfrontieren diese mit ihrem Fehlverhalten. Für Klienten, die diese praktischen Dinge nicht einfach tun können oder wollen, werden entsprechende Lernprogramme entwickelt, in denen die Mitarbeiter die Rolle von Lehrern oder Trainern einnehmen. In dieser hierarchischen Struktur werden Menschen, die diese Rollenzuweisung nicht akzeptieren, leicht als Querulanten, Störenfriede oder Provokateure erlebt (siehe dazu auch den Beitrag von L. Schulze Steinmann in diesem Buch). Solche Verweigerungen entwickeln sich rasch zu einem Machtkampf, der meistens damit endet, dass die Klienten nachgeben oder disziplinarisch entlassen werden.

Die Mitarbeiter einer dezentralen Wohngruppe berichten immer wieder von Streitereien mit Herrn B. um die Reinigung seines Zimmers. In einem Gespräch mit ihm erzähle ich ihm, dass mich selbst Dreck zu Hause störe und ich selbst oft putzen würde. Dies täte ich nicht unbedingt gerne, aber ich hielte es für unvermeidlich. Herr B. sieht mich erstaunt an, dann sagt er:

»Das glaube ich nicht!« – »Was glauben Sie nicht?«, frage ich zurück, und er erzählt mir, dass er nicht glaube, dass wir Mitarbeiter zu Hause selbst putzten, sondern vermutlich Putzfrauen hätten. Er begründet sein eigenes Nicht-Putzen damit, dass er die pädagogischen Profis nur redend erlebe und kommandierend, »machen Sie dies, machen Sie das«. Keinen hätte er je beim Putzen gesehen. Warum solle er es dann tun?

Solche Gespräche bieten die Gelegenheit, die Meinungen und Wahrnehmungen der Klienten über Konfliktpunkte einzuholen, und dies offenbart, wie unterschiedlich sie und die Mitarbeiter den Alltag erleben. So ist zum Beispiel die Aufforderung, sich von dem Verpflegungsgeld ausgewogen zu ernähren, während Mitarbeiter selbst am Imbiss angetroffen werden, genauso wenig glaubwürdig wie die Erwartung, sich zu Fuß oder mit öffentlichen Verkehrsmitteln fortzubewegen, während das Fehlen eines Dienstwagens bei den Mitarbeitern immer wieder dafür herhalten musste, bestimmte Aufgaben nicht zu übernehmen. Herr B. erlebt in seinem Alltag nicht, dass die Mitarbeiter putzen, mit dem Rad fahren usw. Daraus zieht er den Schluss, dass diese es auch nicht tun. Weil er Aussagen und Handeln als nicht übereinstimmend, die Mitarbeiter damit als nicht authentisch erlebt, ist die Aufforderung an ihn auch unglaubwürdig. Warum soll er etwas tun, das aus seiner Sicht keiner tut? Aus diesen Gesprächen wurden konkrete Planungen über gemeinsames Tun und gemeinsame Unternehmungen gemacht, die sich an seinen Veränderungswünschen orientierten und nicht mehr in erster Linie an den Regeln des Heimes.

Die Aufdeckung solcher Widersprüche macht deutlich, wie die Lebenswelt der Mitarbeiter von der der Klienten entfremdet ist und welche ungenaue Bilder der Heimalltag vom Leben außerhalb der Institution vermittelt. Mitarbeiter trennen ihren privaten Lebensalltag von ihrem Berufsalltag, um ihre Privatsphäre zu schützen, und schließen damit mögliche Zugänge zur Welt außerhalb der Institution. Klienten wie Herr B. haben daher wenig Möglichkeiten, etwas über das Leben von Menschen außerhalb des Heimes zu erfahren.

Wenn Mitarbeiter dies nicht in ihrem Umgang berücksichtigen und die Erwartungen an Klienten nicht vor dem Hintergrund der realen Rahmenbedingungen selbstkritisch prüfen, dann wird die strukturell vorhandene Ungleichverteilung der Macht in die krank machende »Rollenzuweisung (...) des unwissenden, entmündigten, passiven Patienten« (Krisor/Pfannkuch 1997, S. 35) verlängert, der am Ende zu tun hat, was die Mitarbeiter für richtig halten.

Gespräche über die unterschiedlichen Motive und Vermutungen bieten eine hilfreiche Grundlage, da sie Wege für gemeinsames Planen und Handeln eröffnen. Die Frage nach dem gemeinsamen Handeln stellt damit das eigene konkrete Tätigsein und die Aktivität des Klienten ins Zentrum. Nicht allein Anwesenheit oder die Bereitschaft zuzuhören bestimmt damit die professionelle Rolle, sondern eigenes Tätigwerden. Um dies tun zu können, müssen sich Mitarbeiter über die eigenen Fähigkeiten und Kenntnisse bewusst werden, damit sie weder zu wenig noch zu viel tun, und sie müssen bereit sein, den Zugang zur Welt außerhalb des Heimes zu ermöglichen.

Die Klienten werden mit den Fragen aufgefordert, sich damit auseinander zu setzen, welche Unterstützung sie benötigen und haben wollen. Als Auftraggeber gestalten sie so die Arbeit in den Heimen aktiv mit und die unterschiedlichen Erfahrungs- und Handlungshintergründe fließen in das Aushandeln dieser Arbeitsaufträge ein. In diesem Prozess werden Mitarbeiter für Klienten im Heim wieder als Menschen mit eigenem Wissen und eigener Lebenserfahrung erkennbar und erlebbar – und bleiben nicht bloße Rollenträger. Die Reflexion des Handelns und die Planung des weiteren Vorgehens gemeinsam mit den Klienten werden zum zentralen Kommunikationsthema und führen weg von der Betrachtung ihrer Defizite. »Was brauchst du und was können wir gemeinsam dafür tun?«, beschreibt den Horizont eines solchen Alltags im Heim, in dem die Individuen, ihre persönlichen Wünsche, Erwartungen und Pläne sowie die zwischenmenschlichen Beziehungen im Zentrum der Arbeit stehen. Die mit dieser Haltung verbundene Wertschätzung für Klienten und Mitarbeiter eröffnet ein neues Verständnis für den je anderen.

Biografische Tiefe erfragen

Biografien von Heimbewohnern spiegeln oft die Geschichtslosigkeit des Heimaufenthaltes wider. Menschen werden aufgenommen und aus ihren alltäglichen Bezügen herausgerissen, ohne dass geplant ist, sie dorthin wieder zurückgehen zu lassen. Ihre Wurzeln wurden gekappt, ein vom vorherigen Leben getrennter Lebensabschnitt nimmt seinen Verlauf.

Frau A. lebte schon gut 40 Jahre in einem Heim, um eine Wasserkur zu absolvieren, wie sie selbst sagte. Wenn diese beendet und sie geheilt sei, so Frau A., werde sie nach Hause fahren, zu ihrer reichen Familie ans Mittelmeer. Recherchen hatten ergeben, dass dies der Wirklichkeit nicht entsprach.

Eines Tages war sie von einem auf den anderen Tag verschwunden. Wir waren sehr beunruhigt, weil wir Frau A. doch als sehr unselbstständig einschätzten und sie meist in einer fantasierten Welt lebte. Nach drei Tagen wurde sie von der Polizei in Süddeutschland bei der Suche nach ihrem verloren gegangenen Privatjet aufgegriffen und zurück in unsere Heimeinrichtung gebracht. Sie war verunsichert, erstaunt und auch verstört, als ich mit ihr sprach. Sie verstand unser Verhalten, unsere Sorgen nicht und fasste dies dann so zusammen: »Sie brauchen sich keine Sorgen zu machen. Ich habe Ihnen doch immer gesagt, dass ich nach Hause muss, wenn meine Kur zu Ende ist.« Dies geschah etwa zwei Jahre, bevor Frau A. an Krebs starb.

Frau A. galt als eher ruhige, freundliche und eigenwillige, etwas versponnene Klientin, auf die man manchmal aufpassen musste. Im Wesentlichen erschien sie unkompliziert, auch wenn die Jahre in Heimen an ihr und ihrer Weltsicht (»Wasserkur«) nichts veränderten. Sie machte äußere Veränderungen wie die Dezentralisierung verschiedener Großheime fast klaglos mit. Der Umzug in eine kleinere stationäre Wohngruppe mit eigenem Geld und Mitentscheidungsmöglichkeiten, die eine objektive Verbesserung der Lebensumstände für sie darstellten, wurden von ihr nicht kommentiert. Von den Mitarbeitern wurde dies als Zustimmung und Zufriedenheit gedeutet. Natürlich wurde sie immer als Mensch respektiert. Man sprach freundlich mit ihr, klopfte an die Zimmertür, bevor man eintrat, und ebenso eindeutig wiesen die Mitarbeiter sie und ihre Weltsicht mit der Aussage »Sie wissen doch, es gibt keine Familie am Mittelmeer« zurück. Und trotzdem blieb Frau A. bei ihrer persönlichen Deutung ihres Heimaufenthaltes.

Das plötzliche und unerwartete Handeln von Frau A. entlarvte die Annahme der Mitarbeiter, sie sei an einem richtig guten Wohnplatz, als Täuschung.

Mitarbeiter müssen in solchen Momenten akzeptieren, dass das Bewusstsein, woanders als im Heim zu Hause zu sein, in Handeln umgesetzt wird. Die seit Jahrzehnten geäußerten Absichten nehmen, unabhängig von der objektiven Wahrheit, in der Wirklichkeit des Heimes Platz und fordern zum Handeln heraus.

Anders als bei Herrn B. geht es aber nicht mehr darum, sich über unterschiedliche Wirklichkeiten und Wahrnehmungen auszutauschen, sondern um die Frage, welche Relevanz dies eigensinnige Verhalten für die professionelle Betreuungsarbeit bekommt. Was tun Mitarbeiter? Reagiert man mit medikamentöser Ruhigstellung, mit Ausgangsbeschränkungen oder lässt man sich auf diese andere Welt ein?

Das Sicheinlassen, die damit verbundene aktive Ansprache und das Treffen konkreter Verabredungen bezüglich ihrer Welt bieten den Menschen eine Alternative zum isolierten Rückzug. So lassen sich gemeinsame Verabredungen mit der imaginierten Verwandtschaft oder dem Piloten des Privatjets in Verbindung mit der Auswertung des Scheiterns solcher Verabredungen nutzen, um für den heutigen Alltag gemeinsame Vereinbarungen zu treffen und den darin enthaltenen Hinweisen auf die eigene Biografie der Betroffenen Raum zu geben. Und sollte der Pilot tatsächlich kommen, ist ja auch nichts verloren.

»Ich höre Ihnen zu, ich interessiere mich für Ihre Geschichte, und ich akzeptiere Ihre Welt« – dies sind zentrale Signale, um anderen das Gefühl zu geben, wahrgenommen zu werden. Menschen wie Frau A., die zeitweilig oder auch dauernd in einer anderen Welt leben als wir »Normalen«, brauchen umso mehr sensible Zuhörer und Gesprächspartner. Sie brauchen Menschen, und das sind in Heimen insbesondere Mitarbeiter, die bereit sind ihre Ohren und die Herzen zu öffnen. In einem Interview formulierte es ein Psychiatrie-Erfahrener einmal so: »Das Wichtigste sind die Menschlichkeit und das Zuhören, dass nicht einfach gesagt wird: ›Der ist jetzt krank; was der sagt, ist egal, wir bestimmen jetzt, was für ihn gut ist.‹« (SCHERNUS 2001, S. 33) Akzeptanz und Respekt drücken sich darin aus, dass ich als Mitarbeiter Zeit habe und mit meinem Gegenüber rede, und zwar auf derselben »Augenhöhe«.

Zuhören und Nachfragen bietet darüber hinausgehende Perspektiven im Kontakt mit den Klienten. Es bedeutet, ihre subjektiv geschilderte Biografie als Inhalt der alltäglichen Arbeit in den Blick zu nehmen und damit ihre »Krankengeschichte ... in (eine) Lebensgeschichte umzuschreiben«, wie K. DÖRNER (1996) schon vor Jahren aufzeigte. Durch das Zuhören und Nachfragen und das daraus gemeinsam entwickelte Handeln steht eben nicht die professionelle Deutung der von uns wahrgenommenen Defizite und Verrücktheiten im Vordergrund. Die individuelle Lebensgeschichte und der von den Klienten selbst gegebene Sinn ihres Handelns rückt ins Zentrum und wird zum Maßstab des professionellen Handelns.

Damit werden Menschen wie Frau A. bei der Wiedergewinnung der eigenen Lebensgeschichte unterstützt. Auch wenn dies mit Menschen, die schon lange in Institutionen leben, nur gebrochen möglich ist, da die Institution deutliche Spuren in der Biografie hinterlassen hat, so beschreibt dies eine notwendige Grundhaltung. Kommen Menschen aber erstmals mit Institutionen der psychiatrischen Versorgung in Berührung, sichert ein solches Vorgehen den Erhalt der persönlichen Geschichte, wie es von Psychiatrie-Erfahrenen zu Recht immer wieder gefordert wird. »Eine Lebensgeschichte ..., eine Herkunft und Vorstellungen über unsere Gegenwart und Zukunft bringen wir Psychiatrie-Erfahrene alle mit. Ich möchte, dass diese nicht nur das Schwergewicht in der Behandlung bildet, sondern dass diese auch respektvoll behandelt wird.« (PRINS 2001, S. 51)

Keiner sollte der Illusion unterliegen, durch vieles Fragen erschließe sich jeder Sinn, alles sei verstehbar. Die fragende Haltung fördert aber die Einsicht dafür, dass wohl immer etwas unverstanden bleibt, »dass das Fremde, das Unverstandene, möglicherweise auch Unverstehbare, meinen Schutz braucht, wie auch die Einsicht, dass es in mir unverstehbare Seiten gibt, die Schutz brauchen« (PLOG 1998, S. 17).

Hier also muss sich das psychiatrische Handeln in den Heimen, aber nicht nur dort, weiter entwickeln, muss sich der Blick für dieses andere weiten. Im Zentrum fachlichen Handelns stehen dabei die Frage nach dem Sinn der Bilder und Wahrnehmungen sowie die Rückversicherung, ob das professionelle Handeln wirklich den Bedürfnissen und der Biografie der Menschen angemessen ist.

Fragen lässt Chancen entdecken

Viele psychiatrische Heime sind heute geprägt von der Planung dezentraler kleiner Wohnstrukturen, unterschiedlicher Betreuungsangebote und dem professionellen Bekenntnis, lieber »zu verhandeln statt zu behandeln« (DIETZ u.a. 1998). Der Wahrung der Menschenwürde, dem Respekt vor der Privatsphäre, Selbstbestimmung etc. sind wir damit sicherlich erheblich näher gekommen. Die Beispiele von Frau A. und Herrn B. weisen aber darauf hin, dass die Frage, wie sich der Respekt vor psychisch kranken Menschen konkret äußern soll, allein dadurch noch nicht beantwortet ist.

> Die Fähigkeit von Herrn C., seine Wünsche aufzuschieben, ist begrenzt. Er muss, wie alle Klienten, Mitarbeiter fragen, wenn er Wäsche waschen will. Er fragt also und wird von dem Mitarbeiter D. auf einen späteren Zeitpunkt vertröstet (»Kommen Sie in zehn Minuten wieder.«). Herr C. beobachtet den Mitarbeiter genau, wartet ungeduldig, sichtlich angespannt. Der Mitarbeiter, allein im Dienst, hilft unterdessen einer anderen Klientin, die ebenfalls nicht viel Geduld hat, beim Aufräumen. Nach zehn Minuten fragt Herr C. erneut nach Unterstützung. Der Mitarbeiter reagiert unwirsch: »Sie sehen doch, ich bin noch beschäftigt«, sagt Herr D., woraufhin Herr C. wütend einen Schlüsselbund nach ihm wirft und brüllt, D. habe für alle anderen Zeit, nur für ihn nicht.

Eine durchaus typische Szene in einem Heim, die die knappen Ressourcen, Gewalt und strukturelle Abhängigkeiten solcher Institutionen widerspiegelt. Abgesehen vom Verständnis für alle Beteiligten, muss gefragt werden, welche Handlungsalternativen es geben kann, will man aus dem Kreis von Gewalt und Gegengewalt herauskommen. Herr C. hatte aus seiner Sicht keine Alternative, er musste ja schon warten. Die Klientin war abhängig und froh, dass endlich mal jemand Zeit hatte. Und der Kollege D.? Auch sein Verhalten ist verständlich, wie soll er es allen recht machen?

Genau hier liegen der Kern des Problems und die Chance zur Veränderung. Der Mitarbeiter sieht sich auf sich allein gestellt, er hat keine Unterstützung. Seine Definition der beiden Bewohner als »hilflos« (= die können mir nicht helfen) und seiner selbst als »allein« führt in die Sackgasse. Was tun?

Würden Mitarbeiter Heimbewohner als Menschen mit unterschiedlichen Rollen wahrnehmen, würden sich die Handlungsmöglichkeiten aller enorm erweitern. So hat etwa S. Prins (2001) darauf hingewiesen, dass sie nicht nur Psychiatrie-Erfahrene, sondern auch Frau, Angestellte, Mitglied einer Familie usw. ist, also ganz unterschiedliche Rollen in ihrem Leben wahrnimmt. Nimmt man die Klienten als Menschen mit Fähigkeiten und Kenntnissen wahr, so kann man sie auch an den Deutungen und Lösungen beteiligen. Eine solche aktive Beteiligung an der Gestaltung der Situation beinhaltet sowohl die Chance zu Respekt vor dem anderen als auch der Vermeidung von Fremdbestimmung.

In der professionellen Betreuungsarbeit in Heimen müssen Mitarbeiter Klienten beteiligen, sie einbeziehen; ihr Wissen abfragen und ihre Bewältigungsstile entdecken, anstatt zu meinen, alles allein tragen und lösen zu müssen. Es gilt, sich von dem institutionellen Anspruch, für alles zuständig zu sein, zu verabschieden. Die Einbeziehung der Klienten hingegen, das Offenlegen widerstreitender Wünsche und Bedürfnisse, die Transparenz über die Grenzen der Ressourcen und die der eigenen Person führen zu einem Alltag, der weniger von institutionellen Konflikten geprägt ist.

Schluss

Heime als zeitlich begrenzte Lebensorte eröffnen eine grundsätzlich andere Zukunft als jene, die heute, jedenfalls mit den meisten der gegenwärtig herrschenden Heimkonzepte, möglich ist. Das gemeinsame Handeln, das über das Heute hinausreicht, und eine nach vorne gerichtete gemeinsam erstellte Planung geben den Heimbewohnern als Menschen die Gestaltung ihrer Zukunft wieder in die Hand.

Dabei ist es wichtig, dass der Blick auf Veränderungen im Heim und auf das Verlassen des Heimes ausgerichtet ist. Auch bei Planungen, die auf das sinnvolle Verlassen eines Heimes ausgerichtet sind, gilt es genau wahrzunehmen, was die Bedürfnisse und Einschätzungen der Klienten sind, will man nicht über ihre Köpfe hinweg planen und entscheiden. Will man, dass Menschen diesen Ort verlassen und selbstbestimmt(er) wohnen und leben, so gilt es darauf zu achten, dass personale Sicherheit und ein soziales Netz vorhanden sind.

Die Planung unserer professionellen Arbeitsschritte und die Zukunftsplanung mit den Klienten sind eng miteinander verknüpft und voneinander abhängig. Durch die Art und Weise, wie wir die Vorhaben des nächsten Tages oder auch Jahres planen, bestimmen wir die Möglichkeiten für Klienten mit. Das Gelingen von Entwicklung und Veränderung hängt wesentlich davon ab, ob die Klienten ihre eigene Sicht der Dinge in den Prozess der Betreuung und der Planung einbringen können. Ohne ihre wirkliche Einbeziehung verhindern wir erstrebenswerte Ziele, wie das unabhängige Wohnen und die unabhängige Gestaltung von Beziehungen.

Betreuung kann damit nicht zufällig und allein aus dem schon immer bekannten Alltag heraus stattfinden. Sie wird zu von Professionellen und Psychiatrie-Erfahrenen gemeinsam geplanter und umgesetzter Entwicklungsarbeit, in deren Zentrum die individuellen Bedürfnisse und Erwartungen der betreuten Menschen und deren Anforderungen stehen. Jede Betreuungsarbeit muss sich daran messen lassen, wie es gelingt, die gemeinsame Planung mit entsprechenden Hilfen zu entwickeln und schließlich umzusetzen.

Die professionelle Haltung, dass gemeinsam geplante und gestaltete Prozesse die Blickrichtung und die Arbeit verändern, muss den sozialpsychiatrischen Alltag prägen. Eine in diesem Sinne ernsthaft angewendete gemeinsame Betreuungsplanung ist ein wichtiger Schlüssel für die Arbeit in und aus psychiatrischen Heimen heraus!

LISA SCHULZE STEINMANN, JOACHIM HEIMLER

»Systemsprenger« in der stationären Versorgung

Ob im Heim oder auf einer Klinikstation, »Systemsprengerinnen« sind *die* Herausforderung in der sozialpsychiatrischen Unterstützungsarbeit. »Systemsprengerinnen« sind Menschen, deren psychische Erkrankung mit einer schwerwiegenden Problemkonstellation korrespondiert bzw. die sozial auffälliges Verhalten zeigen. Asmus Finzen hat die Umschreibung »Systemsprenger« eingeführt.

Institutionelle Fürsorge und Systemsprenger

Die historische Entwicklung der institutionellen Fürsorge erfolgte vom repressiv-polizeilichen zum pädagogisch-fürsorglichen Paradigma. Das lässt sich anschaulich an der Geschichte der Versorgung psychisch erkrankter Menschen in unserer Gesellschaft nachvollziehen.

Institutionelle Fürsorge bewegt sich immer zwischen den Polen »sorgen für versus Sorge abgeben« bzw. »Kontrolle versus Freiheit lassen«. Die Entwicklungen der institutionellen Fürsorge haben die professionelle soziale Arbeit geprägt. Idealtypisch will institutionelle Fürsorge den Klientinnen Distanz und Entlastung von Beziehungen und Aufgaben ermöglichen, einen Lebensraum zur Verfügung stellen, der Belastbarkeit und den Bedürfnissen der Klientinnen gerecht wird, stabile Beziehungen anbieten und Lernfelder öffnen zur Entwicklung neuer Zukunftsperspektiven (Fachlexikon der sozialen Arbeit).

Die institutionelle Fürsorge steht trotz gut gemeinter Absichten in der Kritik. In der Praxis weist institutionelle Fürsorge ein hohes Maß an Anonymität und Diskontinuität in den Beziehungen auf. Die Privatsphäre einer Person ist viel zu gering. Zu große Organisationseinheiten verhindern die Überschaubarkeit des Organisationsaufbaus. Die Strukturen totaler Versorgung verhindern den Gebrauch von Fähigkeiten und Fertigkeiten, lassen diese versanden und machen dadurch Klienten hilflos und abhängig.

Einrichtungen der institutionellen Fürsorge sind in der Gemeinde oftmals regional und sozial isoliert. Krisen von Klienten werden zu häufig mit Verlegungen und Abschiebungen beantwortet. Menschen mit besonderen Hilfebedarfen wie Systemsprengerinnen sind oft davon betroffen. Der Vorgang der ständigen Verlegung, da die Person nicht zur Institution passt, wird zum »Heimtourismus«.

System und Systemsprengerinnen

In einem sehr engen Zusammenhang steht das Phänomen Systemsprenger mit der unmittelbaren Umgebung.

Zu unterscheiden sind dabei:

1. die Person des Systemsprengers,
2. die Mitarbeiterinnen,
3. die Organisation bzw. die Institution, die in die Betreuung involviert ist,
4. das Hilfesystem Gemeindepsychiatrischer Verbund (GPV).

Ein System ist ein Ganzes und beinhaltet immer ein Gefüge mit einer eigenen Ordnung, nach der etwas organisiert und aufgebaut ist. Es weist Pläne und Prinzipien auf, nach denen vorgegangen wird. Systemsprengerinnen tangieren ein System in seinen Grundstrukturen bis hin zur Gefährdung. Sie sind für jede Gruppe und für jedes System eine enorme Anforderung. Häufig konzentrieren sich alle Energien auf diesen Personenkreis. In Institutionen sind strukturelle Binnendifferenzierungen erforderlich, um Anonymisierung abzubauen und die Überschaubarkeit der Strukturen zu erleichtern. Unbewegliche, starre Organisationsstrukturen müssen in einem fortwährenden Prozess als »lernende Organisation« zu Gunsten von flexiblen personenzentrierten Strukturen verändert werden. Ein solches Organisationssystem muss sich auf das Individuum und seine subjektiven Bedürfnisse einstellen. Nur so gelingt es, Systemsprengerinnen in stationären Einrichtungen so lange wie nötig zu halten und zu unterstützen.

Fachpersonal, Personalführung, Leitungsstil und Haltung

Der Umgang mit Autorität und Macht seitens der Mitarbeiterinnen ist ein wichtiges Kriterium in der Arbeit mit Klienten und hat großen Einfluss auf den Ausgang strittiger Situationen. Die fachliche Qualifikation der Mitarbeiter im Umgang mit beruflichen Rollen, die eindeutige Machtgefälle zu den Klienten aufweisen, sind prinzipiell nicht leicht zu handhaben. In der Arbeit mit Systemsprengern ist jedenfalls besonders der professionelle Umgang mit potenziellen Machtsituationen zu prüfen, um Missbrauch und Nachteile für die Klienten auszuschließen.

Übergriffe entstehen durch mangelnde soziale Kontrollmechanismen von außen. Allerdings bildet die Organisation in ihrem Einrichtungskonzept eine kulturelle Haltung bezüglich Macht und Lenkung ab. Die maximale Lenkung beinhaltet autoritäre Kontrolle der Klienten und Restriktion durch einschneidende Beschränkungen. Die minimale Lenkung beinhaltet Permissivität (Gewährenlassen), minimale Kontrolle, wenig Schutz und ein Zugeständnis an Autonomie. Zwischen diesen Polen bewegt sich eine Organisation samt ihren Mitarbeitern. Nach besonderen Vorkommnissen ist dieses Spannungsfeld immer wieder neu zu definieren.

Ein weiterer wichtiger inhaltlicher Aspekt betrifft die professionelle Haltung insgesamt gegenüber Menschen mit psychischen Erkrankungen, aber eben insbesondere bei Systemsprengern. »Bad or mad?«, lautet hier die Frage. Ist das Verhalten auf die psychische Erkrankung zurückzuführen und damit erklärbar und einzuordnen oder ist es ein dissoziales Verhalten? Dies ist im Team auch immer wieder mit dem Klienten selbst zu klären.

Mitarbeiter benötigen Solidarität von Kolleginnen sowie von Chefs Sicherheit, Verständnis und Wertschätzung. Die Aufgabe von Leitung ist es, für Ordnung zu sorgen, Verantwortung zu übernehmen und ggf. der Rolle des erhobenen Zeigefingers (in der mütterlichen oder väterlichen Rolle) als Autoritätsperson nachzukommen. Wichtig in der Personalführung und Gestaltung von Rahmenbedingungen der Arbeit ist die Minimierung von Stresssituationen im Arbeitsalltag von Mitarbeiterinnen. Dies muss die Leitung sicherstellen durch Einhaltung von Pausen, eine klare Struktur der Arbeit, Konflikterörterung im Team, im Einzelgespräch sowie Supervision bzw. Coaching usw. Es ist auf eine organisatorische Abstimmung im Team zu Kriseninterventionen und Notfallverhalten zu achten. Mitarbeiter müssen in der professionellen Arbeit sicher und kompetent sein, um zu Stabilisierung und Wohlbefinden der Klientinnen beizutragen!

Die Mehr-Ebenen-Perspektive

Die Person der Systemsprengerin ist ein Mensch mit einem besonderen Hilfebedarf. Im Heim sind der Systemsprenger, das Team der Mitarbeiterinnen und der Träger der Heimeinrichtung die bedeutsamen Größen. Allerdings endet das psychiatrische Hilfesystem nicht an der Tür der Institution Heim.

Tatsächlich beginnen dort das System Gemeindepsychiatrischer Verbund, die Gemeinde und natürlich die Gesellschaft.

Sozialpsychiatrisch betrachtet sind folgende Ebenen zu berücksichtigen:

1. die Fallebene,
2. die institutionelle Ebene,
3. die Systemebene,
4. die Ebene der Gemeinde,
5. die gesellschaftliche Ebene.

Auf der Fallebene handelt es sich um die Person des Systemsprengers und alle am Fall beteiligten Personen, also natürliche Personen (wie Angehörige, andere Heimbewohnerinnen, Nachbarn) und die professionellen Mitarbeiterinnen. Die institutionelle Ebene fokussiert die Einrichtung, etwa das Heim, in dem der Systemsprenger lebt. Welche sind die Regeln für das fachliche Vorgehen der Einrichtung, Anforderungen seitens der Klienten zu bewältigen?

Als weitere Ebene ist die Systemebene zu betrachten, die sich auf die Gesamtheit aller Hilfen und die Kooperation im Gemeindepsychiatrischen Verbund und letztlich im sozialen Hilfesystem konzentriert. Die vierte Ebene konkretisiert sich zunächst einmal darin, ob der Bürger einer Gemeinde, was ja Systemsprenger auch immer sind, jene Hilfen am Wohnort erhalten, die sie benötigen, und ob die Gemeinde eine Versorgungsverpflichtung übernommen hat und es eben ablehnt, Menschen mit besonderen Hilfebedarfen abzuschieben. Letztlich ist bei Systemsprengern immer die gesellschaftliche Ebene zu beachten. Wie geht die Gesellschaft mit Menschen um, die psychisch krank sind? Wie integrationsfähig und -bereit ist eine Gesellschaft für Menschen mit besonderen Hilfebedarfen? Auf der gesellschaftlichen Ebene wird nicht nur der Auftrag erteilt, ob, sondern vor allem *wie* sich um Menschen unterstützend bemüht werden soll, nicht zuletzt indem sie ausreichende (oder zu geringe) finanzielle Mittel zur Verfügung stellt.

Alle Ebenen stehen in Wechselwirkungen miteinander. Wir leben in einer Gesellschaft, die Ausgrenzung von Menschen, die nicht der Norm entsprechen, lange kultiviert hat. Diese Haltung setzt(e) sich in Heimeinrichtungen fort. Menschen, die nicht der durchschnittlichen Querschnittsklientel entsprechen, werden nicht oder nur vereinzelt aufgenommen. Die Auswahlkriterien zur Heimaufnahme und die Gründe für disziplinarische Entlassungen sprechen da für sich. Schwierige Situationen führen bei Ausnahmeklientel rasch zur Trennung, insbesondere bei aggressiven Ereignissen. Es sind nicht die stillen, angepassten und unauffälligen Klientinnen, die Systeme sprengen; es sind die lauten, die anstrengenden, die fordernden Klientinnen, die das System sprengen.

Was sind »Systemsprengerinnen«?

»Systemsprengerinnen« sind Menschen mit einem besonderen Hilfebedarf. Neben sozial schwerwiegenden Problemkonstellationen begegnen wir oft Menschen mit einer nicht vollends ausgereiften Persönlichkeit. Aber auch Fehlentwicklungen durch Hospitalismus und Deprivation bzw. soziale Benachteiligung sind anzutreffen. Deutlich erkennbar wird eine Ich-schwache Persönlichkeitsstruktur mit Mängeln in Selbststeuerung und Impulskontrolle, begleitet von einer niedrigen Frustrationstoleranz.

Menschen mit Persönlichkeits- und Verhaltensauffälligkeiten werden in ihrer sozialen Umwelt bemerkt. Sie wirken weniger anpassungsfähig und flexibel im Hinblick auf Anforderungen des Lebens. Häufig ist das Beziehungsverhalten ungewöhnlich. Persönlichkeitsstörungen umfassen tief verwurzelte, anhaltende Verhaltensmuster, die sich in starren Reaktionen auf unterschiedliche persönliche und soziale Lebenslagen zeigen. Menschen mit Persönlichkeitsstörungen unterscheiden sich bzw. zeigen abweichende Varianten im Wahrnehmen, Denken, Fühlen und in der Beziehungsgestaltung. Meist leidet die Person selbst und es ergeben sich nachteilige Folgen für das Individuum in der Gesellschaft. Im Rahmen von soziotherapeutischer Behandlung wird versucht, ausgebliebene Lernprozesse nachzuholen (Nachreifung der Persönlichkeit) oder defizitäre Erfahrungen durch positive Lernerfahrungen zu überwinden. Ebenso wird angestrebt, negative Verhaltensweisen zu minimieren.

Die auffälligen Verhaltensmuster sind besonders in Belastungssituationen erkennbar. Typische Merkmale lassen sich zusammenfassen:

- Der innere emotionale Druck, die innere Anspannung ist hoch.
- Der Wunsch nach sofortiger Bedürfnisbefriedigung dominiert.
- Die Frustrationstoleranz ist niedrig.
- Die Wahrnehmung ist durch persönliche Schuldzuschreibung oder nach außen gerichtete Schuldzuweisung eingeschränkt (intern: Einengung auf persönliches Versagen und Scheitern; extern: Einengung auf Fehlverhalten und Versagen anderer Personen).
- Die Wahrnehmung kann bis zu einer wahnhaften Verkennung der Situation beeinträchtigt sein.
- Die Grundstimmung ist pessimistisch-demoralisiert. Misserfolge, Kränkungen, Verlusterlebnisse und unerreichbar hohe Ansprüche begleiten negative Situationseinschätzungen (erlernte Hilflosigkeit, siehe Seligman 1995).
- In Belastungssituationen ändert sich die Stimmung meist in eine depressive oder missmutig-aggressive Variante.

- Der Stimmungsverlauf ist insgesamt labil. Unruhe, Schlafstörungen, emotionale Ambivalenzen, fehlende Entspannung, bedrückte schlechte Laune und die eintretende körperlich-seelische Erschöpfung erhöhen spontane Beeinflussbarkeit und Unberechenbarkeit.
- Das Denken ist durch polarisierende Gegensätze geprägt. »Schwarz-Weiß-Denken« kennzeichnet die extremen Einschätzungen in »gut oder böse«, »alles oder nichts«. Die Realität wird nicht in ihrer Komplexität mit all ihren Varianten des »Sowohl-als auch« wahrgenommen.
- Die Selbstwahrnehmung ist durch zwei Aspekte bestimmt: Die Bezogenheit auf sich selbst wird in eine Art ohnmächtiger Grandiosität in Ich und Opferposition aufgespalten (Rupp 1996, S. 14).
- Das soziologische Rollenverhalten kennzeichnet sich häufig durch eine Täter-Opfer-Konstellation.
- Die innere Flexibilität ist unter dieser Anspannung gehemmt. Kreative, kognitive Problemlösungsstrategien können nicht entwickelt werden.
- Da neue Lösungen fehlen, werden starre, rigide Reaktionsmuster intensiver angewandt, um die Situation dennoch zu bewältigen. Diese Reaktionsmuster haben sich aber schon im Vorfeld nicht bewährt und tragen nicht zur Problemlösung bei.
- Das persönliche Scheitern wird häufig mit dem Genuss von Alkohol oder Medikamenten erträglicher gemacht oder kann auch in Gewalt gegen andere oder Gegenstände münden.
- Die körperliche Verfassung verschlechtert sich. Psychosomatisch befindet sich der Körper in ständiger Stress- und Alarmbereitschaft. Das führt zu Appetitlosigkeit, Gewichtsabnahme, Schlafstörungen, Verlust von Tag-Nacht-Rhythmus und körperlichen Missempfindungen.

In der Praxis verdichtete sich der Eindruck, dass es sich bei Systemsprengern überwiegend um männliche Klienten handelt.

Wo sind Systemsprenger häufig anzutreffen?

Rund ein Drittel der Patienten der psychiatrischen Kliniken ist ohne Wohnung (Nouvertné u.a. 2002). Einigen ist mit großer Wahrscheinlichkeit zuvor auf Grund ihres auffallenden Verhaltens die Wohnung oder der Heimplatz gekündigt worden.

Regionale Untersuchungen belegen, dass ca. 25 Prozent der Klientinnen in Einrichtungen der Wohnungslosenhilfe psychisch erkrankt sind (als Beispiel: AK Obdachlosigkeit und psychische Erkrankung in Bremen). Hier handelt es sich um Menschen, denen das psychiatrische Hilfesystem keine adäquaten Angebote machen konnte bzw. die dieses Hilfesystem gezielt vermeiden. Systemsprenger finden sich auch unter den Einweisungen nach Psych-KG, denn diese erfolgen nur zu 39 Prozent wegen einer Psychose. Da 36 Prozent wegen einer psychischen Störung mit den Auswirkungen einer Psychose und 24 Prozent wegen einer Suchterkrankung (Crefeld 1999, S. 33) eingeliefert werden, beinhalten diese beiden Indikationen zusammen vermutlich zu einem erheblichen Anteil die Systemsprengerinnen.

Mitarbeiterinnen aus sozialpsychiatrischen Heimen ebenso wie aus ambulanten Settings berichten von Systemsprengern in ihren Angeboten. Nach einer DGSP-Untersuchung von Chr. Zechert und mir zum Thema Hilfe und Hilflosigkeit lassen sich psychisch erkrankte Menschen als »Systemsprenger« bezeichnen, wenn durch ein aggressives Ereignis diese Menschen disziplinarisch aus einem Heim entlassen wurden. Nach dieser Untersuchung handelt es sich um 3 Prozent psychisch erkrankter Heimbewohnerinnen, allerdings ist von einer höheren Dunkelziffer auszugehen, die bei ca. 10 Prozent liegen könnte und all jene enthielte, die im Versorgungssystem »weitergereicht« werden. Diese Systemsprengerinnen kennzeichnen sich einerseits durch aggressive Ereignisse in der Vorgeschichte, andererseits findet sich eine Vielzahl von Einrichtungen in deren Geschichte, die sie entlassen haben.

Der Begriff »Systemsprenger« ist jedoch inzwischen ein sozialpsychiatrischer Modebegriff geworden, der inflationär angewandt wird.

Reaktionen auf Systemsprenger

»Systemsprenger« sind Menschen, die in erster Linie durch ungewöhnliches Verhalten auffallen. Sie lösen Irritationen, Verunsicherung und störende, beunruhigende Reize aus. Die soziale Umwelt reagiert irritiert oder verärgert und ist selbst in Frage gestellt ob ihrer Regeln und Normen. Das führt dazu, dass Systemsprenger rasch isoliert und aus Gemeinschaften hinausgedrängt werden bzw. als nicht gemeinschaftsfähig etikettiert werden. Nur in seltenen Fällen löst das irritierende Verhalten eine Diskussion, ein kritisches Hinterfragen aus. Das irritierende Verhalten kann als eine Kritik auf einer Handlungsebene verstanden werden, oftmals wird es allerdings vorrangig als Störung und Belästigung wahrgenommen.

In Teamgesprächen häufen sich zu diesen Personen Äußerungen wie: »Muss der denn so rumlaufen?«, »Kann der sich nicht mal anders verhalten?«, »Müssen wir uns das jetzt antun?« oder »Der ist nicht mehr tragbar«.

All diese Äußerungen sind Hinweise auf ein Spannungsverhältnis zwischen der Person und ihrer sozialen Umwelt. Die Interaktion ist negativ gefärbt. In diesem Beispiel ist es ein Spannungsverhältnis zwischen einem psychisch kranken Menschen und dem ihn betreuenden Team. Es dominiert eine negative Meinung über den Klienten, die häufig auch bei den einzelnen Mitarbeiterinnen Affekte bewirkt. Heftige verbale Aggressionen oder sexistische Äußerungen und persönliche Entwertungen seitens des Klienten belasten dann ihrerseits die Beziehungsarbeit. Insbesondere nach tätlichen Auseinandersetzungen fühlen sich Mitarbeiter in ihrer körperlichen Integrität drastisch verletzt.

Für Systemsprengerinnen weisen insbesondere stationäre Einrichtungen mit ihren Regeln, Anforderungen und Verfahrensabläufen viele Stressoren auf. Mitarbeiterinnen müssen sich fragen, was Auslöser von Stress sind, welche Gedanken, Gefühle, Körperreaktionen und welches Verhalten es bei Systemsprengern auslöst und wie sich Zuspitzungen vermeiden lassen.

Das Vulnerabilitäts-Stress-Modell zur Erklärung psychischer Erkrankungen veranschaulicht den Wirkungszusammenhang mit Stress. Unter diesem Aspekt gesehen, beinhaltet sozialpsychiatrische Unterstützungsarbeit die Minimierung von Stressoren bzw. die professionelle Aufgabe, ein optimales Stressniveau, eine Balance zwischen Unter- und Überforderung in der klientenbezogenen Arbeit herzustellen.

Der Systemsprenger, der in diesem System nicht zurechtkommt, ist in der Situation von Problemen umzingelt.

Systemsprenger – von Problemen umzingelt?

Systemsprenger haben Schwierigkeiten in der Gesellschaft, in ihrer Lebenswelt und beschäftigen viele Mitarbeiterinnen im Hilfesystem oft ohne zu erfolgreicher Bewältigung ihrer Probleme zu gelangen. Dann tritt die Anbindung an eine Institution ein, meistens das Betreute Wohnen. Greifen auch die Leistungen des Betreuten Wohnens nicht, erfolgt die Aufnahme in ein Wohnheim. Die Institution Heim hat wiederum eine eigene innere Logik mit Regeln und Hausordnung, die von Systemsprengern kaum zu bewältigen ist.

Drei Probleme werden offensichtlich:

1. Das Hilfesystem und die Institution bieten dem Systemsprenger nicht die Hilfe, die er benötigt.
2. Systemsprenger haben erhebliche Schwierigkeiten mit allgemeinen Regeln wie Hausordnungen.

3. Mitarbeiter haben erhebliche Schwierigkeiten im Umgang mit Aggressionen.

Regeln im Heim streben einen reibungslosen Ablauf an und beinhalten Ge- und Verbote. Sie lassen keinen Raum für Individualität. Sie entfernen sich vom Subjekt und folgen der Institutionslogik. Hausordnungen regeln das Wohnen (Asyl und Erhaltung der Vitalfunktionen), das Leben in Gruppen (Individuum und Gemeinschaft), den Gruppenalltag und die Wahrnehmung rehabilitativer Maßnahmen.

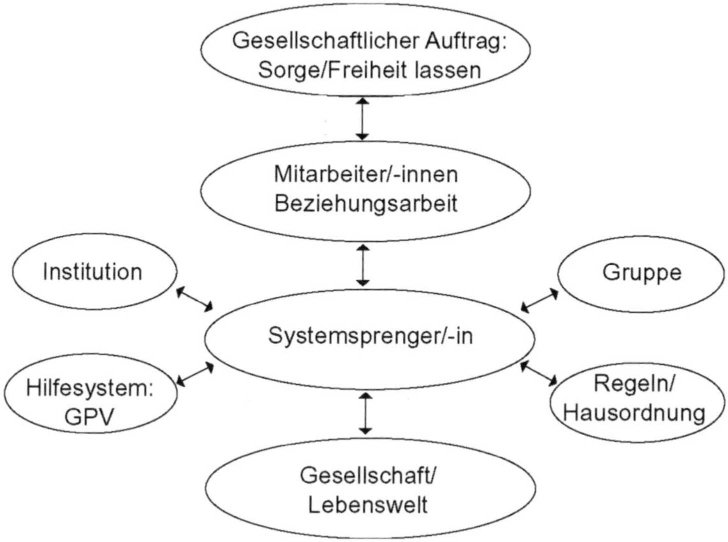

Jedes Regelwerk erzeugt Systemsprenger und Regeln erzeugen für Systemsprenger weitere Probleme. Je differenzierter Hausordnungen sind, desto mehr Kontrolle und vielfältige Sanktionsformen sind durch die Mitarbeiter nötig. Hausordnungen lösen keine strukturellen Fehler im Versorgungssystem. Und müssen gesetzliche Bestimmungen in Hausordnungen doppelt geregelt werden?

Hausordnungen sollen kurz, knapp und so konkret wie möglich sein. Die Trennung von Wohnen und rehabilitativen Hilfen muss sich in Hausordnungen widerspiegeln!

Auch Hausordnungen, die keine Systemsprengerinnen provozieren wollen, führen nicht weiter. Es gibt nur eine Lösung dieses Dilemmas: der Verzicht auf eigene Institutionsregeln, der Verzicht auf Hausordnungen. Das verlangt einerseits die Betonung der Allgemeingültigkeit der Grundrechte (GG) und des Bürgerlichen Gesetzbuches (BGB) und dessen Gültigkeit und Anwendung in Institutionen, denn es gibt keinen rechtsfreien Raum – auch nicht in Institutionen der Sozialpsychiatrie. Andererseits ist mit jeder Bewohnerin ein individueller Hilfe- und Betreuungsplan auszuhandeln. In dieser Hilfeplanung, die einen Vertrag zwischen Leistungserbringer (Heim) und Nutzerin (Bewohnerin) darstellt, sind alle personenbezogenen Absprachen, Regeln zum Verhalten usw. auszuhandeln. Nur auf diesem Wege lässt es sich vermeiden, dass Institutionen Systemsprenger erzeugen.

Prüfsteine für Hausordnungen:

- Wie oft wird in der Praxis von den Regeln abgewichen?
- Wie viele Regeln gibt es zu Alkohol und Drogen?
- Wie viele Regeln gibt es zu Medikamenten?
- Wie viel tägliche Zeit ist durch Regelungen bestimmt?
- Welche Einschränkungen gibt es, um Besuch zu haben?
- Wurde die Hausordnung mit den Nutzern entwickelt?
- Wie viele »Kann«-Bestimmungen enthält die Hausordnung?
- Welche Bestimmungen lassen sich aus der Hausordnung entfernen?

Die meisten Hausordnungen können verschlankt und an Hausordnungen normaler Wohnungsbaugesellschaften ausgerichtet werden. Klientinnen müssen sich nicht genormt durch die Einrichtung bewegen. Ablaufpläne sind Strukturhilfen und führen immer wieder ein Realitäts- und Funktionsprinzip ein. Dennoch verpflichtet und berechtigt jeder Einzelfall zu Abweichungen, eben weil jeder Mensch ein Individuum ist und als Subjekt respektiert werden muss!

Eskalation von Gewalt in der sozialpsychiatrischen Arbeit

In der sozialpsychiatrischen Arbeit mit Systemsprengern kommt es häufig zu Eskalationen. Eskalation beinhaltet eine Steigerung und Verschärfung der eingesetzten Mittel. Sie äußert sich in Erregung und Agitation. Beides ist ein pro-aggressives Verhalten. Eine Eskalation verläuft spiralförmig in einer sich steigernden Dynamik. Es gibt vielfältige Möglichkeiten, sich gegenseitig unter Druck zu setzen. Der Verlauf beginnt mit einem Regelverstoß, dem eine Ermahnung folgt. Diese wird missachtet, was einen Vorwurf nach sich zieht. Dieser wird mit einem Vorwurf beantwortet, was zu einer gegenseitigen Beleidigung führt. Es erfolgt eine Drohung, die mit einer Drohung beantwortet wird, und es kommt dann schlimmstenfalls zu einem körperlichen Angriff.

Bedeutsam ist in Eskalationen das Kampf- und Fluchtverhalten, welches die beiden ursprünglichen Reaktionsmuster des Menschen auf Stress darstellen.

Aggressionen verursachen Unruhe, Spannung, Hilflosigkeit, Angst und wiederum Aggressionen. Über einen längeren Verlauf können Aggressionen gegenüber Mitarbeitern oder anderen Klienten zu Resignation und Selbstzweifel, Ignoranz oder Bagatellisierung führen. Immer wiederkehrende aggressive Situationen steigern die Reizbarkeit und die Erwartung einer aggressiven Attacke und führen rasch zu hoher Anspannung aller Beteiligten. Situationen mit Aggressionen sind immer Aggressions-Stress-Interaktionen und haben unterschiedliche Funktionen:

- Instrumentelle Aggression wird aktiv eingesetzt, um ein Ziel zu erreichen. Dies kann in Zuwendung und Beachtung bestehen, in Durchsetzung im Konflikt oder im materiellen Gewinn.
- Feindselige Aggression wird eingesetzt, um jemandem gezielt Schaden zuzufügen. Dies kann subjektiv als der einzig wirksame Weg betrachtet werden, Gerechtigkeit herzustellen oder das eigene Selbstwertgefühl zu stärken.
- Expressive Aggression dient der Spannungsabfuhr. Es ist ein spontaner und teils ungerichteter Ausdruck von Affekten.
- Vergeltungsaggression dient der Abwehr von Stressoren, welche Angst oder Ärger auslösen. Es ist eine Reaktion auf Provokation.

Faktoren, die Aggressionen bedingen, sind äußere, objektive Bedingungen wie Lärm, Hektik, Unruhe sowie körperliche Prozesse und Zustände, zum Beispiel Schlafstörungen und körperliche Missempfindungen.

Psychische Beeinträchtigungen und Störungen sind etwa erhöhte Stressempfindlichkeit (Vulnerabilität), subjektive Überforderung, erhöhte Ängstlichkeit, schnelle Erregbarkeit, mangelnde Impulskontrolle.

Soziale Bedingungen und Situationen sind Wechsel der Bezugsperson, situative Überforderung, fehlende Intensivhilfe in Krisen, geringe gegenseitige Unterstützung, Fixierung auf Mitarbeiterinnen, Belegungsveränderungen (Wechsel der Wohnpartnerinnen), divergierende Interventionen im Team (z.B. uneindeutige Grenzen, unterschiedliches Nähe-Distanz-Verhalten der Mitarbeiterinnen, wechselnde Handhabung von Regeln).

Lernerfahrungen können durch Aggressionen positiv wie negativ verstärkt werden im Sinne eines Reiz-Reaktions-Musters. Die Ausführung einer aggressiven Handlung belohnt bzw. verstärkt sich selbst, da sie zu einem Spannungsabbau führt. Aggressives Verhalten wird negativ als eigentlich nicht erwünschte Verhaltensweise verstärkt, da es eine für die betreffende Person unangenehme Situation beendet und damit zu einem situativen Gewinn führt.

Klienten, die sich aggressiv verhalten, erhalten insgesamt weniger positive soziale Aufmerksamkeit und Zuwendung. Das erhöht zunehmend ihr Defizit an Aufmerksamkeit. Diese soziale Situation begründet einen Kreislauf von Mangel, problematischer Kommunikation und Interaktion zu einer sich verselbstständigenden Dynamik. Diese Klienten erzwingen soziale Aufmerksamkeit durch häufigeres oder noch intensiveres aggressives Verhalten.

Aggression als Reaktion auf Frustration über den Mangel an sozialer Zuwendung wird zum Kampfmittel und ist Symptom einer gestörten Beziehung von ständiger Aggressions-Stress-Interaktion.

Allen diesen negativen und belastenden Faktoren gilt es von Mitarbeiterseite aus aktiv gegenzusteuern.

Zur Deeskalation von Situationen

Im Umgang mit aggressivem Verhalten von Systemsprengern ist das vorrangigste und wichtigste Ziel die Deeskalation, die Verringerung und Abschwächung der eingesetzten Mittel zur Vermeidung einer Gewaltspirale. Ziel ist die Entspannung; nicht der Abbau aggressiven Verhaltens.

Die Deeskalation einer Situation muss – um wirkungsvoll zu sein – früh erfolgen, und zwar durch ein eindeutiges »Stopp«, wenn die Grenze des Tolerierbaren erreicht ist. Nur ein frühes, klares und eindeutiges Stopp-Signal verhindert drohendes, entwertendes und/oder aggressives Verhalten.

Auf jede aggressive Situation wird sozial intensiv reagiert. Neben den Bezugspersonen gibt es meist Zuschauer. Das macht einen angemessenen Umgang mit aggressivem Verhalten für Mitarbeiterinnen nicht leichter, aber es kontrolliert auch professionelles Verhalten.

Die Bewertung einer Situation bzw. eines Stimulus (Reiz) beeinflusst das Denken, Fühlen und Handeln eines Menschen und äußert sich durch direkte Aktion bzw. Aktionstendenzen, kognitive Umbewertung oder durch intensive Gefühle.

Im Umgang der Mitarbeiterinnen mit aggressiven Verhaltensweisen sind in diesen Reiz-Reaktions-Mustern Entscheidungen zu treffen, ist die Umsetzung auf der Handlungsebene erforderlich und eine Folgenabschätzung notwendig.

Entscheidung:

- Ist das aggressive Verhalten bedrohlich oder nicht?

Handlungsauswahl:

- Was ist zu tun, um die Situation zu entspannen?

- Was ist zu tun, um die Situation zu bewältigen?

Antizipatorische Wirkungsabschätzung:

- Welche Konsequenzen haben die Interventionen?

Mitarbeiter sollten in der Arbeit mit Systemsprengern ihre Anstrengungen in der konkreten Situation auf Entspannung fokussieren. In der Situation sollten sie sich – auch wenn es oft schwer fällt – zu einem eher defensiven, beruhigenden Verhalten durchringen, d.h. insbesondere Vermeidung von Gewaltspiralen, Eskalationen und Machtkämpfen.

Wichtig ist es, eine emotionale Dimension der Interaktion zu erringen, die sich durch Wertschätzung, Sympathie, Verständnis, emotionale Wärme und Zuneigung kennzeichnet. Zu vermeiden sind Geringschätzung, emotionale Kälte und Abneigung.

Das Ziel der Deeskalation ist, die Eskalationsdynamik zu unterbrechen und in der Situation Lösungen zu finden. Die Lösungen sollten Win-Win-Lösungen sein, d.h. ohne Niederlage für die eine oder andere Person.

Interventionen bei Systemsprengerinnen

Die Grundregel bei Aggressionen ist immer, in eine eskalierende Situation hineinzugehen – wenn man den Menschen kennt – und in Kontakt zu bleiben, nicht abzuwarten.

In der Einzelarbeit ist auf klare Vorgaben und klare Strukturen zu achten. Nähe und Distanz sind sorgsam auszubalancieren. Klare Grenzen sind zu setzen und Normen immer wieder zu benennen und auf Beachtung zu bestehen. Übertragungen sind zurückzuweisen.

Wichtig ist es, in Kontakt zu bleiben und zu sprechen. Die Kommunikation sollte freundlich und klar sein. Alle Handlungen sollten verbalisiert werden, damit sie für den Systemsprenger einschätzbar bleiben. Körperkontakt sollte nur nach vorheriger Erlaubnis erfolgen. Sätze sind als Ich-Botschaft zu formulieren und die Zugewandtheit – »Ich höre Ihnen zu« – sollte zum Ausdruck gebracht werden. Manchmal ist es auch hilfreich, das, was die Situation völlig undurchsichtig und kaum verstehbar macht, in Worte zu fassen. Oft spricht man damit das aus, was der Klient hinter der Aggression spürt. Ich-Botschaften, Sachargumente, aber auch Anteilnahme, Sorge und Entlastung sind wichtige Kommunikationsmomente, ebenso wie verstehende und begrenzende Interventionen, die ein Gespräch deeskalieren. Wirkungsvoll kann auch ein Appell an Selbstverantwortung und Ich-Kompetenz sein.

Die kommunikativen Seiten von professioneller Interaktionen mit psychisch erkrankten Menschen sollten in Krisensituationen empathisch sein, gegenüberstellende Verständnisvarianten anbieten und entlastendes und schützendes Vorgehen beinhalten. Empathie kann sich ausdrücken in: Zuhören, »Mitschwingen«, Rückmeldung geben, Spiegelung des Gehörten, suchende Zielformulierung, Akzeptanz und Respekt. Das entlastende Vorgehen bestätigt, bekräftigt, tröstet, berät, verordnet, unterstützt, regt an, erkennt und würdigt bisherige Strategien. Die gegenüberstellende Variante beinhaltet auch, Grenzen zu setzen und gegebenenfalls zu konfrontieren. Schützende kommunikative Interventionen beinhalten die Abnahme von Entscheidungen, die Überwachung und Kontrolle von und den Schutz vor Überforderung bzw. Eingrenzung (Rupp 1996).

Grundsätzlich ist es für eine professionelle Kompetenz in den Vorgehensweisen der sozialtherapeutischen Arbeit mit Systemsprengern unverzichtbar, über ein vielfältiges Handwerkszeug an »Basics« zu verfügen, die den Mitarbeiterinnen in Fortbildungen an die Hand gegeben werden.

Elf Thesen zur Deeskalation möglicher Gewaltsituationen:

- Routine in der Deeskalation verringert Gewalt.
- Mitarbeiter müssen Frühwarnanzeichen von möglichen Gewaltsituationen kennen und erkennen.
- Mitarbeiterinnen müssen bei Frühwarnanzeichen möglicher Gewaltsituationen rasch und freundlich Kontakt aufnehmen.
- Beziehung endet da, wo körperliche Gewalt beginnt.
- Bei körperlicher Gewalt ist immer auf der Handlungsebene zu reagieren.
- Nach jeder körperlichen Gewalt sind immer andere Mitarbeiter zu verständigen.
- Bei körperlicher Gewalt ist mit drei Personen zu reagieren (Trias: Deeskalationsführung, Opferbegleitung, Täterbegleitung).
- Die Institution ist kein rechtsfreier Raum.
- Auf Gewalt wird mit Strafanzeige oder Psych-KG geantwortet.
- Bei körperlicher Gewalt ist immer der GPV einzubeziehen.
- Alle Mitarbeiterinnen müssen die Routinen der Deeskalation kennen und anwenden können.

Die Ebene der Institution und Systemsprengerinnen

Auf der Ebene der Institution sind verschiedene Aspekte zum Umgang mit »Systemsprengerinnen« bedeutsam. In jeder Institution sind konzeptionell und institutionell Präventivmaßnahmen zu verankern.

Die Institution muss mit einem Bezugstherapeutensystem arbeiten und in der Institution Stressoren reduzieren. Das schließt die Überprüfung von

Regeln und Hausordnungen ein. Die Beteiligung und Mitwirkung von Nutzern ist ebenso zu ermöglichen wie die Gewährleistung einer guten und großzügigen Grundversorgung durch Essen und Wohnung. Zum Abbau von Stress und Spannung sind vielfältige Bewegungs- und Entspannungsangebote vorzuhalten.

Im Konzept bzw. im Leitbild ist die professionelle Haltung zu überprüfen und zu entwickeln. Es muss eine aufgeschlossene Haltung gegenüber Systemsprengern enthalten. Da das Team der Mitarbeiterinnen als Modell fungiert, sind die Umgangsweisen im Team zu überprüfen und es ist auf einen positiven zwischenmenschlichen Umgang zu achten. Alle Regeln und Routinen sind auf ihre Funktion hin zu prüfen und ggf. zu verändern bzw. aufzuheben. In der Institution ist auf ein positives Klima aller zu achten und dieses aktiv zu pflegen. Die juristische Grundlage der Institution ist das geltende Recht, also zuvorderst das GG und das BGB. Die Institution muss sich gegenüber dem GPV öffnen und Transparenz entwickeln, auch und gerade bei Problemen mit Systemsprengern in der Institution, damit der GPV seine gemeinsame Verantwortung gegenüber diesen überhaupt erkennen und wahrnehmen kann.

Der Umgang mit Systemsprengern im Verbund

Ein qualitatives Gütekriterium eines GPV ist der Umgang mit Systemsprengern. Erhalten diese im GPV die Hilfen, die sie benötigen und die ihnen das Leben in der Region ermöglichen, oder werden sie verwiesen und »fremdplatziert«? Wie entwickelt der GPV ein Verständnis der gemeinsamen Zuständigkeit für Systemsprenger? Wie lässt sich Hilfeplanung im GPV umsetzen? Wie kann im GPV das Recht auf informationelle Selbstbestimmung auch bei Systemsprengern respektiert werden? Wie lassen sich frühzeitige Interventionen im GPV realisieren?

Ein besonderes Moment der Hilfe und Unterstützung von Systemsprengerinnen sind die Hilfekonferenzen (siehe auch den Beitrag in diesem Buch). An dieser können die Systemsprenger teilnehmen. Unbedingt sollten die Bezugsmitarbeiterin, die Leitung der Einrichtung bzw. des Dienstes, möglicherweise das betroffene Opfer, immer der Sozialpsychiatrische Dienst und die psychiatrische Klinik, der behandelnde niedergelassene Nervenarzt und die rechtliche Betreuerin teilnehmen. Natürlich können weitere wichtige Personen beteiligt werden, um zu guten Lösungen im System zu kommen. Erst auf dieser Ebene können die entsprechenden Lösungen mit und für Systemsprenger entwickelt werden, damit das System nicht gesprengt wird!

Schluss

Nicht alle Fragen, die Systemsprenger aufwerfen, lassen sich beantworten. Einige wichtige Fragen, zum Beispiel zur ganz konkreten Kooperation im GPV sind noch vom professionellen Hilfesystem fachlich zu beantworten.

Ein Phänomen wie das der Systemsprengerinnen ist nur dann wirklich zu verstehen, wenn das Beobachtungsfeld groß genug ist, um auch den Kontext einzuschließen, in dem das Phänomen auftritt (SELVINI PALAZZOLI 1995, S. 147). Wird ein System gesprengt, so liegt der Fehler im System, nicht im »Sprengsatz« einer Person. Das bedeutet, auch die Lösungen liegen im System. Profis müssen sie dort suchen und (neu) (er)finden!

LOTHAR FLEMMING

Tür zu?
Geschlossene Unterbringung in Heimen für psychisch erkrankte Menschen

Neuerlicher Ausschluss

Die Veränderungen des psychiatrischen und psychosozialen Versorgungssystems im Zuge der Psychiatriereform wirken auf den Betrachter als rasanter Fortschritt: Aus den alten psychiatrischen Anstalten sind moderne Akutkrankenhäuser geworden, im Inneren spezialisiert und differenziert, häufig in Bezug auf ihre Versorgungsregion subsektorisiert gegliedert und in enger Verzahnung mit dem so genannten komplementären Bereich ihren Arbeitsauftrag erfüllend. In den Gemeinden ist ein bunter Flickenteppich unterschiedlichster ambulanter, teilstationärer und stationärer Versorgungsangebote entstanden, in allen Lebensbereichen können psychisch Kranke spezifische Unterstützung bei ihren Problemen erwarten.

Dennoch: Natürlich ist nicht überall alles zum Besten bestellt. Auf hohem Niveau ist weiter darum zu ringen, dass Versorgungslücken geschlossen, dass bestehende Angebote in Zeiten leerer öffentlicher Kassen verteidigt werden. Und zunehmend weisen die Adressaten all dieser Angebote, also die Psychiatrie-Erfahrenen und ihre Angehörigen, darauf hin, dass ihre Bedürfnisse und Nöte von den professionellen Planern nicht so berücksichtigt wurden, wie sie es eigentlich erwarten können.

Hierauf aber gibt es durchaus Antworten: So wird etwa die Hilfeplanung zur Basis von Unterstützungsleistungen und das Denken in Institutionen soll abgelöst werden von einem personenzentrierten Handeln.

Eher nebenbei drängt sich die Frage auf, ob dieser Fortschritt eigentlich für alle Beteiligten gleichermaßen erlebbar wird – oder ob auch hier gilt, dass einige einen besonderen Preis zu bezahlen haben, sprich: zu Opfern des Geschehens werden, weil sie in die neuen Konzepte nicht so passen, wie diese es verlangen. Wenn es stimmt, dass alles professionelle Handeln den psychisch Kranken in den Mittelpunkt stellt, wäre demnach in erster Linie zu fragen, ob nun wirklich alle psychisch Kranken im Mittelpunkt stehen – oder nicht doch wieder einige aus dem Blick geraten, damit man sich auf die vielen konzentrieren kann.

Vielleicht ist dies eine unsinnige Frage, weil Planungen und Konzepte nichts anderes sein können als generalisierende Lösungen, von denen man nicht erwarten darf, dass sie Antworten auf jede individuelle Anforderung haben. Unsinnig oder nicht: Wo bleiben die Menschen, deren psychische Verfassung sich nicht durch kurzfristige Krisenbehandlung in der psychiatrischen Klinik so weit bessert, dass sie mit ambulanter Unterstützung in ihrer Gemeinde leben können? Wo bleiben die, mit denen sich auch die anspruchsvollsten sozialpsychiatrischen Einrichtungen überfordert fühlen? Stimmt es, dass eine Verlagerung aus dem wohlkonzipierten gemeindepsychiatrischen System hinaus und hinein in die Einrichtungen und Dienste der Obdachlosenhilfe im Gange ist? Oder gar, dass die früher in den Anstalten lebenden Langzeitpatienten jetzt in den Gemeinden einem wachsenden Risiko unterliegen, auf dem Wege einer forensischen Unterbringung wieder in psychiatrischen Kliniken zu landen?

Ich kann diese Fragen nicht beantworten und möchte das Augenmerk hier auch auf einen anderen Aspekt lenken, der sich mir in der letzten Zeit zunehmend aufdrängt: Im Zuge der auch von den Kostenträgern massiv geforderten Verkürzung der Behandlungsdauern in den Kliniken und der Konfrontation der gemeindepsychiatrischen Einrichtungen mit sehr problematischen Menschen höre ich gehäuft die Forderung nach geschlossenen Heimplätzen für chronisch psychisch Kranke mit besonderen Verhaltensauffälligkeiten. Gefordert wird dies von Kliniken, die so die in der Kürze der verfügbaren Zeit nicht Erfolg versprechende Behandlungsverläufe und schwierigste Diskussionen mit den Kostenträgern über deren Notwendigkeit zu beenden hoffen. Überlegt oder schon praktiziert wird dies auch von Heimträgern, die sich in ihrem Selbstverständnis damit der Herausforderung stellen, auch sehr problembeladenen Menschen ein gemeindeintegriertes Betreuungsangebot zu machen – natürlich mit der Perspektive, durch geeignete Förderung im Laufe der Zeit die Betreffenden von der geschlossenen zu einer offenen Betreuung zu führen.

Meine Frage lautet also: Ist es der Preis des sozialpsychiatrischen Fortschritts, dass eine kleine Gruppe besonders schwierig zu betreuender, weil besonders herausforderndes, störendes, gefährliches Verhalten zeigender kranker Menschen in geschlossenen Heimeinrichtungen leben muss?

Wie denken hierüber die Psychiatrie-Erfahrenen, die Angehörigen, die Professionellen, die Vertreter der Kostenträger; wie begründen sie ihre Ansicht, fachlich, menschlich, vielleicht auch ethisch?

Meine persönliche Antwort versuche ich in Form von **thesenartigen Stichwörtern** zu geben, in der Hoffnung, dass diese eine Diskussion ermöglichen, denn es scheint mir so zu sein, dass es sich hier um eine Frage handelt, der man sich ungern stellt und deren Diskussion sehr schnell zu wechselseitigen Vorwürfen führt: Ideologieverdacht, Realitätsverkennung, Konzeptstarre statt pragmatischer Lösungssuche sind nur einige der Stichworte aus solchen Diskussionen.

Ratlosigkeit und das Wohnen im Hausarrest – Thesen

Beziehungsgestaltung: Für unser professionelles Angebot an das Gegenüber, also die Psychiatrie-Erfahrenen und oft ihre Angehörigen, beanspruchen wir, dass es sich wesentlich um ein Beziehungsangebot handelt, nicht nur um instrumentelle Module im Rahmen eines Dienstleistungsmenüs. Diese Arbeitsbeziehungen sollen in der Lage sein, die Nutzer dabei zu unterstützen, ihre Problemlagen zielgerichtet zu bewältigen. Hierin äußert sich das Grundverständnis, dass es sich bei psychischen Störungen im Kern um Beziehungsstörungen handelt, tragfähige und fördernde Beziehungen also ein zentraler Hilfeansatz sind.

Für die Ausgestaltung dieser Beziehungen haben wir fachliche Orientierungen entwickelt, deren Begrifflichkeiten zeitabhängig wechselten; heute sprechen wir in der Regel von: Personenzentrierung, Individualisierung, Normalisierung, Unterstützung von Empowerment. Hierin steckt für mich vor allem die Überzeugung, dass psychisch kranke Menschen genauso leben wollen wie alle anderen Menschen und dies mit der für sie nötigen Unterstützung auch können.

Rahmenbedingungen: Damit wir Professionellen diese Art von Beziehungen sinnvoll anbieten können, haben wir Rahmenbedingungen entwickelt, die das ermöglichen und erleichtern. Auch hierfür gibt es Begrifflichkeiten, die fachliche und planerische Prinzipien ausdrücken: Pflichtversorgung, Regionalisierung, Dezentralisierung, Gemeindeintegration, Vernetzung. Jedes dieser Prinzipien führt zu speziellen Handlungsweisen. An unserem Handeln können die Nutzer also erkennen, ob wir uns in diesem oder einem anderen Rahmen bewegen.

Einrichtungsbindung: In der überwiegenden Zahl treten die Professionellen nicht als »freiberufliche Selbstständige« auf (so wie es etwa niedergelassene Ärzte, Psychotherapeuten, Ergotherapeuten tun), sondern als Mitarbeiter und Vertreter einer Organisation. Nimmt also ein Psychiatrie-Erfahrener (er quasi als Selbstständiger) zu einem Professionellen eine Beziehung auf, tritt er auch in eine irgendwie geartete vertragliche Vereinbarung mit der Einrichtung oder Organisation ein, nimmt deren Dienstleistung in Anspruch – oder wird ihr auch ohne eigenes Wollen unterworfen (siehe unten).

Regelungen: Besonders deutlich erfahrbar wird diese Konstellation zwischen Professionellen und Nutzern, wenn Letztere ihre gesamte Lebensführung einer Organisation unterstellen und damit in ein Regelwerk eintreten, das von der Organisation gemacht ist; Klaus Dörner spricht hier von einem »veranstalteten Leben«. Dieses ist eine gesellschaftlich untypische Situation. Wir unterstellen uns nur in Teilen unserer Lebensführung vorgegebenen Regeln, natürlich vor allem im Arbeitsbereich. Ansonsten achten wir sehr darauf, selbst darüber zu entscheiden, ob und in welchem Ausmaß wir uns »regeln lassen«.

Freiwilligkeit mangels Alternative: Es muss also eine besondere Notwendigkeit vorliegen, die zu dem Entschluss führt, anstelle eines selbstständigen Lebens ein »veranstaltetes« zu führen; auch im Falle von psychisch kranken Menschen mag es so sein, dass diese selbst so entscheiden (»Ich komme allein nicht mehr zurecht«). Meine Vermutung ist aber, dass sich auch hierin häufig etwas verbirgt, was man »Freiwilligkeit mangels Alternative« nennen könnte. Diese finden wir auch in dem Regelfall, dass medizinische und soziale Experten für die Beurteilung psychischer und sozialer Problemlagen eine solche Lebensführung für erforderlich erachten und hierüber ein Einvernehmen mit den Betroffenen herstellen. Ein Heimaufenthalt z.B. ist für psychisch Kranke kaum denkbar ohne entsprechende Gutachten zur Notwendigkeit und »überzeugende Gespräche«.

Geschlossene Unterbringung: Manchmal handeln die Experten aber auch gegen den erklärten Wunsch und Willen der Psychiatrie-Erfahrenen, ihre fachliche Stellungnahme legen sie dann einem Gericht vor, und wenn dieses der Begründung folgt, kann es eine geschlossene Unterbringung veranlassen. Hierbei geht es in aller Regel nicht um die dauerhafte Lebensführung, sondern um eine akute Maßnahme: In einer die Existenz bedrohenden psychischen Ausnahmesituation soll Selbst- und Fremdgefährdung unterbunden werden. Geschlossene Unterbringung ist so die Reaktion auf eine extreme Problemzuspitzung, stellt aber noch nicht die Lösung der zu Grunde liegenden Probleme dar.

Befristete Notlösung: Die Einschränkung von Persönlichkeitsrechten ist so gesehen die Basis für Maßnahmen, mit denen hinter der geschlossenen Tür an der Entaktualisierung der Gefährdungssituation gearbeitet werden soll. Bei der Zwangseinweisung in ein psychiatrisches Krankenhaus wird dies bedeuten, dass eine psychiatrische Behandlung eines Krankheitsgeschehens stattfindet. Die geschlossene Krankenhausbehandlung ist weder bei Fachleuten noch bei den Psychiatrie-Erfahrenen unumstritten – es gibt gute Argumente dafür, sie als ein traumatisierendes Erlebnis in einer ohnehin traumatischen Situation zu verstehen. Andererseits mag man sie als eine befristete Notlösung im wahrsten Sinne tolerieren, wenn andere Lösungen nicht mehr vorstellbar sind. Einen Krankenhausaufenthalt wird jeder von uns so ähnlich verstehen, darauf hoffend, dass der Aufnahme möglichst schnell die Entlassung folgt.

Wohnen im Hausarrest: Um etwas ganz anderes handelt es sich, wenn der »veranstaltete Lebensort«, also hier vor allem das Wohnheim, abgeschlossen wird. Begründung wird immer noch die aus dem Krankheitsgeschehen resultierende Verhaltensauffälligkeit sein, aber nun wird nicht mehr erwartet, dass mit den Mitteln eines Krankenhauses Abhilfe geschaffen wird. Vor allem die kontinuierliche ärztlich geführte Behandlung scheint verzichtbar, es geht um etwas anderes: eher eine »pädagogische« Maßnahme der Verhaltensbeeinflussung unter Zwang. Nicht nur im Sinne der begrifflichen Klarheit sollte man richtiger von »Haus- oder Stubenarrest« sprechen. Natürlich erschreckt der hiermit leicht zu assoziierende strafende Charakter der Maßnahme, aber wahrscheinlich ist so das Selbsterleben der Betroffenen angemessen erfasst. Die Professionellen werden sicherlich eher den notwendigen oder gar förderlichen Aspekt in den Vordergrund stellen wollen.

Macht: Geschlossene Einrichtungen werden in jedem Falle durch ihre Rahmenbedingungen zu übermächtigen Gegnern für die ihnen Unterworfenen. Die Professionellen haben nicht nur die Schlüsselgewalt, sie werden große Schwierigkeiten haben, die weitere Gültigkeit der oben genannten fachlichen und versorgungsstrukturellen Prinzipien zu belegen. Mir scheinen sie sogar weitgehend außer Kraft gesetzt.

Fachliche Erfordernisse: Will man dagegen unter Wahrung der fachlich akzeptierten Standards für die Beziehungsgestaltung mit psychisch kranken Menschen auch in extremen Problemlagen handeln, scheint etwas anderes erforderlich:

- Analyse und Bewertung der Beziehung, der Rahmenbedingungen und der aktuellen Problemkonstellation, um eine Idee zu erhalten, wie das scheinbar nur mit geschlossener Unterbringung zu beantwortende Verhalten zustande kommt;
- Verständigung darüber, ob eine stationäre psychiatrische Behandlung eine adäquate Maßnahme zur akuten Problembewältigung sein kann;
- wenn ja: Veränderung des Kontextes für die Zeit danach; das kann zum Beispiel bedeuten, sich noch einmal Gedanken darüber zu machen, ob der Betreffende tatsächlich ein sozialpsychiatrisches Heim mit seinen Anforderungen an die Weiterentwicklung der Bewohner braucht oder eher ein Dach über dem Kopf und Leistungen zur Sicherung des Überlebens;

- wenn nein: Entwicklung eines Krisenbewältigungsplanes am Lebensort, etwa unter Hinzuziehung von Behandlungselementen (»hometreatment« – damit ist die Durchführung von psychiatrischen Behandlungsmaßnahmen am Lebensort gemeint, für die man bislang in eine Fachklinik aufgenommen werden musste) oder durch spezielle Angebote der Einrichtung (»weiches Zimmer« oder »time-out-Bereich«, womit das Angebot spezieller, reizgeschützter Räume und besonderer Formen der Begleitung durch vertraute Bezugspersonen gemeint ist);
- in diesem Rahmen könnte es dann vorstellbar werden, Freiheitsbeschränkungen durchzusetzen, wobei immer noch zu prüfen ist, ob dies durch personelle Maßnahmen (also in der Beziehung – das nenne ich wie im Fußball »Manndeckung« und halte dies für das eigentliche Arbeitsprinzip in der Gemeindepsychiatrie) oder organisatorisch (also durch Distanzierung aus der Begegnung – das nenne ich »Raumdeckung« und sehe dies zum Beispiel in stationären psychiatrischen Einrichtungen vorherrschend) erfolgen sollte.

Ausschlussverfahren: Zeigen Psychiatrie-Erfahrene über lange Zeit herausforderndes Verhalten, werden sie dadurch immer wieder Abbrüche in ihren Beziehungen und Lebensbedingungen erleben. Wir nennen sie dann beispielsweise »Systemsprenger« (siehe auch den Beitrag in diesem Buch), was natürlich so nicht stimmt, weil wir das Sprengen unserer Systeme durch ihren Ausschluss verhindern. Wollen wir uns mit ihnen und für sie auf die Suche nach Lösungen machen, scheint es erforderlich zu sein, alle bisherigen Erfahrungen und viele der bisher Beteiligten einer Hilfeplankonferenz an einen Tisch zu bringen.

Wechselseitige Kooperation: In unserer gewohnten Organisation von Diensten und Einrichtungen ist es eher so, dass der Auftrag der Hilfeerbringung für einen Nutzer »in einer Hand« liegt (beim Heim, der Klinik etc.). Bei besonders herausfordernden Menschen sind wir darüber nicht unglücklich, etwa nach dem Motto »Gut, dass wir derzeit damit nichts zu tun haben«. Manchmal mag es auch gut für beide Seiten sein, sich voneinander zu trennen. Häufiger aber dürfte es zu den beschriebenen Abbrüchen und zwangsweisen Neuanfängen führen, bei denen eine Menge auch positiver Erfahrungen verloren geht. Wenigstens für die besonders schwierig zu betreuenden Menschen sollte es gelingen, eine gemeinsame Verantwortung in der Region über die Grenzen von Einrichtungen hinaus zu begründen. Hiermit ist vor allem die Möglichkeit der wechselseitigen Beratung und Unterstützung gemeint. Die Gefahr einer »sozialpsychiatrischen Umzingelung« des Betroffenen sehe ich weniger.

Vermeidungslösungen: Das alles ist sehr anspruchsvoll, aufwändig und anstrengend für alle Beteiligten, zudem ist der Erfolg nicht garantiert und häufig noch nicht einmal von langer Dauer, deshalb kann die geschlossene Unterbringung in Heimen zu einer pragmatischen Vermeidungslösung werden, die die Komplexität des Geschehens drastisch reduziert und scheinbar beherrschbar macht – aber einseitig zu Gunsten der Professionellen, die zudem in ihren gewohnten Verfahrensweisen verbleiben können.

Ratlosigkeit: Mit ihrer enormen Machtfülle drücken geschlossene Heime also vorwiegend die große Ratlosigkeit der Professionellen gegenüber herausfordernden und ratlos machenden Menschen aus. Es ist manchmal auch kaum durchzuhalten, gefährliche, störende oder schädigende Verhaltensweisen als spezielle Form der Beziehungsgestaltung zu verstehen. Und selbst wenn dies gelingt, weiß man immer noch nicht unbedingt eine Lösung. Will man sich jedoch in diese Richtung verändern, müssen die Arbeitsweisen im Hilfesystem nachhaltig verändert werden. Wenn dies unmöglich erscheint, weil es an Zeit, Geld, Personal, Organisation oder Ähnlichem fehlt, sollte man das auch so begründen und nicht die Psychiatrie-Erfahrenen mit ihrem Verhalten einseitig verantwortlich machen für die »Notwendigkeit« geschlossener Heime.

Empowerment: In einer besonderen Weise sind wir Professionellen gemeinsam mit den so genannten Systemsprengern gefordert, uns in Beziehung zu begeben, zu halten und weiterzuentwickeln. Der Ruf nach geschlossenen Unterbringungen ist Ausdruck des Verzweifelns an diesen Beziehungen; wir müssen offensichtlich auf neuen Wegen unsere Kräfte bündeln, um unseren Ansprüchen und den Bedürfnissen der Psychiatrie-Erfahrenen gerecht zu werden. Wir dürfen diese Herausforderung nicht scheuen, wollen wir nicht riskieren, dass unmerklich Ausgrenzung zunimmt. Dabei ist die gemeinsame Ratlosigkeit der Ausgangspunkt für neue Lösungen, nicht das Ende des Ringens darum. In diesem Ringen werden sich gewohnte Hilfeformen und übliche Verfahren der professionellen Beziehungsgestaltung nachhaltig verändern – es lohnt sich, hierbei mit den »Schwierigsten« zu beginnen, wir profitieren alle in vielfältiger Form!

Eine persönliche Bemerkung zum Schluss: Es geht mir beileibe nicht darum, die Menschen zu verunglimpfen, die in geschlossenen Einrichtungen leben oder arbeiten. Ich unterstelle, dass sie selbst darum kämpfen, ihre Bedingungen kontinuierlich zu verändern und Geschlossenheit überflüssig zu machen. Sie sollten darin alle mögliche Unterstützung erfahren. Genau dies hat mir geholfen, an meiner Ratlosigkeit nicht zu verzweifeln, als ich über fünf Jahre lang eine geschlossene Langzeitbehandlungsstation in einer psychiatrischen Klinik geleitet habe.

Lösungen

RAINER HÖLZKE

Wirkungen und Nebenwirkungen von Heimen

Zur Entkoppelung von Wohnen und Hilfe

Der Beitrag von R. Hölzke zeigt, was ein Heim ist und wie es wirkt. Der Zusammenhang zwischen Wohnen bzw. Wohnung (im Heim) und der Wahrnehmung von Hilfeleistungen (Betreuung) wird aufgedeckt, kritisch hinterfragt und aus der Perspektive der Nutzer erhellt. So macht er die Nebenwirkung der institutionsbezogenen Logik offensichtlich. Abschließend wird eine Lösung zur Überwindung des Heimmodells entwickelt.

Ausgehend von dem Problem der Koppelung von Wohnen und Hilfe sowie einer unzureichenden Heimarchitektur hat sich das Team des Wohnhauses Jüthornstraße in Hamburg auf den Weg gemacht, nach einer Alternative zu suchen. Es wurde schnell klar, dass ein Konzept, welches an den Bedürfnissen der Bewohner orientiert ist, nicht zuletzt eine andere Architektur verlangt. Die Mitarbeiterinnen diskutierten über »Heim oder nicht Heim«. Das Ergebnis lautet: Es wird kein neues Heim, sondern ein Haus mit Mietwohnungen bzw. Appartements gebaut. Zukünftig wird es für jeden Klienten einen eigenen Mietvertrag und einen separaten Betreuungsvertrag geben. Ziel bleibt es, Menschen einziehen zu lassen, die allgemein als »schwierig« gelten und für die individuelle Lösungen gefunden werden müssen. Sie sollen – wenn sie es denn brauchen – viel Unterstützung erhalten, ohne deswegen in einem Heim leben zu müssen.

Es handelt sich um einen Lösungsweg, der sozialpsychiatrisch zukunftsweisend ist!

Typische Situationen des psychiatrischen Alltags

Beispiel 1: Eine Person wurde in einer psychiatrischen Abteilung eines Allgemeinkrankenhauses behandelt. Die Krankenhausbehandlung ist abgeschlossen. Eine Wohnmöglichkeit ist nicht vorhanden. Das Klinikpersonal schlägt nun vor, die betreffende Person solle in ein Heim ziehen, da sie vieles nicht könne, also viel Hilfe benötige.

Beispiel 2: Eine Person lebt in einer eigenen Wohnung und erhält Hilfen im Rahmen des Betreuten (Einzel)wohnens. Die Klientin und die Hilfepersonen sind der Auffassung, dass die Situation nach wie vor sehr problematisch sei. Beiderseits herrscht der Eindruck vor, die momentane Hilfe sei unzureichend. Eine Alternative im nichtstationären Bereich ist nicht in Sicht. Es wird der Vorschlag gemacht, dass die Person die Wohnung aufgeben solle, um in ein Heim zu ziehen und um dort die notwendige, intensivere Hilfe zu erhalten.

Was drücken diese beiden Beispiele aus? Unhinterfragt und fest verankert gibt es in den Köpfen von psychiatrischem Fachpersonal offenbar die im Folgenden aufgeführten Setzungen:

- Wer viel Hilfe benötigt, ist am besten in einem Heim aufgehoben.
- Wer weniger Hilfe benötigt, sollte diese im Rahmen des Betreuten (Einzel)wohnens erhalten.

»Heim« bedeutet also, dass dort jemand viel Hilfe erhalten kann. Außerhalb von Heimen scheint Hilfe über ein bestimmtes Ausmaß hinaus nicht möglich zu sein. Bestimmte Hilfebedarfe können scheinbar ausschließlich in einem bzw. durch ein Heim befriedigt werden.

Des Weiteren hat ein Heim häufig eine wichtige Funktion einer nachgeordneten Stelle (wie im psychiatrischen Krankenhaus die geschlossene Station). Es stellt eine als hilfreich erlebte Alternative zu nichtstationären Hilfen dar, die Entlastung verschafft und Hilflosigkeit aufhebt: »Da gibt es ja Gott sei Dank noch ein Heim.«

Was ist eigentlich ein Heim? Erste Annäherung: Wörterbücher

Im *Fachlexikon der sozialen Arbeit*, das vom *Deutschen Verein für öffentliche und private Fürsorge*, einem kompetenten Antwortgeber also, herausgegeben wird, finden wir auf der Suche nach dem Wort »Heim« keinen Hinweis auf eine eigenständige Definition, sondern werden auf zwei andere Stichworte verwiesen: »Anstalt« und »Einrichtungen«. Das Nachschlagen unter diesen Stichworten macht uns allerdings leider nicht schlauer.

Im *Kommentar zum Bundessozialhilfegesetz* von Schellhorn u.a. (1993) werden wir wiederum im Stichwortverzeichnis unter dem Wort »Heim« auf »Anstalten« verwiesen, und zwar auf § 103 BSHG, der Fragen der »Kostenerstattung bei Aufenthalt in einer Anstalt« regelt.

In der Kommentierung zu diesem Paragraphen finden wir folgende Hinweise:

- Unter anderem sind Heime Einrichtungen, in denen der Hilfeempfänger sich bei Tag und Nacht aufhält. In Heimen findet ganztägige Anstaltsversorgung statt.
- »Heimbetreuungsbedürftig ist nach ständiger Entscheidungspraxis der zentralen Spruchstelle für Fürsorgestreitigkeiten, wer in Anbetracht

seiner körperlichen oder seelischen Beschaffenheit oder weil er mittellos ist und trotz Arbeitsfähigkeit eine zur Bestreitung seines Unterhalts ausreichende Erwerbsarbeit nicht finden kann, der Fürsorge durch andere bedarf und für den die Aufnahme in eine Anstalt, ein Heim oder eine gleichartige Einrichtung nützlich und zweckmäßig ist.«

Wie nicht anders zu erwarten, gibt uns diese erste Annäherung den Hinweis, dass sich in einem Heim die hilfebedürftigen Personen Tag und Nacht aufhalten. Darin ist der Hinweis verborgen, dass sich in einem Heim jemand »rund um die Uhr« um die Betroffenen »kümmert«. Des Weiteren wird Wohnraum zur Verfügung gestellt.

Es scheint auf, weshalb in unseren Köpfen unter »Heim« viel Hilfe verstanden wird.

Zweite Annäherung: Strukturelle Definition

Ein Heim stellt eine Konstruktion dar, die vom Angebot und dessen Bezahlung her Folgendes umfasst:

- Es wird eine Wohnmöglichkeit angeboten. Dabei kann es sich um Einzelzimmer oder auch um Zweibettzimmer handeln. Zudem werden die zum Wohnen notwendigen Möbel vorgehalten. Dazu kommt die Wartung und Pflege der Wohnmöglichkeit im Sinne von Reinigung, Reparaturen etc.
- Prinzipiell gehört zu einem Heim das Angebot von Vollverpflegung. Diese wird in Heimen unterschiedlich angeboten. Das Spektrum reicht von Vollverpflegung bis zur vollständigen Ausbezahlung des Essengeldes.
- Untrennbar mit der Wohnmöglichkeit und der Vollverpflegung sind in einem Heim Hilfeangebote durch Fachpersonal verbunden. Für die Bewohnerinnen ist dieses Fachpersonal räumlich unproblematisch und unmittelbar erreichbar. Weiterhin sind die Hilfeangebote bis zu 24 Stunden pro Tag (also zeitlich intensiv) abrufbar.
- Vor allem größere Heime enthalten Arbeitsmöglichkeiten im Sinne einer mit dem Heim verbundenen Werkstatt für behinderte Menschen (in früheren Jahren verbreiteter).
- Schließlich weisen Heime häufig Freizeitangebote in unterschiedlicher Form auf.
- Für dieses sehr umfangreiche Angebot ist ein Leistungsträger, in der Regel der überörtliche Träger der Sozialhilfe, zuständig. Zwischen dem Heimträger und dem Leistungsträger wird der entsprechende

Hilfeumfang über eine Vergütungs-, Leistungs- und Prüfungsvereinbarung geregelt.

Welches Problem scheint hier auf?

Aus den beiden Annäherungen wird deutlich, dass seelisch behinderte Personen in einem Heim nicht wohnen können, ohne ausschließlich von dem dort beschäftigten Personal und entsprechend des Konzeptes des Heims Hilfe annehmen zu müssen. Hierin besteht ein Problem, auf das ich später noch ausführlich eingehen werde.

Dieses Problem erscheint in einem noch schärferen Licht durch die häufig gemachte Erfahrung, dass sich an einem Heimaufenthalt interessierte Personen bei der Frage der Auswahl von verschiedenen Heimen (sofern es sie gibt) in der Regel hauptsächlich von Wohnaspekten und eher wenig von Hilfeaspekten leiten lassen.

Es wird also hauptsächlich ein Platz zum Leben gesucht.

Dritte Annäherung: Wirkungen für die Heimbewohner

Im Folgenden wird aus der Sicht von Heimbewohnern beschrieben, welche Wirkungen ein Heim hat bzw. haben kann. Aus Zwecken der Veranschaulichung wird dies in der Ich-Form, also aus der von mir fantasierten Sicht von Heimbewohnern geschrieben.

Die Wirkungen eines Heimes unter dem Wohnaspekt sind für mich als Heimbewohner:

- Ich wohne als seelisch behinderter Mensch mit anderen seelisch behinderten Menschen »unter einem Dach«.
- Möglicherweise finde ich eine tolerante Struktur und gleichartige Interessenlagen unter meinen Mitbewohnern vor.
- In einem solchen Haus habe ich Schutz vor und durch Ausgrenzung.
- Ich kann Hilfen bei Gleichgesinnten finden.
- Ich wohne mit Menschen mit (ähnlichen) Fähigkeiten und Problemen im Sinne von ungewöhnlichen Lebensgeschichten und Lebenslösungen zusammen.
- In dem Haus kann ein unabgesproches verabredetes Lastentragen stattfinden, was allerdings häufig auch ausgehandelt werden muss.
- In dem Haus gibt es in der Regel keine fremden, unverständigen Mitbewohnerinnen.
- Daraus resultiert für mich kein so starker Druck, mich anpassen zu müssen und mich in meinen Lebensäußerungen einzuschränken.
- Ich finde in diesem Haus mehr unsanktionierte (nicht so schnell sanktionierte) Äußerungs-, aber auch Störungsmöglichkeiten.

- Dieses Wohnsetting setzt unausgesprochen ein Verständnis für andere voraus.
- Die anderen Bewohner sind für mich potenziell rund um die Uhr verfügbar.
- Sofern ich ein Einzelzimmer habe, verfüge ich über ein relativ großes Ausmaß von Privatheit und Abgrenzungsmöglichkeiten.
- Je nach Konzept des Heimes und des Lebens in Einzel- oder Doppelzimmern werden unterschiedliche Anforderungen an meine Beziehungsfähigkeit gestellt.
- Anders als in einem »normalen Mietshaus« kann ich zu jeder Tages- und Nachtzeit andere um Geld anpumpen. Ich kann zu ungewöhnlichen Zeiten bei anderen klopfen, ich kann Lärm machen und kann laut mit meinen Stimmen reden. Wenn es gut läuft in diesem Haus, werden meine Störungen dadurch ausgeglichen, dass ich Störungen von anderen Menschen akzeptiere. Es gibt in diesem Haus (unkomplizierte) Kennenlern- und Kontaktmöglichkeiten.

In der Regel gefallen mir als Heimbewohner die oben beschriebenen Wirkungen.

In Bezug auf Hilfeaspekte gefällt mir als Heimbewohner:

- Die Mitarbeiterinnen sind unmittelbar, d.h. ohne nennenswerte Wege auf sich nehmen zu müssen und ohne Zeitverlust, erreichbar.
- Ich habe ein Anrecht auf die Sicherheit einer (je nach Konzept unterschiedlich gearteten) Essensversorgung.
- Die Helferinnen erreiche ich (je nach Konzept) rund um die Uhr und das ganze Jahr über.
- Viele Hilfsangebote finde ich im Haus vor und muss dafür das Haus nicht verlassen.
- Ich kann das Personal sofort, wenn mir etwas einfällt, immer alles fragen (auch dies ist je nach Konzept unterschiedlich).
- Ich kann viele Hilfemöglichkeiten wie Geldeinteilung, Medikamentenstellung etc. bequem und ohne Zeit- und Wegeverluste regeln lassen.
- Gespräche und Kontakte zwischen mir und den Helferinnen entstehen häufig zufällig und müssen nicht verabredet werden. Das finde ich gut, das stört mich aber auch.

Vierte Annäherung: Nebenwirkungen aus Bewohnersicht

Aus meiner Sicht als Heimbewohner fallen mir folgende Nebenwirkungen von Heimen ein:

- Durch das Wohnen in einem Heim habe ich automatisch bzw. zwangsläufig den Status eines Sozialhilfeempfängers und muss ggf. Eigenanteile zahlen, sofern ich über Einkommen oder Vermögen verfüge und der Heimaufenthalt – was die Regel ist – vom Sozialhilfeträger finanziert wird.
- Ich habe keine zuverlässig abgesicherte Wohnrechtssituation. Mein Rehabilitationsvertrag enthält Kündigungsklauseln, ich kann in dem Heim nicht so lange wohnen, wie ich möchte. Das Mietrecht greift zumindest nicht eindeutig.
- Es gibt eine Grauzone, was etwa den Zugang zu meinem Zimmer durch Mitarbeiterinnen betrifft.
- Sofern mich Gäste besuchen möchten, kann ich diesen – auch wenn ich das gerne möchte – den »Verrücktenstatus« von mir (in diesem Haus) nicht verheimlichen, was für mich eventuell dazu führt, mich sozial einzuschränken bzw. mich mit niemandem in diesem Haus zu treffen.
- Je nach Regelung in diesem Haus kann es weitere Einschränkungen gegenüber dem Mietrecht geben, was Tierhaltung, Anschluss eines privaten Telefons etc. betrifft.
- Wenn ich ausschließlich in diesem Heim wohnen will (weil mir das Haus, die Gegend und das Leben mit anderen seelisch behinderten Menschen so gut gefällt bzw. gut tut), muss ich zwangsläufig Hilfe von dem Wohnanbieter annehmen. Ich darf dort nicht nur ausschließlich *wohnen*. Die klare Äußerung dieses Wunsches und entsprechende Verhaltensweisen von mir (keine »Programmteilnahme«) können zu einer Kündigung führen.
- Sehr wahrscheinlich habe ich keinen eigenen Briefkasten mit einem Schlüssel, den nur ich habe. Dadurch ist es möglich, dass nicht nur ich erfahre, welche Post ich jeweils bekomme.
- Häufig verfüge ich in einem solchen Haus nicht über eine eigene Klingel.
- Wenn es zu Problemen durch meinen Umgang mit dem Wohnraum kommt, kann es zu für mich schwer durchschaubaren Vermischungen hinsichtlich der Vermieter- und Helferaspekte durch die mir gegenübertretenden Personen kommen.
- Wenn ich dieses Haus betrete, weiß die Nachbarschaft (wenn sie mich

häufiger sieht), ohne dass ich es ihr gesagt habe bzw. sagen möchte, dass ich wohl seelisch behindert bin.

- Es gibt keinen ausschließlichen Vermieter.
- Es kann sein, dass die Wohnmöglichkeit an Auflagen wie die regelmäßige Medikamenteneinnahme etc. gekoppelt ist.
- Ich weiß (zwangsläufig) viel über meine Mitbewohnerinnen und diese wissen auch sehr viel über mich, auch wenn ich beides jeweils gar nicht möchte.
- Es gibt eine Einschränkung meiner Privatheit, da ich und die anderen Mitbewohnerinnen und Helferinnen viele Stunden am Tag gemeinsam unter einem Dach verbringen. Des Weiteren »sieht« das Personal viele Dinge, die von mir für sie gar nicht »vorgesehen« sind (Anrufe, Kontakte, Warenlieferungen, (sexuelle) Beziehungen, finanzielle Situation etc.).
- Häufig habe ich nach dem jeweils bestehenden Konzept nicht die Möglichkeit, mit den mir zustehenden Geldbeträgen für Lebensmittel so umzugehen, wie ich möchte.
- Die vertragsrechtlichen Strukturen und damit auch die Mitarbeiterinnen sind eindeutig die »Bestimmerinnen«, insbesondere hinsichtlich meiner langfristigen Wohnmöglichkeiten.
- (Professionelle) Außenpersonen wenden sich häufig bei mich selbst betreffenden Angelegenheiten nicht an mich, sondern an das Personal, ohne dass ich dann zwangsläufig etwas davon erfahre.
- Je nach Konzept des Heims werden Anforderungen an mich hinsichtlich der Teilnahme an »Zusammenwohnsitzungen« gestellt, egal ob ich das will oder nicht.

Fünfte Annäherung: Nebenwirkungen aus Mitarbeitersicht

Nicht nur Menschen, die in Heimen leben, sind auf Grund der Verkoppelung von Wohnen und Hilfe Nebenwirkungen ausgesetzt, sondern auch die Mitarbeiterinnen. Anhand des Beispiels von Frau H. lassen sich diese Nebenwirkungen, die häufig als sehr belastend empfunden werden, gut darstellen.

Alle Mitarbeiter des Heimes, in dem Frau H. lebt, wissen, dass das Wohnen in der Einrichtung für Frau H. auf längere Sicht und auch nach ihrer eigenen Meinung die einzige sinnvolle Lebens- und Wohnmöglichkeit darstellt. Frau H. ist allerdings nicht an der Teilnahme am therapeutischen Angebot des Heimes interessiert. Allerdings verschafft ihr die ständige Erreichbarkeit der Mitarbeiter sehr viel Sicherheit.

Nach der »Logik« von Heimen als Rehabilitationseinrichtungen hätten viele andere Einrichtungen Frau H. bei Bekanntwerden dieses »geringen« Hilfebedarfes und der Wahrscheinlichkeit ihrer seltenen Teilnahme am Therapieprogramm gar nicht erst aufgenommen (mögliche Auswirkungen in diesem Zusammenhang nach Einführung von Hilfeempfängergruppen sollen an dieser Stelle nicht diskutiert werden).

Für die Mitarbeiter stellt sich hinsichtlich Frau H. immer wieder die Frage, ob und wie ihr Aufenthalt unter den Gegebenheiten des Auftrags dieser Einrichtung gerechtfertigt werden kann. Dies führt dazu, dass die Mitarbeiter in die Versuchung kommen, Frau H. zu »zwingen«, an bestimmten therapeutischen Aktivitäten teilzunehmen. Möglicherweise tut Frau H. dies auch, um sich darüber ihr Wohnrecht zu sichern. Qua Logik der Institution und ihres Zweckes sind eine ehrliche und offene Klärung der Frage wegen der Bedrohung des Wohnplatzes »verboten«.

Häufig führen solche Situationen sogar zu Entlassungen, möglicherweise auch bei Frau H., und zwar mit dem Hinweis: »Sie passen nicht in unser Konzept.« Übrig bleibt bei den Mitarbeitern ein äußerst ungutes Gefühl und ein schlechtes Gewissen. Das jahrelange Aufführen von nutzlosen Ritualen wie »Therapie zum Schein« bzw. eher »therapeutische Belästigung« ist auf die Dauer keine gute und eine alle lediglich verwirrende Lösung.

Nebenwirkungen des Heims: Das Kernproblem

Im Rahmen der Hilfeangebote der außerklinischen Psychiatrie werden mittels der Institutionsformen Wohnheim, Übergangseinrichtung, Tagesstätte, Therapeutische Wohngemeinschaft, Außenwohngruppe, Betreutes (Einzel)wohnen zum wesentlichen Teil Menschen Unterstützung angeboten, die schon längere Zeit die entsprechenden Hilfen in Anspruch nehmen und bei denen ein längerfristiger Hilfebedarf besteht.

Auf Grund der bisherigen institutionsbezogenen Logik des Hilfesystems erklärt sich, weswegen seelisch behinderte Menschen in ihrer Biografie sehr häufig den Wohnort (ungewollt) wechseln mussten. Diese Logik zeichnet sich dadurch aus, dass:

- die betroffenen Personen sich den Konzepten der Einrichtung anzupassen haben und nicht die Einrichtungen auf den Hilfebedarf der Personen reagieren,
- es häufig bei Veränderung des Hilfebedarfes und des Ausmaßes der notwendigen Hilfe zur Veränderung auf Seiten der Klienten und nicht auf Seiten der Institution kommt,
- sich die Klienten in der Regel also anzupassen haben.

Daraus ist im Rahmen der Entwicklung des Personenzentrierten Ansatzes und der Entwicklung des Instrumentes zur Erhebung des Hilfebedarfes und der Hilfeplanung (Integrierter Behandlungs- und Rehabilitationsplan, IBRP) der Vorschlag entstanden, an den Anfang von Hilfeplanung die Frage der gewünschten Wohnmöglichkeiten zu stellen, um hierüber zu einer Verankerung der grundlegenden Lebenssituation zu kommen. Darauf aufbauend ist dann je nach Fähigkeiten, Zielen, Beeinträchtigungen etc. die Hilfeplanung zu entwickeln.

Es geht also darum, ein Recht zur Sicherung der gewünschten Wohnmöglichkeit zu etablieren, um über diesen Weg zu »normalen Verhältnissen« zu gelangen.

Ein Vorschlag zur Lösung des Kernproblems

Ich möchte noch einmal zusammenfassen:

- Die *Hauptwirkung eines Heims* liegt in der Zur-Verfügung-Stellung eines speziellen Wohnsettings bzw. eines Wohn- und Lebensmilieus, das Selbsthilfeunterstützung aktivieren und Schutz bieten kann. Diese Lebensmöglichkeit besteht neben anderen und ist für diejenigen von Bedeutung, die an den oben in der dritten Annäherung beschriebenen Wirkungen interessiert sind und für die diese den momentan einzigen »haltbaren« Lebensraum darstellen. Für viele, die dieses Wohnsetting benötigen bzw. wünschen, ist das damit räumlich und zeitlich unproblematisch in Anspruch zu nehmende Hilfsangebot von zusätzlich »haltender« Bedeutung.
- Die *Hauptnebenwirkung eines Heims* liegt in der nicht vorhandenen Trennung von Wohnen und Hilfe, sodass ein als existenziell nützlich angesehenes Wohnsetting (siehe oben) nicht beibehalten werden kann, sofern die betreffende Person
  - generell keine Hilfe mehr wünscht,
  - diese konkrete Hilfe nicht mehr wünscht,
  - Hilfe von einem anderen Anbieter haben möchte etc.

Um also dieses spezielle Wohnsetting behalten zu können, das bislang in der Regel ausschließlich Heime bieten, ohne die Nebenwirkungen in Kauf nehmen zu müssen,

- müssen Heime als Konstrukt aufgelöst werden,
- müssen Mietshäuser mit einzelnen (kleinen) Wohnungen gebaut bzw. angemietet werden,
- müssen die Mieter einen Mietvertrag ohne eine Koppelung an einen Betreuungsvertrag bezüglich der Angebote des Vermieters erhalten,

- ist für diejenigen, die ein entsprechendes Hilfesetting benötigen, ein Angebot des Betreuten Wohnens mit entsprechender Personalausstattung und entsprechendem Leistungsumfang in unmittelbarer Nähe zum Mietshaus vorzuhalten.

Dieses Betreute Wohnen wird sich – je nach regionalen Gegebenheiten – hinsichtlich des Leistungsumfangs möglicherweise vom bisherigen Betreuten Wohnen mehr oder weniger deutlich unterscheiden.

Wie aber sieht die Lösung konkret aus?

Am Beispiel des *Wohnhauses Jüthornstraße* in Hamburg, in dem ich arbeite, soll eine Lösungsmöglichkeit zur Beseitigung der Nebenwirkungen beschrieben werden.

Da das Gebäude von seiner Baulichkeit her den Bedarfen der Bewohnerinnen (u.a. keine eigene Nasszellen) nicht mehr entspricht, standen wir als Mitarbeiterteam vor der Entscheidung:

- entweder an einem anderen Ort ein neues Heim zu bauen oder
- an einem anderen Ort ein Haus mit Appartements für die bisherigen Bewohnerinnen zur Nutzung als Hauptmieter zu bauen (in unmittelbarer Nähe zu diesem Haus sollen sich Räumlichkeiten für ein Angebot des Betreuten Wohnens befinden, in das das bisherige stationäre Hilfeangebot umgewandelt werden soll).

Auf Grund der obigen Überlegungen und ermutigt durch andere entsprechende Beispiele nicht nur aus dem Bereich der Unterstützungsangebote für seelisch behinderte Menschen hatte sich das Team der Einrichtung und der Träger für die Umwandlung des Heims entschieden.

Ein entsprechender Antrag, der die Beibehaltung des bisherigen Leistungs- und Personalumfanges des Heims beinhaltete, wurde beim zuständigen überörtlichen Träger der Sozialhilfe gestellt und ist hoffentlich bei Erscheinen des vorliegenden Buches positiv entschieden. Unser Ziel ist es jedenfalls, dieses Projekt bis 2004/05 realisiert zu haben.

Die Hamburgische Gesellschaft für soziale Psychiatrie wird als Trägerin des bisherigen *Wohnhauses Jüthornstraße* eine Ausgründung für die Errichtung und Vermietung der Wohnungen in dem neuen Haus im Sinne einer gemeinnützigen GmbH vornehmen, um auch auf dieser Ebene die Trennung zwischen Wohn- und Hilfeaspekt vorzunehmen.

Nach Prüfung auch der Möglichkeit, sich ein entsprechendes Haus von einem Investor bauen zu lassen und dieses dann als Hauptmieter zu übernehmen, hat sich der Träger aus verschiedenen Gründen dazu entschieden, das Haus als eigenständiger Bauträger zu bauen.

Wir sind sicher, dass wir mit unserem Wohn-und-Hilfe-Modell die Hauptwirkung eines Heims leisten und durch die vorgestellte Entkoppelung die Nebenwirkungen eines Heims vermeiden. Die Umwandlung des Heimes in eine neue Form des Betreuten Wohnens und damit seine Auflösung ist also unsere Lösung.

KAY NERNHEIM

Rein in die Zukunft! Raus aus dem Heim!

Personenzentrierung und der Übergang in die ambulante Versorgung

Der Träger und die Einrichtung ToHus *hatten sich vorgenommen, den Personenzentrierten Ansatz in der Heimbetreuung ernst zu nehmen und umzusetzen. Im Vordergrund sollte das individuelle Wohnen der Nutzer stehen und diese sollten so weit wie möglich in die Veränderungen einbezogen werden.*
Ein erster wichtiger Schritt dazu war die Stärkung der Heimbeiräte und das Erstellen von individuellen Betreuungsplänen. Das Ziel war, dass die Bewohner wieder den Übergang zur ambulanten oder teilstationären Betreuung schafften und dass es für all jene, die in der Einrichtung bleiben wollten, trotzdem ein Wohnen mit normalem Mietverhältnis geben sollte. Das Fernziel lautet, das Appartementwohnen und ein Servicecenter für die ganze Region aufzubauen.
Um erfolgreich zu sein, musste sich das Mitarbeiterteam viel Zeit nehmen, sich von außen beraten lassen, die Mitarbeitervertretung einbeziehen und viele gemeinsame Teamtage durchführen. Es wurde eine Fortbildungsoffensive gestartet zur Qualifizierung und Weiterqualifizierung aller Mitarbeiter im Hause.
Im Veränderungsprozess wurde deutlich, dass die Mitarbeiter die Bereitschaft zeigten, sich den personenbezogenen Ansatz in der Betreuung genauer anzusehen, und es wurde erkannt, dass die Bewohner mehr Stärken und Ressourcen hatten als ursprünglich angenommen. Vor Veränderungen hatten die Bewohner beispielsweise weniger Angst als die Mitarbeiter.
Besonders gelungen ist die konsequente Einzelförderung der Bewohner, sei es in der Ergotherapie, Musiktherapie oder sogar bei der Urlaubsreise, die durchaus möglich ist.
Die Veränderungen wirken sich sowohl für die Nutzer als auch für die Mitarbeiter positiv aus. Die Nutzer wissen nun, dass es auch ein Leben nach ToHus *gibt. Entscheidend war, dass das Team sich Zeit genommen hat und immer wieder die Nutzer befragte und einbezog.*

So zeigt sich schließlich, dass weit mehr möglich ist als zuvor gedacht. Als Grundhaltung hat sich bewährt, so zu arbeiten und zu handeln, dass sich immer mehr Möglichkeiten auftaten, und zwar sowohl für die Klienten als auch für die Mitarbeiter.

Entstehung von ToHus

Das psychiatrische Wohnheim *ToHus* der Evangelischen Stiftung Alsterdorf liegt gemeindefern in einer ländlichen Region in Schleswig-Holstein (zwischen Hamburg und Lübeck) mit etwa 200.000 Einwohnern. Es wurde 1997 gegründet, als die Kassen das oft jahrelange Verweilen der chronisch kranken Menschen im Krankenhaus nicht mehr als Behandlung ansahen und sich für die Kosten des Aufenthaltes nicht mehr zuständig fühlten.

Für diese oft jahrelang geschlossen untergebrachten Patienten wurde in einem ehemaligen Schwesternwohnheim auf dem Gelände eines Krankenhauses das psychiatrische Wohnheim *ToHus* mit 24 Einzelappartements und mit einer Klinikkultur geschaffen.

Das Personal wurde vorwiegend aus der Klinik gewonnen und übernahm von dort wesentliche, klinisch geprägte Abläufe. Hierzu zählten unter anderem ein Dreischichtsystem rund um die Uhr, die Verpflegung durch die Klinik und ein klar strukturierter Tagesablauf. Das Essen wurde teilweise aufs Zimmer geliefert, auch der Kaffee wurde den nun »Bewohner« genannten Menschen serviert. Der Schwerpunkt der Arbeit lag auf der Pflege und Fürsorge. Das Pflegepersonal arbeitete in Schichtdiensten. Zwei Mitarbeiterinnen führten die Ergotherapie am Vormittag durch und eine Sozialarbeiterin übernahm Leitungs- und Dokumentationsaufgaben. Hauswirtschaftliche Mitarbeiterinnen waren für die Versorgung und das Reinigen des Hauses zuständig. Die internistische und nervenärztliche Versorgung der Einrichtung erfolgten durch Visiten im Haus. Die Medikation wurde bis auf wenige Ausnahmen vom Personal verwaltet und ausgegeben.

Den Bewohnerinnen sollte in liebevoller Betreuung ein Ort bis zum Lebensende geboten werden – allerdings zu dem Preis, sich den institutionellen Abläufen zu unterwerfen und häufig der Möglichkeit beraubt zu sein, die eigenen Ressourcen einbringen zu können. Dadurch geriet der Bewohner in eine einrichtungsbedingte Hilflosigkeit und Ohnmacht.

Natürlich profitierten alle Beteiligten auch von dieser Arbeitsweise:

- Die Mitarbeiter übten eine machtvolle Position aus, da sie die Kontrolle über alle Bereiche der Einrichtung hatten (Versorgung, Geld, Post).
- Den Bewohnerinnen wurden fast alle Arbeiten abgenommen, beinahe wie in einem Hotel (Reinigung, Einkauf, Versorgung, Schriftverkehr).
- Das Umfeld freute sich über eine nach außen hin ruhig wirkende, autarke Institution, wo alle Bewohnerinnen gut untergebracht waren.

Aspekte des heutigen Konzepts

Keine Auswahl der Klienten

Die Einrichtung fühlt sich in der heutigen Form besonders schwierigen psychisch kranken Menschen zugetan. Häufig werden sie nicht in Wohneinrichtungen aufgenommen, weil sie vorgehaltene Programme nicht annehmen wollen bzw. können oder einer medikamentösen Behandlung sehr skeptisch gegenüberstehen. Die Betreuungs- und Lebensqualität für Schwerstgestörte, chronisch Kranke und Behinderte ist aber der Prüfstein für eine Versorgungsplanung auf kommunaler Ebene, und zwar unabhängig davon, um welche Gruppen von Erkrankten es sich handelt. Bei uns wird jeder aufgenommen!

Gerade chronisch schwerst- und mehrfach psychisch kranke Menschen sind nach wie vor von Ausgrenzung und Abschiebung in gemeindeferne Einrichtungen bedroht. Diese haben fachlich und ethisch im Zentrum von Planungs- und Versorgungsanstrengungen zu stehen. Denn: »Ein Hilfsangebot bzw. Versorgungssystem, das sich konsequent an den Bedürfnissen chronisch Kranker orientiert, bietet zugleich optimale Voraussetzungen für die angemessene Versorgung aller anderen Gruppen von Menschen mit psychischen Problemen, Störungen oder Erkrankungen.« (Klotz 1990, S. 420)

Krankheitsverständnis der Einrichtung

Die Mitarbeiterinnen gehen von einer multifaktoriellen Bedingtheit von psychischen Erkrankungen aus. So führen vererbte und früh erworbene biologische Bedingungen sowie psychosoziale Einflüsse zu einer individuellen Verletzlichkeit. Es wird davon ausgegangen, dass in jedem Einzelfall Einflüsse aus beiden Bereichen in unterschiedlicher Gewichtung wirksam sind. Aus diesem Krankheitsverständnis ergibt sich der Aufbau der psychiatrischen Behandlung im *ToHus*. In jedem Einzelfall wird ein individueller Behandlungsplan erstellt, der den verschiedenen persönlichen Behandlungsbedarfen Rechnung trägt und von einem multiprofessionellen Team als Komplexleistung erbracht wird. Nach diversen Studien haben jene Behandlungen den größten Erfolg und Nutzen, die neben der Pharmakotherapie auch psycho-, ergo-, sozio- und familientherapeutische Angebote integrieren.

Das multiprofessionelle Team

Die Bedeutung und Notwendigkeit des multiprofessionellen Teams für die therapeutische Arbeit ergeben sich aus dem genannten multifaktoriellen Krankheitsverständnis. Im Team sind vertreten: Ergotherapie, Sozialarbeit/-pädagogik, Fachkrankenpflege Psychiatrie, Krankenpflege, Altenpflege, Heilerziehung und Hauswirtschaft. Diese Zusammensetzung ermöglicht die umfassende Wahrnehmung der Klienten mit ihren Ressourcen und Beeinträchtigungen. Das Team stellt somit die fachliche Qualität der rehabilitativen Arbeit in allen Bereichen sicher. Therapeutische Ansätze müssen teamöffentlich fachlich begründet werden. Dies geschieht im Rahmen der Diskussion um die Aufstellung, Durchführung und Weiterentwicklung von individuellen Therapieplänen. Dabei ist das Team eine kollegiale Begleitung und ein fachliches Korrektiv für das eigene therapeutische Handeln. Die therapeutische Arbeit findet im Bezugstherapeutensystem, den therapeutischen Gruppen sowie der Angehörigengruppe statt. Supervision, interne und externe Fortbildung sowie computergestützte Dokumentation gehören zum Standard der Einrichtung.

Der Weg vom institutions- zum personenbezogenen Modell dauert nunmehr über drei Jahre an und wurde auf diversen Teamtagen außerhalb der Einrichtung mit einer externen Moderatorin angegangen.

Gleichzeitig wurde eine Vertreterin der Mitarbeitervertretung hinzugezogen. Wichtig war das Signal der Leitung der Einrichtung, dass der Umgestaltungsprozess alle wichtigen Beteiligten an einen Tisch, in einen Raum bringen musste, um erfolgreich zu verlaufen. Ferner sollten die gemeinsamen Zusammenkünfte von Mitarbeitern, Leitung, Organisationsberatung und Mitarbeitervertretung das gemeinsame Bestreben nach einer verbesserten psychiatrischen Arbeit bei bestehenden unterschiedlichen Interessenlagen vorbereiten.

Bezugsbetreuung

Das Leistungsangebot richtet sich an psychisch schwerst- und mehrfachbehinderte Menschen mit ausgeprägten Verhaltensstörungen, chronisch psychisch Kranke sowie Menschen mit schweren Persönlichkeitsstörungen. Auch an Menschen mit der Doppeldiagnose Psychose oder Persönlichkeitsstörung und Sucht.

Die Inhalte der therapeutischen Arbeit werden im Kontakt mit den Klienten und wichtigen Mitspielerinnen über eine individuelle Hilfeplanung nach dem IBRP der *Aktion Psychisch Kranke* erhoben. Die Mitarbeiter wurden zur Erlernung der Handhabung dieses Instrumentes ausführlich durch einen externen Berater geschult.

Die tägliche Arbeit gliedert sich in die Bezugsbetreuung sowie in intensive Gruppen- und Freizeitangebote. Den Einstieg bildete der Wunsch, mit den Bewohnern intensiver in den Kontakt zu treten und ein Bezugsmitarbeitersystem zu installieren, in dem der Klient einen festen zuverlässigen Ansprechpartner hat. Dieser ist im Gegensatz zum anonymen Schichtmodell auch nach Dienstende und am nächsten Tag wieder zuständig. Die Nähe kann Beziehung entstehen lassen, das Aushandeln von Nähe und Distanz erlernen helfen und dabei unterstützen, Konflikte auszutragen. Die betreute Klientel ist biografisch sehr in Beziehungsabbrüchen erfahren und erhält nunmehr einen Menschen an die Seite gestellt, für gute und schlechte Phasen gleichermaßen, wie auch der Möglichkeit, durch Offenlegung von Übertragungs- und Gegenübertragungsgefühlen sich weiterzuentwickeln.

Dennoch muss von Seiten des Bezugsmitarbeiters sehr auf die Einhaltung eines adäquaten Verhältnisses von Nähe und Distanz im Klientenkontakt geachtet werden – nicht jeder Klient erträgt oder bedarf der Nähe.

Ebenso ist nicht für jeden das Zuständigsein einer einzigen Person von Vorteil. So kann gerade das Verhältnis zwischen Klient und Mitarbeiter zu einer derartigen Enge führen, dass es dem Klienten bei Abwesenheit des Therapeuten immer wieder schlecht geht. Die häufig omnipotente Rolle des Mitarbeiters als Therapeut, Vermieter, Spiegelungsfigur, gewünschter Partner, Kind etc. mit ihren Verstrickungen ist eine schwierige, konfliktträchtige Konstruktion. Immer wieder entstehen Machtkämpfe aus dieser herausgehobenen Rolle des Bezugsmitarbeiters.

Angebote

Es ist der stark gestörten Klientel vielfach unmöglich, Situationen in Gruppen mit ihren dynamischen Prozessen auszuhalten. Dennoch werden diese Situationen aus rehabilitativen Gründen hergestellt, um den Klientinnen neben der Einzelarbeit ein weiteres Trainingsfeld anzubieten.

Die Einrichtung hält wöchentlich eine Koch-, Literatur-, Frauen-, Musik-, Angehörigen-, Sport-/Freizeitgruppe und ein edukatives Angebot vor. Darüber hinaus wird regelmäßig ein Freizeitangebot von einem Theologen der Stiftung angeboten, welches häufig für allgemeine Lebensfragen genutzt wird.

Gerade die Freizeitgruppe (zweimal wöchentlich) bietet den Klientinnen die Möglichkeit, sich außerhalb der Einrichtung in ungewohntem Kontext zu bewegen und diese Erfahrungen auch zu thematisieren.

Ein Teil der Inhalte der Gruppenangebote wird parallel auch als Einzelförderung angeboten, um auch jene Bewohnerinnen zu erreichen, die nicht in Gruppen arbeiten wollen oder schlicht eine Gruppe nicht aushalten.

Hierzu zählt insbesondere die vom überörtlichen Sozialhilfeträger nicht refinanzierte Förderung von begleiteten Freizeitmaßnahmen für Einzelpersonen. Ein Förderverein realisiert großzügig dieses Angebot.

Teamorganisation

Die Bezugs- und Gruppenarbeit konnte bei einem 3-Schichten-Modell nicht realisiert werden. So wurde eine neue Arbeitszeit von werktags 8 Uhr bis 20 Uhr vereinbart, die nunmehr nur noch zwei Kollegen während des Tages bindet.

Die mit der Heimaufsicht ausgehandelte Nachtbereitschaft löste eine Nachtwache ab. Leider ist es bis heute nicht möglich, die Heimaufsicht von einer qualifizierten Rufbereitschaft als ausreichendes Hintergrundangebot für den Abend und die Nacht zu überzeugen.

Die Nachtbereitschaft wird von Aushilfskräften durchgeführt, die jederzeit auf die Angebote der psychiatrischen Klinik auf dem Gelände zurückgreifen können. In 14-tägigen vierstündigen Sitzungen werden individuelle Hilfepläne erstellt oder erneuert. Dies kann im Team oder in der zuständigen psychiatrischen Ambulanz mit der zuständigen Ärztin, der Betreuerin etc. stattfinden.

Die Arbeitszeit wird in einer wöchentlichen Kernzeit zwischen etwa 10 und 16 Uhr erbracht. Hier geschehen die therapeutischen Prozesse wie Gespräche, Begleitungen, Gruppenangebote. Heute ist eine Vollzeitkraft für zwei bis vier Klienten im Bezug tätig.

Das Team tauscht sich in drei Sitzungen mit den unterschiedlichen Schwerpunkten Organisation, Klienten und offene Themen (Bericht von Fortbildungen, Diskussion von Fachartikeln etc.) über die Arbeit aus.

Eine regelmäßige Supervision ergänzt die Reflexion der therapeutischen Prozesse. Eine externe Fürsprecherin hält alle drei Wochen eine Sprechstunde für Beschwerden und Anregungen der Bewohner ab. Somit ist eine Außeninstanz im Hause präsent, um die Einrichtung zu kontrollieren.

Den Mitarbeiterinnen dient ein Bungalow in unmittelbarer Nähe der Einrichtung als Büro. Seither sind die Teamsitzungen viel konzentrierter und konstruktiver geworden. Und für die Bewohnerinnen brachte die Abwesenheit des Personals eine Beruhigung in der Einrichtung. Nur wer für ein Gespräch verabredet ist, wird vom Bezugsmitarbeiter im *ToHus* besucht.

Übrigens kann die Büroarbeit teilweise via Internet und mit Zugriff auf den Zentralrechner von zu Hause erledigt werden, im ländlichen Raum wegen der langen Anfahrtswege keine unerhebliche Erleichterung.

ToHus *im Übergang*

Die Einrichtung *ToHus* hat den Wunsch, stationäres Wohnen im Heim und Betreutes Wohnen integriert anzubieten. Das Wohnheim könnte vorerst als Stützpunkt dienen, von wo aus Klienten aus der Wohnung ins »Tageszentrum« kommen, Kontakte wahrnehmen und Leistungen wie die Essenversorgung oder das therapeutische Gruppenangebot nutzen.

Auch für die Mitarbeiter wäre es eine neue Erfahrung, Klienten in die eigene Wohnung zu begleiten und dort – wenn erwünscht – weiterzubetreuen. Wir möchten die Wohnung bzw. das Appartement jedenfalls als Dreh- und Angelpunkt der psychiatrischen Arbeit betrachten und personenbezogene Wohnwünsche realisieren. Die Wohnung soll ein geschützter Raum sein, der vom Personal respektiert und geachtet wird. Das Personal hat die Rolle eines Gastes, der sich anmeldet oder eingeladen wird.

Kooperation mit dem Wohnverbund in der Region

Schon heute gibt es eine enge Verbindung zum teilstationären und ambulanten Betreuten Wohnen, dem Wohnverbund Stormarn im 20 km entfernten Bad Oldesloe. Dort existieren etliche Wohngemeinschaften, ambulantes betreutes Wohnen und eine Tagesstätte mit Stützpunktfunktion für alle Bereiche.

Neben gemeinsamen Einstellungsverfahren und Dienstbesprechungen, dem Wunsch nach gemeinsamen verbindlichen Standards in der Betreuung, der Hilfeplanung, der Dokumentation, der Außenorientierung sollten zukünftig noch stärker jene Heimklienten unterstützt werden, die zwar den Wunsch haben, ins Betreute Wohnen zu ziehen, aber große Ängste haben. Vielfach sind auch die Mitarbeiter recht unsicher.

Weitere Ideen zum Gemeindepsychiatrischen Verbund (GPV) von morgen sind:

- Hauptaufgaben des zukünftigen GPV sind Bedarfserhebung, Koordinierung und Qualitätskontrolle der psychiatrischen Leistungsangebote.
- Die Konzepte der Einrichtungen müssen mit den Klienten und dem GPV nach verbindlichen Regeln beraten und beschlossen werden.
- Sicherstellung der ausreichenden Versorgung der chronifizierten Klientel mit Wohnraum, ambulanten, teilstationären, vollstationären Wohnangeboten sowie angemessenen Arbeitsmöglichkeiten – so sollen gemeinnützige und freie Wohnungsanbieter in den Verbund mit eintreten.

- Die Bedarfserhebung erfolgt in enger Kooperation mit den zuständigen Kostenträgern der Reha-Angebote und soll sicherstellen, dass überregionale Aufnahmen nur nach vorhergehender Absprache möglich sind.
- Installation von regelhaften Fallkonferenzen, und zwar auf Antrag der Einrichtungen, von Klienten oder von Angehörigen und Betreuern. Hierbei sollen Kollegen und Klienten die Möglichkeit haben, außerhalb der einzelnen Einrichtung unterschiedliche Auffassungen von guter Betreuung aufeinander abzustimmen.
- Fallkonferenzen sind dort zwingend erforderlich, wo Verlegungen nach außerhalb der Region geplant werden.
- Der GPV fordert trägerübergreifende Angebote ein.
- Der GPV macht Vorschläge für persönliche Budgets der Klienten. Dabei entscheiden die Klientinnen mit ihren Vertrauenspersonen über die Auswahl der Anbieter – oder kaufen sich Freunde, Bekannte, wie in der Pflegeversicherung auch, für bestimmte Leistungen ein.
- Virtuelle Hilfekonferenzen sind durch eine servergestützte Zentralverwaltung beim GPV kein Problem mehr.
- Der GPV regt die gemeinsame Nutzung einer Software zu Dokumentations- und Abrechnungszwecken trägerübergreifend an. So können alle an der Rehabilitation beteiligten Teams auf einem Zentralrechner dokumentieren, auch die Hilfeplanung!
- Neue Mitarbeiter hospitieren nach Arbeitsaufnahme im Verbund in vereinbarten Projekten.
- Psychiatrische Ärzte dürfen nur fachärztliche Behandlungen durchführen, wenn sie vorgegebene Fortbildungstätigkeit nachweisen und im GPV ihren Kooperationsverpflichtungen nachkommen.
- Die Träger erhalten Empfehlungen zur innerbetrieblichen und externen Fortbildung und deren Umfang. Bilden sich Mitarbeiter von Trägern nicht nach den Vorgaben fort, könnte der Entzug des Angebots von Reha-Leistungen drohen.
- Die Leitlinien für Menschen mit Behinderungen sind in allen Einrichtungen verpflichtend mit Fristsetzung umzusetzen (eigener Briefkasten, Telefon etc.).
- Ein enger fachlicher Austausch mit den Ausbildungsstätten der an der Rehabilitation beteiligten Einrichtungen wird installiert.
- Die Angebote sind stadtnah und mit dem ÖPNV erreichbar – sonst erhalten sie keine Betriebserlaubnis mehr.
- Der GPV erhält einen vom Land oder über Umlage durch die Träger finanzierten hauptamtlichen Geschäftsführer.

Zukunft: So stellen wir uns 2010 vor!

ToHus ist in 2010 im Gemeindepsychiatrischen Verbund (GPV) fest verankert. Der Wohnverbund mit seinen teilstationären Wohngemeinschaften, dem ambulanten Betreuten Wohnen und dem vollstationären Wohnen im Heim können in der Region alle Wohnformen und ein tagesstrukturierendes Angebot (in einem Servicecenter nahe einem Appartementwohnen) für diejenigen Klientinnen anbieten, die nicht oder noch nicht die kulturellen, Freizeit- oder Versorgungsangebote der Region wahrnehmen.

Der Gemeindepsychiatrische Verbund steht unter einer klar definierten Leitung und verfügt über ein gemeinsames Budget. Er hält in Kooperation mit weiteren Anbietern eine Erreichbarkeit rund um die Uhr sowie Krisendienst inklusive Krisenappartement vor.

Der Schwerpunkt der Tätigkeit verschiebt sich zu einem vom Klienten definierten Assistenzdienst. Der Mitarbeiter erbringt nur ausgehandelte Leistungen. Der Klient entscheidet im Rahmen eines seinem Hilfebedarf angemessenen Assistenzbudgets, wer welche Leistungen erbringen soll. Klientinnen können autonom entscheiden, ob sie Geldleistungen eher für einen Therapeuten ausgeben oder nicht doch lieber die vielleicht günstigere Variante der Unterstützung durch einen Freund wählen.

Die psychiatrischen Gruppenangebote werden außerhalb der Einrichtung in der Gemeinde angeboten. Die Mitarbeiterinnen verbringen einen wesentlichen Teil der Arbeitszeit in der Erschließung von Angeboten in der Gemeinde.

Die Angebote in den Einrichtungen haben sich im Sinne einer sozialräumlichen Umfeldarbeit dahingehend geändert, dass die Gruppenangebote die Erforschung der Region beinhalten. Hierzu ist die Ortskenntnis der Mitarbeiter wichtig.

Die Mitarbeiter hospitieren in der Dienstleistungsbranche wie in Hotels, um den Servicecharakter einer Dienstleistung intensiv kennen zu lernen.

Die Professionellen werden weiter in einem multiprofessionellen Team arbeiten, aber der Wandel der Anforderungen mit einem weitestgehend selbstbestimmten Leben der Klientinnen in der Region erfordert Umdenkprozesse von den Anbietern psychosozialer Leistungen. Neben der Grundhaltung, nunmehr eine professionelle Dienstleistung gegenüber einem Kunden zu erbringen, werden neue Qualifikationen der Mitarbeiter notwendig. Dazu zählt sicherlich der des Wohnungsbeschaffers und -erhalters. Das Umdenken in den Ausbildungsinhalten beinhaltet inzwischen die gemeinwesenbezogene Quartiersarbeit. Der Paradigmenwechsel liegt in der Sichtweise, neben Fachwissen die Quartiere mit ihren speziellen Bedingungen kennen zu lernen und den Klienten dort ein Leben unter der Einbeziehung des Stadtteils zu ermöglichen. Die Vernetzung mit den vorhandenen Angeboten und Lebenswelten des Stadtteils steht hier an oberster Stelle.

Die Bewohnerinnen sind bis heute diesen Umbauprozess manchmal mutiger als der eine oder andere Kollege mitgegangen. Viele Befürchtungen sind nicht eingetreten. Aber immer wieder wird gerade von älteren Klienten bedauert, dass eine gewisse Lieblosigkeit eingekehrt sei. Die vormals anheimelnde Atmosphäre wäre zugunsten vieler Angebote abhanden gekommen. Die Kritik richtet sich an eine moderne Sozialpsychiatrie, die für den Hilfebedarf »Beheimatung« noch keine zufrieden stellende Antwort gefunden hat.

Hier gilt es weiterzuarbeiten!

HANS CORDSHAGEN

Etablierung eines Wohnverbundes

Die Brücke Schleswig-Holstein *hat in einer ländlich-kleinstädtischen Region Wohnverbünde entwickelt, die es mit viel Aufmerksamkeit zu betrachten lohnt. Schon die Struktur des Trägervereins ist weichenstellend: Sozialpsychiatrisch denkende Menschen haben aus einem Flickenteppich kleiner Trägervereine den großen Träger* Brücke Schleswig-Holstein *kreiert, um unter einem regionalen Fokus ökonomisch effektivere und kundenorientiertere Konzepte für die Versorgung zu entwickeln. Der Wille stand Pate, als Träger stets innovativ und der Zeit voraus zu sein.*

Heute sammelt die Brücke *bei Nutzerbefragungen mehr Pluspunkte, als einst die Mitarbeiter selbst angenommen hatten. Im landesweiten »Benchmarking« erfährt man die Bestätigung, auf dem richtigen Weg zu sein. Wie aber kommt man dahin? Ganz einfach: indem sich Leitungen, Mitarbeiter und Kunden (Nutzer) auf den gemeinsamen Weg machen, Wohnverbünde zu entwickeln. Dabei muss man sich auf verschiedene Geschwindigkeiten einlassen, um den Verbund gemeinsam tragen zu können. Die Steigerung des Selbstbewusstseins der Kunden sowie der Wille nach mehr Mitbestimmung und Beteiligung sind die Früchte einer alltäglichen empowernden Normalisierungsarbeit. Die Aufhebung institutioneller Grenzen, so unheimlich sie für jeden Kostenträger anmutet, wird von den Kunden der* Brücke Schleswig-Holstein *hautnah und ausgesprochen positiv wahrgenommen.*

Die konsequente Umsetzung sozialpsychiatrischer Ideen und Standards, das fachpolitische Engagement von Mitarbeitern, die Beteiligung von Mitarbeitern und Nutzern bei der (Weiter-)Entwicklung der Wohnverbünde, die konsequente Kundenorientierung und die stete Weiterentwicklung der Angebote mit allen Beteiligten, das alles bildet die Plattform, auf der das entstanden ist, wovon H. Cordshagen berichtet.

Zusammenschlüsse – Anfänge

Die *Brücke Schleswig-Holstein* ist ein Träger von gemeindepsychiatrischen Einrichtungen in acht Regionen. In diesen Regionen hat die *Brücke* wohnortnahe Angebote in den Bereichen berufliche, psychosoziale und medizinische Rehabilitation geschaffen. Das Wohnen gehört zur psychosozialen Rehabilitation und wird immer in Wohnverbünden angeboten, d. h., es gibt in dem jeweiligen Landkreis immer ambu-lante, teilstationäre und stationäre Wohnbetreuung. Alle Einrichtungen eines Wohnverbundes stehen unter einer Wohnverbundsleitung; die Mit-arbeiter der jeweiligen Einrichtungsteams verstehen sich auch als Mitarbeiter der Wohnverbünde.

Vor der Einführung von Wohnverbünden gab es zwar ebenfalls die Angebote der ambulanten und teilstationären Betreuung sowie der Betreuung in einem sozialpsychiatrischen Wohnheim, jedoch unter jeweils einer Einrichtungsleitung, die mit den anderen Einrichtungsleitungen auf gleicher Hierarchieebene kooperieren musste. Wenn es auch nicht gewollt war, so entstand doch immer wieder die gut gemeinte Tendenz, Betreute länger in der eigenen Einrichtung zu belassen als notwendig. Der Blick blieb ein institutionsorientierter Innenblick und ein Wechsel in eine andere Einrichtung bedeutete, die Bewohner nicht mehr selbst betreuen zu können und Vertrauen in die Leistung anderer Einrichtungen haben zu müssen.

Besonders deutlich wurde die unterschiedliche Sichtweise zwischen dem vollstationären Bereich und dem teilstationären Bereich (»Wohngruppen«). Den Mitarbeitern der Wohngruppen wurde von den Kollegen des Wohnheimes unterstellt, sie würden zu hohe Anforderungen an die selbstständige Lebensführung der Betreuten stellen, sie nicht genügend bei der Bewältigung der Alltagsaufgaben unterstützen und sie quasi ihrem Schicksal aussetzen. Zumindest schwang in den Kooperationskontakten diese Befürchtung hintergründig mit.

Die Wohngruppen-Mitarbeiter hatten umgekehrt die Sorge, dass den Wohnheimbewohnern zu wenig zugetraut werde, ein Wechsel in die teilstationäre Betreuung deshalb hinausgezögert oder gar nicht erst ermöglicht würde. Unabhängig von der jeweiligen individuellen Betreuung wurde den Kollegen in der ambulanten und teilstationären Betreuung von den Kollegen der vollstationären Betreuung gelegentlich unterstellt, sie richteten die Betreuungszeiten nach ihren eigenen Dienstplanwünschen aus. Weiter wurde festgestellt, dass in einem Landkreis durch die *Brücke* das gleiche Angebot mehrfach vorgehalten wurde. So existierten zum Beispiel mehrere Frauengruppen, identische Freizeitangebote und gleichzeitig für ambulant und teilstationär Betreute am Wochenende keine Freizeitangebote, dafür aber für die Wohnheimbewohner. Ähnlich sah es mit den tagesstrukturierenden Angeboten unterhalb Werkstatt im Zuverdienst und der Ergotherapie aus, dieses war für den vollstationären Bereich in der Regel gut organisiert, für die ambulanten und teilstationären Nutzer gab es aber weniger Angebote.

Als Konsequenz daraus wurden in jedem Landkreis Projektgruppen eingerichtet, die den Auftrag hatten, ein Wohnverbundskonzept für ihre Region zu entwickeln. Die Gruppenmitglieder mussten sich aus allen Wohneinrichtungen zusammensetzen und erhielten eine Moderation aus der Geschäftsleitung der *Brücke Schleswig-Holstein*. Der Projektauftrag war in jeder Region auf die jeweiligen Bedingungen abgestimmt, enthielt aber überall denselben Kernauftrag, der wie folgt lautete:

- Die ambulanten, teilstationären und stationären Einheiten werden zu einem Einrichtungsverbund mit einer eindeutigen Leitung zusammengefasst.
- Das Verbundsystem stellt sich nach innen und außen einheitlich dar.
- Im Verbundsystem steht eine Einheit zur kurzfristigen Aufnahme und zur Krisenintervention zur Verfügung.
- Die Hilfen stehen an sieben Tagen in der Woche je 24 Stunden, also auch nachts zur Verfügung.
- Es gibt innerhalb des Verbundes abgestufte Hilfen zur individuellen persönlichen Betreuung, zur Tagesstruktur, zur Unterstützung im Wohnumfeld, zur Freizeitgestaltung und zur Krisenintervention.

Die Umsetzung der Projektergebnisse in den einzelnen Regionen erfolgte von 1999 bis in das Jahr 2000. Endgültig abgeschlossen ist die Umsetzung aber nie. Sie ist einem ständigen Entwicklungsprozess ausgesetzt, der gewollt ist und der seine Impulse aus der Empowermentbewegung der Nutzer erhält, aber auch aus Veränderungen in der Gesetzgebung (Heimgesetz und § 93 BSHG) sowie natürlich aus sich weiterentwickelnden konzeptionellen Überlegungen an der Basis der Betreuung und bei der Führung des Betriebes.

In allen Wohnverbünden gibt es ein Aufnahme- und ein Entlassungsgremium, in denen die Leitung des Wohnverbundes und die jeweiligen Leitungen der verschiedenen Wohnformen vertreten sind. Es gibt eine klare hierarchische Überordnung der Wohnverbundsleitung.

In einigen Regionen ist es gelungen, Nutzervertretungen für den Wohnverbund zu installieren und somit sicherzustellen, dass auch die Heimbewohner bei der Wahrung ihrer Interessen Unterstützung aus den eigenen Reihen erhalten. Mit der Neufassung des Heimgesetzes und der eindeutigen Zuordnung der sozialpsychiatrischen Wohnheime unter das

Heimgesetz musste zwar zunächst befürchtet werden, dass die Wohnverbundsbeiräte nicht von den Heimaufsichten akzeptiert werden, aber in zwei Regionen wurden die Beiräte bereits von den Heimaufsichten anerkannt.

Für die Nutzerinnen und Nutzer besteht der Vorteil der Wohnverbünde darin, dass sie innerhalb des Verbundes leichter von einer Betreuungsdichte in die andere wechseln können, zum Beispiel von der Heimbetreuung in die teilstationäre Wohngruppenbetreuung, ohne zwangsläufig auch die Bezugsbetreuung wechseln zu müssen.

Ein weiterer wesentlicher Vorteil der Wohnverbünde gegenüber stark voneinander abgegrenzten Einrichtungen ist die gemeinsame Nutzung von Betreuungsangeboten. Es werden Freizeitaktivitäten wie zum Beispiel Ausflüge, Reisen und Hobbygruppen gemeinsam von allen Nutzerinnen und Nutzern des Verbundes in Anspruch genommen. Gleiches gilt für psychoedukative Gruppen, Beschäftigungsmöglichkeiten und Angebote für Angehörige.

Unter den Mitarbeitern hat sich herausgestellt, dass besondere Fähigkeiten, wie eine Gesangsgruppe zu leiten oder Tanztherapie anzubieten, nicht mehr nur den Nutzern und Nutzerinnen ihrer Einrichtung zugute kommt, sondern allen Interessierten aus dem Verbund.

Für die internen Krisendienste, die sich mit den Wohnverbünden entwickelt haben, standen nun nicht mehr nur die Mitarbeiter der Wohnheime zur Verfügung, sondern alle betreuerischen Mitarbeiter und Mitarbeiterinnen des Verbundes. Die Last des Dienstes zu ungünstigen Zeiten konnte nun auf wesentlich mehr Kollegen verteilt werden. Im Prinzip gilt, dass die Nachtbereitschaft des vollstationären Bereiches das Krisentelefon bedient und je nach Bedarf an den zuständigen Mitarbeiter, der zu Hause Hintergrundbereitschaft hat, weitervermittelt. Die Hintergrundbereitschaft hat einen entsprechenden »Informations- und Krisenkoffer« bei sich und ist in der Lage, innerhalb einer halben Stunde bei der Person zu sein, die sich in der Krise befindet.

Eine Auswertung der Kriseneinsätze aus dem Jahr 2001 hat ergeben, dass der interne Krisendienst die Krankenhauseinweisungen um über 50 Prozent verringert hat.

Bei der Einstellung neuer Mitarbeiter wurde darauf geachtet, dass gar nicht erst ein kleinteiliges Einrichtungsdenken entstand und sich die Neuen als Kollegen im Verbund verstehen.

Durch den leichteren Wechsel der Nutzerinnen von einer Wohnform in die andere gab es auch eine stärkere Veränderung in der jeweiligen Platzzahl und dem damit verbundenen Personalbedarf. Einen Wechsel der

Mitarbeiter in ein anderes Betreuungsteam erlebten die Mitarbeiter nicht mehr so sehr als Versetzung in eine andere Einrichtung. Insbesondere dort, wo auch noch die Teamräume im selben Gebäude untergebracht waren, entstand sehr schnell das Gefühl, zum Wohnverbund zu gehören.

Vollstationäres Wohnen im Wohnverbund

Die vollstationären Angebote der *Brücke Schleswig-Holstein* umfassen grundsätzlich sozialpsychiatrische Wohnheime mit unter 30 Plätzen in einem gemeinsamen Gebäudekomplex. Die darin enthaltenen Wohneinheiten bestehen in der Regel aus Einzelapartements und Wohnungen für bis zu fünf Personen. Die Wohnungen verfügen über eigene Küchen, sodass je nach Bedarf die zentrale Versorgung der Einrichtung in Anspruch genommen werden kann oder eben die Möglichkeit der Selbstversorgung besteht. Alle vollstationären Angebote liegen zentral in den Städten. Auf abgeschiedene Einrichtungen auf dem Lande wurde ganz bewusst verzichtet. Die vollstationären Einrichtungen verfügen außerhalb des »Haupthauses« (auch: »Kernhaus«) noch über so genannte vollstationäre Trainingswohnungen oder ausgegliederte Wohnungen. Diese Wohnungen ermöglichen einen individuellen Übergang in weniger dichte Betreuungsformen und machen es möglich, von vornherein stärker auf individuelle Besonderheiten im Betreuungsbedarf einzugehen.

Gerade bei dem Anspruch der regionalen Versorgungsverpflichtung ist es wichtig, individuell auf die Bedürfnisse der Nutzer und die Erfordernisse in der Betreuung eingehen zu können, manchmal auch zum Respekt voreinander, wenn die Fähigkeit zum Leben in der Gemeinschaft nur eingeschränkt vorhanden ist – etwa unter vollstationären Rahmenbedingungen das Alleinwohnen in einer abgeschlossenen Wohnung zu ermöglichen.

Diese Trainingswohnungen sind entweder angemietet oder sie befinden sich in Ein- oder Zweifamilienhäusern im Besitz der *Brücke Schleswig-Holstein*. Die Bewohner dieser Trainingswohnungen haben die Möglichkeit, alle zentralen Versorgungs- und Kommunikationsmöglichkeiten des Haupthauses zu nutzen. Ihre Bezugsbetreuung kommt in der Regel aus dem Team der vollstationären Einrichtung.

Betreuungsdichte und -intensität nach individuellem Bedarf

Innerhalb der Wohnverbünde ist es möglich, von der vollstationären beispielsweise in die teilstationäre Betreuung zu wechseln, dabei die Bezugsbetreuung zu behalten und gleichzeitig in derselben Wohnung zu verbleiben. Das bedeutet grundsätzlich, dass eine Wohnung zunächst vollstationär geführt und später zu teilstationär oder ambulant verändert werden kann. Für die Nutzerinnen ist das ein großer Vorteil, denn gerade bei knappem Wohnraum fällt es ihnen nicht immer leicht, eigenen Wohnraum anzumieten, und nicht selten muss der Träger als Garant für die Mietzahlung oder auch der »Ordnung« den Wohnraum beschaffen und an die Betroffenen weiter vermieten.

Für den Kostenträger ist diese positive Flexibilität zum Vorteil der Nutzer nicht immer leicht nachzuvollziehen. Sie wird zuweilen nicht verstanden und auch nicht genehmigt, insbesondere dann nicht, wenn der Wechsel dazu führt, dass sich der Investitionsbetrag im Tagespflegesatz zu Gunsten des Kostenträgers ändert. Es muss dann eine Neuberechnung des Pflegesatzes erfolgen und eine Änderung der Adressen der Einrichtung, manchmal auch eine Veränderung der Platzzahl. Bei viel Bürokratie kann das gelegentlich sehr lange dauern, manchmal sechs bis zwölf Monate. Das ist zum Beispiel der Fall, wenn eine vollstationäre Trainingswohnung in eine ambulante oder teilstationäre Mietwohnung umgewandelt wird.

Wegen der kommunalen Zuständigkeit für die ambulante Betreuung nach dem BSHG ist die Betreuungsdichte in den einzelnen Landkreisen unterschiedlich ausgestaltet worden. Derzeit gibt es folgende Möglichkeiten:

1. Eine ambulante Betreuung mit dem Schlüssel 1:12 oder 1:10 beinhaltet eine doppelte bis dreifache ambulante Betreuung, um die teilstationäre oder vollstationäre Betreuung zu vermeiden und das Leben in der eigenen Wohnung weiterhin zu ermöglichen.
2. Eine teilstationäre Betreuung mit einem ungefähren Schlüssel von 1:5.
3. Die betreuten Nutzerinnen und Nutzer leben in Häusern oder Wohnungen der *Brücke* und haben dort Zimmer mit Küchen und Bädern, häufig zu zweit oder zu dritt als Untermieter der Einrichtung, möglich ist aber auch die teilstationäre Betreuung in einer Einzelwohnung.
4. Die teilstationäre Betreuung in der eigenen Wohnung mit einem Betreuungsschlüssel von 1:5, bei der die betreuten psychisch erkrankten Menschen Hauptmieter ihrer Wohnung sind.
5. Letzteres ist eine Ausnahme und nur mit besonderem Verhandlungsgeschick gegenüber dem Kostenträger durchzusetzen, weil dieser sich auf den formalen Standpunkt stellt, dass eine eigene Wohnung keine Einrichtung darstellt und es sich somit um eine ambulante Betreuung handelt.

6. Der Nachteil für den Nutzer besteht darin, dass die Grenze bei der Höhe des anzurechnenden Einkommens bei der ambulanten Betreuung niedriger angesetzt ist.
7. Vollstationäre Betreuung beinhaltet einen ungefähren Betreuungsschlüssel von 1:3.
8. Die Betreuten bewohnen je ein Einzelzimmer in einem kleinen sozialpsychiatrischen Wohnheim oder in den schon beschriebenen Trainingswohnungen. Auch hier ist die vollstationäre Betreuung in einer Einzelwohnung außerhalb des Wohnheims möglich.
9. Vollstationäre Betreuung mit einem erhöhten Betreuungsbedarf und deshalb ein Betreuungsschlüssel von 1:2.
10. Letzteres existiert für eine Einrichtung als Binnendifferenzierung und als separate Einrichtung. Das heißt: Personen mit einer unterschiedlichen Betreuungsdichte leben unter dem Dach einer Einrichtung.

In einem Landkreis wurde die Fachleistungsstunde als ambulante Betreuungsform eingeführt. Die Fachleistungsstunde (60 Minuten) wird derzeit mit ca. 51 Euro vergütet. Die Anzahl der Stunden richtet sich nach dem jeweiligen individuellen Hilfebedarf, der über eine Helferkonferenz festgelegt wird und sich auch im Verlauf der Betreuung verändern kann. Die Fachleistungsstunde ist für alle psychisch erkrankten Personen gedacht und soll insbesondere die vollstationäre und teilstationäre Betreuung ersetzen. Die *Brücke Schleswig-Holstein* macht zurzeit mit der Fachleistungsstunde sehr gute Erfahrungen, allerdings ließ sich noch kein abnehmender Bedarf für die vollstationäre Betreuung feststellen, was ein angestrebtes Ziel ist.

In demselben Landkreis hat die *Brücke Schleswig-Holstein* einen ambulanten, sozialpsychiatrischen Pflegedienst aufgebaut, der auch in Kombination zur Fachleistungsstunde tätig wird. Dadurch ist es möglich, BSHG-Kosten zu senken und die Kranken- und Pflegekassen an den Kosten zu beteiligen.

Nutzerbeteiligung im Wohnverbund

Die vollstationären Plätze innerhalb der Verbünde unterliegen erst seit der Novellierung des Heimgesetzes ebendiesem Gesetz, vorher galten sie als Plätze einer Übergangseinrichtung. Es war daher möglich, statt der im Heimgesetz vorgeschriebenen Heimbeiräte Wohnverbundsbeiräte einzurichten. Die Bemühungen, ausschließlich durch Nutzer der vollstationären Einrichtungen einem Heimbeirat zu installieren, waren nicht sehr erfolgreich und dort, wo es gelang, waren die Heimbeiräte wenig aktiv. Erst mit Einführung der Wohnverbundsbeiräte kam Leben in die Beiratsarbeit. Nun konnten die Nutzerinnen mit weniger starken Beeinträchtigungen auch die Beiratsarbeit für die »weniger Aktiven« übernehmen und es wurde für die Beiratsmitglieder möglich, im Beirat zu bleiben, auch wenn ein persönlicher Wechsel von der vollstationären zur teilstationären oder der ambulanten Betreuung erfolgte.

Mit der Gültigkeit des neuen Heimgesetzes wurden zwar die Heimbeiräte wieder eingeführt, sie sind aber Teil der Wohnverbundsbeiräte und das Prinzip der gegenseitigen Unterstützung im Verbund durch die Nutzer wurde beibehalten.

Auch die vollstationäre Betreuung kann ein hohes Maß an Selbstbestimmung, Individualität und Autonomie gewährleisten. In der *Brücke Schleswig-Holstein* haben sich für die vollstationären Einrichtungen Standards herausgebildet, an deren Entwicklung weiter gearbeitet wird.

Zum Abschluss sollen die beiden wesentlichen Qualitätsstandards benannt werden.

1. **Zentral so eigenständig wie möglich wohnen** Die Einrichtung befindet sich in zentraler Kreis- und Stadtlage und ist an den öffentlichen Nahverkehr angebunden. Sie unterliegt der regionalen Versorgungsverpflichtung und sie passt ihre Angebote an die jeweiligen Betreuungsbedarfe der Nutzerinnen und Nutzer an. Die zentralen baulichen Einheiten sind für weniger als 30 Personen vorgesehen, in denen es immer Einzelzimmer gibt, die in Wohnungen gegliedert sind (Einzelpersonen und bis maximal fünf Personen) und eigene Küchen und Bäder enthalten.
   Die Eigenmöblierung ist immer möglich und wird vom Nutzer selbst bestimmt. Der Anschluss eines eigenen Telefons ist machbar und ein eigenes Namensschild und ein Briefkasten können angebracht werden. Die Bewohnerinnen haben einen eigenen Hausschlüssel und uneingeschränktes Besuchsrecht. In den einzelnen Wohnungen besteht die Möglichkeit zur Eigenversorgung. Die Nutzer der Einrichtung haben die Möglichkeit, die Gemeinschaftsräume der vollstationären Einrichtung auch privat zu nutzen.
2. **Vernetzte und individuell ausgestattete Hilfen** Die Einrichtung ist auch immer Teil des gemeindepsychiatrischen Verbundes und entsprechend vernetzt. Der Träger arbeitet mit dem Verband der Psychiatrie-Erfahrenen im Land und dem Verband der Angehörigen zusammen. Bei den Einrichtungen der *Brücke* besteht ein Fachkräfteanteil von 90 Prozent in den vollstationären Einrichtungen. Für das

Personal gibt es Team-Supervisionen. Die *Brücke* gewährleistet regelmäßige sozialpsychiatrische Fort- und Weiterbildungen, die durch Kooperation mit anderen Leistungserbringern für das gesamte Personal angeboten werden. Unabhängig von der Leistungsvereinbarung gibt es eine individuelle Hilfeplanung und es besteht immer ein System der Nutzerbeteiligung sowie die Möglichkeit interner Vorschläge und Beschwerden.
Der Träger hält entweder eigene Beschäftigungsangebote vor oder vermittelt diese, ebenso gibt es Hilfe bei der Aufnahme von Arbeit.
Die Hilfen für die Nutzerinnen und Nutzer werden geschlechtsspezifisch differenziert vorgehalten.
Die *Brücke Schleswig-Holstein* unterstützt die Nutzer immer bei der Teilhabe an kulturellen, sportlichen und sozialen Angeboten in der Gemeinde. Die Bewohner haben immer die Möglichkeit der Mitbestimmung und Beteiligung an der Tages- und Wochengestaltung.
Ihnen wird die Möglichkeit zur Teilnahme an den regionalen »Trialogen« gegeben. Der Träger sorgt dafür, dass es einen Zugang zum psychoedukativen Gruppentrainingsprogramm (»Pegasus«) gibt.
Ebenso wird ein interner Bereitschafts- und Krisendienst vorgehalten.
Für die Angehörigen werden ebenfalls Gruppen angeboten.

Wie oben schon benannt, ist die Weiterentwicklung der Verbünde ein Prozess, der fortschreitet und sich in ständiger Anpassung an (künftige) Veränderungen und Erkenntnisse befindet. Einen wesentlichen Anteil haben dabei die Nutzerinnen und Nutzer der Wohnverbünde.

Seit Anfang 2000 gibt es in der *Brücke Schleswig-Holstein* ein internes Vorschlags- und Beschwerdewesen, welches von einem Beirat gesteuert wird, in dem die Nutzer vertreten sind. Beides, die Nutzervertreter der Wohnverbünde und das Beschwerdewesen, geben der Organisation *Brücke Schleswig-Holstein* immer wieder neue Impulse, sich auf die Bedürfnisse der Nutzerinnen und Nutzer der Sozialpsychiatrie einzustellen.

SUSANNE KÖNIG, JOACHIM SCHWERDTFEGER

Deinstitutionalisieren ... und gehen Sie nicht über Heim

Von der Klinik ins Betreute Wohnen

Das Nussknacker-*Projekt in Altona steht nicht nur für eine konsequente Deinstitutionalisierung von der Klinik ins Betreute Wohnen. In diesem Beitrag wird deutlich, was es bedeutet, in einem langen Prozess gemeinsamer Planung und Entwicklung aus der Klinik heraus neue Wege für das zukünftige Wohnen bzw. Leben und deren professionelle Begleitung zu gestalten.*

Ziel dieses Projektes ist, eine Lücke zwischen Betreutem Wohnen und Heim zu schließen, indem Appartement-Häuser gebaut werden sollen.

Der Beitrag zeigt, dass zu Anfang viel Überzeugungsarbeit zu leisten ist, manchmal schon morgens um 6 Uhr 30, und dass man sich für den Start Zeit lassen muss und sollte. Besser, alles gründlich vorzustrukturieren, als übereilt Halbheiten zu betreiben. Der Nussknacker *hat es geschafft und geht auf sein 20-jähriges Jubiläum zu. Um das zu erreichen, müssen immer wieder neue Hürden gerade in der Finanzierung genommen werden – auch das ist immer wieder gelungen.*

S. König und J. Schwerdtfeger zeigen aber auch einige Mythen auf, denen man nicht aufsitzen sollte, und sie stellen fest, dass die ambulante Arbeit in so einem Modell durchaus gewisse Anforderungen an die Mitarbeiter stellt. Sie nämlich müssen sowohl in der Lage sein, weite Teile der Woche allein zu arbeiten, als auch »teamfähig« bleiben.

Mühsamer Anfang

Nach der ersten Euphorie über das »Modellprogramm Psychiatrie« und der Vernetzung von Diensten in mehreren Regionen war klar geworden: Auch dieses Mittel taugte nicht, um den Patienten in den noch immer großen Langzeitstationen eine lebenswerte Alternative zu bieten. Bundesweit war festzustellen, dass die Langzeitstationen nach wie vor voll, schlecht ausgestattet und ihre Insassen hospitalisiert waren, und zwar ohne jede Perspektive.

Den Plan des Hamburger Senats, 150 Betten in Heimplätze auf dem

Klinikgelände umzuwandeln (wie dieses vielerorts schon vorgemacht worden war), hatten auch wir in den zwei Jahren zuvor heftig attackiert, ohne allerdings überzeugende alternative Konzepte jenseits des Schlagwortes von »Kleinen Heimen über die Stadt verteilt« entwickelt zu haben. Vielleicht ist es letztlich dem Immobilienmarkt zu verdanken, dass keine kleinen Heime entstanden. Aber es gab auch Zweifel am Heimkonzept allgemein, denn die bestehenden Hamburger Heime hatten schon lange beschrieben, dass eine Entlassung nach positiven Entwicklungen oft in erneute Krisen führte und Nachsorge nötig war, um den Übergang zu begleiten. Auf der anderen Seite hatte K. Dörner in Gütersloh mit den ersten 100 Langzeitpatienten gute Erfahrungen gemacht, die in eigenen Wohnungen allein oder mit Wohnpartnern lebten und von den Schwestern und Pflegern der Klinik ambulant betreut wurden.

Es stellten sich also Fragen, die mehr als »reif« waren für neue Antworten, da die alten an Überzeugungskraft verloren hatten.

Der Grundgedanke für das *Nussknacker*-Projekt war einfach: Auch wenn viel Hilfe nötig sein würde, warum sollte diese nicht auch in Wohnungen geleistet werden? Sollte sich der Hilfebedarf reduzieren, dann konnte die Hilfe ebenfalls reduziert werden und der Klient konnte in seinem Zuhause verbleiben, jedenfalls solange er wollte. Zusätzlich aber wäre es nötig, einen Treffpunkt anzubieten, der insbesondere bei langfristig hospitalisierten Personen möglicher Vereinsamung begegnete. In diesem Treffpunkt konnten Medikamente ausgegeben oder das eigene Geld verwaltet werden. Neben den kommunikativen Angeboten sollte ein täglicher Mittagstisch eingerichtet werden. Wegen der Existenz eines solchen Einrichtungsteils – »Treffpunkte« oder »Begegnungsstätte« – hat uns der Sozialhilfeträger als »teilstationär« eingestuft.

Den Namen *Nussknacker* wählten wir, weil uns klar war, dass wir nur dann die Langzeitpatienten und -patientinnen wirklich erreichen könnten, wenn wir die Nuss Klinik knacken würden. Wir nutzten die Anregungen der Systemiker um Selvini Palazzoli und betrachteten uns als Teil eines größeren (Hilfe-)Systems. Wir stellten uns und unser Konzept auf allen Hierarchie-Ebenen der Klinik vor und baten alle neuen Kooperationspartner, sich klar zur Frage einer Zusammenarbeit zu äußern bzw. dann natürlich diese zuzusagen. Als »Vorleistung« wurde von uns erwartet, auf den Klinikstationen zu hospitieren, und zwar bei Dienstbeginn 6 Uhr 30! Wir machten brav alles mit, was wir konnten: vom Bettenmachen bis zur Essensverteilung. So legten wir die Grundlage für unsere jahrelange enge Zusammenarbeit. Eines war uns außerdem klar: Wir wollten keinen Patienten in einen kaukasischen Kreidekreis bringen: Entlassungen von Personen, denen diese Station seit fast zwei Jahrzehnten zur Heimat geworden war, konnten nur gelingen, wenn der Gedanke von jedem einzelnen Patienten und den Mitarbeitern der Klinik verstanden und getragen würde.

Der Senat beschloss schließlich, dass in der Klinik 30 Betten gestrichen würden und das damit eingesparte Geld unsere neue Einrichtung finanzieren sollte. Hintergrund dieser direkten Umleitung der Finanzmittel war das damals gültige Kostenteilungsabkommen zwischen Sozialbehörde und Krankenkassen. Darin war geregelt, dass die Kassen Klinikaufenthalte bezahlten, aber die Sozialbehörde mit längerer klinischer Verweildauer eines Patienten prozentual steigend die Kosten erstattete. Nach zehnjährigem Klinikaufenthalt betrug diese Erstattung dann 100 Prozent. Diese Hamburger Spezialität hatte den Patientinnen und dem Versorgungssystem lange die Definitionskämpfe »Behandlungsfall versus Pflegefall« erspart.

Konzeptionell und vom Ablauf her war uns wichtig, dass das Projekt langsam begann und dass für je drei in Altona angekommene Klienten eine therapeutische Fachkraft eingestellt wurde. Jedes schnellere Vorgehen hätte unmöglich gemacht, dass Patienten die Klinik als selbstbestimmten Prozess verließen. Wir wollten uns nicht daran beteiligen, dass die Personen nach Jahren der Fremdbestimmung und Vernachlässigung einfach »verlegt« wurden, sondern sie sollten wieder Subjekt ihrer eigenen Geschichte werden und den Beginn der neuen Lebensphase selbst bestimmen. Zwei Dinge hatten uns die dreibändigen Klinikakten nämlich gelehrt: Eine hilflose Gesellschaft hatte für jeden einzelnen Patienten mehrfach im Laufe seines Lebens über gravierende Fragen entschieden. Das wollten wir nicht.

Wir suchten die Wohnungen, entwickelten Angebote am Wochenende, organisierten die Rufbereitschaft, zogen von einer Dreizimmer-Wohnung in Altona in ein Bürohaus und fanden schließlich unser jetziges Domizil: Im Erdgeschoss rund 100 qm als Begegnungsstätte, von zwei Mitarbeiterinnen betrieben, und im Stockwerk darüber die Büros der Bezugsbetreuer und der Verwaltung.

Es wurden schließlich rund drei Jahre, bis der Vereinsvorstand dem zehnköpfigen multiprofessionellen Team des *Nussknacker* zum dreißigsten Klienten gratulieren durfte.

Die Finanzierung und ihr Wandel

Mit dem Amtsleiter »Soziales und Rehabilitation« war die Frage der Finanzierungsstruktur zu besprechen: Ein Pflegesatz hätte bedeutet, zur Kostendeckung auch eventuelles Vermögen der Klientinnen mit einzubeziehen, was eine existenzielle Abhängigkeit der Einrichtung von den Klienten nach sich gezogen hätte. Der Status »Betreuter Klient« sicherte die Finanzierung. Auch sprach der Plan, über die Versorgung der definierten Klientinnen hinaus gemeindepsychiatrische Aktivitäten zu entfalten, für die Alternative der Zuwendungsfinanzierung. Auch bei der Zuwendung erhielten die Klienten einen Bewilligungsbescheid nach §§ 39, 40 BSHG, aber es gab in Hamburg kein Verfahren zu ihrer Kostenheranziehung außerhalb des Pflegesatzbereiches.

Mit Niedergang der staatlichen Finanzen fiel auch die öffentliche Bewertung von Einrichtungen wie dem *Nussknacker* Anfang der neunziger Jahre. Zur Existenzsicherung stimmten wir 1995 einer Veränderung zum Pflegesatz zu. Allerdings wurden die Klienten und Klientinnen nicht Taschengeldempfänger, sondern behielten ihr Einkommen, meist Hilfe zum Lebensunterhalt (HzL) gemäß BSHG. Zu den Kosten wird herangezogen, wessen Einkommen den erhöhten Satz übersteigt.

Zuvor, 1985/86, hatte es noch einige Klienten gegeben, die ihr Vermögen von über 4500 DM der Sparsamkeit ihres Vormundes zu verdanken hatten und jetzt, Anfang der neunziger Jahre, zu den Kosten herangezogen werden sollten: Acht Personen beendeten deshalb die Betreuung und bei sechs von ihnen verlief das Leben befriedigend ohne größere Krisen – wir im Team hingegen hatten sehr problematische Verläufe erwartet. Es war wieder mal die Lehre: Chronisch Kranke konnten mehr, als wir gedacht hatten. Und noch eins wird daran klar: Die Psychiatrie verfügt über wenig verlässliche prognostische Instrumente!

Das Betreuungsangebot heute

Das heutige Leistungsangebot des *Nussknackers* richtet sich an psychisch kranke Menschen mit hohem Hilfebedarf aus dem Bezirk Altona. Gemeinsam mit der zweiten Einrichtung des Trägers, dem Betreuten Wohnen Osdorf, sowie den anderen Diensten wird die regionale Vollversorgung angestrebt.

Die Arbeit gliedert sich in zwei Bereiche: in eine Begegnungsstätte mit zwei Mitarbeiterinnen und eine Bezugsbetreuung. Die Begegnungsstätte ist an sechs Tagen in der Woche geöffnet und bietet Klienten mit Betreuungsvertrag sowie Besuchern mit einer psychischen Erkrankung die Möglichkeit, in den Kontakt zu anderen Menschen zu kommen, einfach nur Kaffee zu trinken oder an den dortigen Gruppenangeboten (Billard-, Kreativ-, Frauen-, Männer- und Frühstücksgruppe) teilzunehmen. Ein Frauenraum innerhalb der Begegnungsstätte bietet Klientinnen bei der sonstigen Männer-Dominanz eine häufig genutzte Rückzugsmöglichkeit. In der Begegnungsstätte gibt es täglich, außer am Samstag, ein von Klienten unter Anleitung einer Ergotherapeutin zubereitetes günstiges Mittagessen.

Die Bezugsbetreuungsarbeit findet in einem multiprofessionellen Team von insgesamt fünf Betreuerinnen, einer therapeutischen Leitung und einer Geschäftsführung (Psychologe) statt. Damit hat der *Nussknacker* einen Personalschlüssel von 1:4. Mit dem Anspruch, die essenziell wichtige Kontinuität in der therapeutischen Arbeit zu gewährleisten, haben die Klienten und Klientinnen jeweils eine Bezugsbetreuerin sowie eine Co-Bezugsbetreuerin als Urlaubs- und Krankheitsvertretung im Hintergrund. Dieses Betreuungspaar tauscht wöchentlich Informationen aus und stellt die erste Reflexionsebene der therapeutischen Arbeit dar. Hier wie auch in den Betreuungsbesprechungen des ganzen Teams legen wir Wert darauf, die Übertragungen und Gegenübertragungen wahrzunehmen.

Die Ermittlung der Bedarfe der einzelnen Klienten werden mit diesen gemeinsam auf der Grundlage des IBRP (Hilfeplan-Manual) erarbeitet. Inhalte des Betreuungsvertrages können gemäß der Leistungsvereinbarung mit dem Sozialhilfeträger sein:

- Hilfen in Bereich Wohnen und Selbstversorgung,
- Hilfen bei der Tages- und Kontaktgestaltung,
- Hilfen im Bereich Arbeit und Ausbildung.

Das Hauptaugenmerk liegt bei den sehr zurückgezogen lebenden Klienten in der Stadtteil-Orientierung. So finden viele der wöchentlichen Einzelkontakte außerhalb der Einrichtung, zum Beispiel in der Wohnung, in Cafés oder auch während öffentlicher Angebote statt.

Der *Nussknacker* bietet eine 24-stündige Rufbereitschaft an. In der Regel reichen kurze telefonische Interventionen, in denen Realität überprüft oder der Abend gemeinsam strukturiert wird. Darüber hinaus ist es bei Bedarf möglich, zur Krisenintervention Hausbesuche durchzuführen bzw. Klienten ins Krankenhaus zu fahren.

Um miteinander koordiniert zu arbeiten, aber auch reflektiert, führen wir wöchentlich zwei Besprechungen und eine Dienstbesprechung durch, rund 3,5 Stunden pro Woche. In regelmäßigen Abständen findet eine Teamsupervision sowie ein ärztliches Konsil statt. Wir binden mit Letzterem auch ärztliches Fachwissen in unsere Arbeit mit ein. Wenn somatische Erkrankungen vorliegen oder uns unbekannte Medikamente verordnet werden sowie zur fachlichen Reflexion nutzen wir diesen externen Berater.

Fehler und Grenzen

Wir können nach inzwischen fast 20 Jahren auf eine Erfolgsstory zurückblicken. Die individuellen Lebensgeschichten der Klienten machen Mut, aber auch die Versorgungsform »Betreutes Wohnen« hat sich in Hamburg durchgesetzt. Sinnvoll und ausreichend scheint nach aller Erfahrung ein Personalschlüssel von 1:4 zu sein, um auch Personen mit hohem Hilfebedarf versorgen zu können.

Allerdings hält sich bei vielen Profis und Finanziers immer noch ein prinzipieller Fehler in der Einschätzung dieses Versorgungstyps im Vergleich zu anderen. Dieser Fehler behauptet, es gäbe eine Steigerung der Versorgungsintensität von ambulant über teilstationär zu stationär. Zweitens behauptet dieser Fehler, dass ein höherer Hilfebedarf die nächsthöhere Versorgungsform benötige. Dieses mechanistische Denken verkennt, dass die angemessene Hilfeleistung vielmehr von der Qualität abhängt. So haben wir in unserem Setting schon erfolgreich Personen betreuen können, die aus jedem Heim nach kürzerer oder längerer Zeit herausgeflogen waren. Dabei handelt es sich um Personen, die jede Hausordnung zur Übertretung reizt. Einige schwer erkrankte Borderliner, die in jedem stationären Setting mit ihrer Regressionsneigung sich und andere zur Verzweiflung brachten, konnten eine gute Lebensqualität entwickeln. In der eigenen Wohnung haben sie ihre eigene geschützte Privatsphäre. Grundsätzlich kann dieses auch für chronisch und akut schizophren erkrankte Personen gelten, denen ein abgegrenzter Wohnbereich gerade angesichts ihrer psychischen Abgrenzungsprobleme ausgesprochen gut tut.

Auch wenn der italienische Slogan »Freiheit heilt« wie alle Schlagwörter übertreibt, so kann man viele Überraschungen erleben, wie sehr Freiheit gut tun kann. Diese Feststellung der positiven Überraschung möchten wir allen Kollegen und Kolleginnen ans Herz legen, die ihre Patienten bisher nur im stationären Setting kennen gelernt haben und auf Grund der dortigen Erfahrungen skeptisch sind, ob eine eigenständige Lebensform möglich ist. Alle Menschen verhalten sich in unterschiedlichen Settings verschieden und Ressourcen werden nur dann deutlich, wenn sie gefragt sind.

Das betreute Leben in einer Wohnung ist selbstverständlich auch schon mal gescheitert – es ist nicht die allein passende Lebensform für alle Menschen. Wir wissen nicht, wie viele Personen sich im Vorfeld dagegen entschieden haben, es nicht ausprobiert haben und gut daran getan haben. Was wir wissen, ist nur, dass für den Klinikpatienten der zufällig freie Platz in einer der zahlreichen betreuten Wohnformen zunehmend mehr über die Lebensperspektive entscheidet, zumal die Kliniken keine Zeit zum Suchen,

Abwägen und Entscheiden mehr zur Verfügung stellen können. Und freie Plätze sind Mangelware, im Betreuten Wohnen ebenso wie in anderen Einrichtungen.

Appartement-Wohnen statt Heim

Wir wissen heute auch, dass es in all den Jahren einige Personen gegeben hat, die sich in dem »singularisierten« Leben nicht wohl fühlten, die unter der Einsamkeit in ihrer 50-Quadratmeter-Mietwohnung litten. Bei diesen vier oder fünf Personen führte der Weg in der Vergangenheit aus Mangel an Alternativen ins Heim – nicht ihr hoher Hilfebedarf war es, sondern ihr Wunsch nach einer anderen Lebensform! Sie mussten diesen Wunsch nach einem anderen Setting mit dem Verlust ihrer Eigenständigkeit bezahlen und wurden zu Taschengeld-Empfängern. Auch bei einigen anderen Menschen, die wir betreuen, sehen wir, dass ihnen der Stützanruf durch den Rufbereitschaftsdienst nur eine Krücke ist oder sie sich mit der Möglichkeit, jemanden immer anrufen zu können, begnügen, obwohl es ihnen damit nicht wirklich gut geht. Aber sie wollen nicht ins Heim, der Statusverlust ist ihnen ein zu hoher Preis.

Eine neue Alternative könnte das Appartement-Wohnen sein, das wir zurzeit planen: Acht bis zehn Klientinnen können in einem Haus in Appartements mit normalen Mietverträgen leben und werden vom *Nussknacker* betreut, wenn bzw. so lange sie es wollen. Alle bisherigen Erfahrungen mit solchen Wohn-Nachbarschaften zeigen, dass in dieser Lebensform auch solche Personen eine hohe Lebensqualität entwickeln können, die unter massiven Störungen leiden und einen besonders hohen Hilfebedarf haben. Die Nachbarschaft bekannter Personen gibt die Chance zum Kontakt, ohne mehr als nötig institutionalisiert zu sein und ohne Statusverlust gegenüber dem singularisierten Leben. Denkbar ist bei diesem Modell auch die Addition von Gemeinschafts- oder Versorgungsräumen zum Beispiel im Erdgeschoss des Appartement-Hauses. Wir werden allerdings unser erstes Projekt ohne solche Angebote realisieren, da stets die Gefahr der Institutionalisierung immanent ist.

Für uns als Träger kann diese Lebensform bedeuten, dass wir – jedenfalls theoretisch – in einigen Jahren in dem Appartement-Haus nur noch Wohnungsverwaltung betreiben, weil keiner unserer Mieter dort mehr betreut wird. Wir erwarten in der Praxis, dass eine solche Entwicklung zu völliger Selbstständigkeit allerdings eher die Ausnahme sein wird. Abgesehen davon, dass wir nichts gegen erfolgreiche Arbeit haben, wenn Klienten und Klientinnen unabhängig werden, heißt das aber auch, dass Wohnungsbeschaffung zukünftig zum permanenten Teil der Betreuungsarbeit in größerem Umfang wird. Allerdings: Wenn es nützlich ist und möglicherweise Heime dadurch wirklich überflüssig werden, dann wollen wir uns dieser Arbeit gern widmen.

Anforderungen

Betreutes Wohnen hatte zwangsläufig schon immer einen hohen Anteil an personenbezogener Arbeit, der durch den IBRP konsequent systematisiert wird und uns geholfen hat, institutionelle Strukturen auf den Prüfstand zu stellen und zu verändern. Das Hilfeplan-Manual IBRP bietet die Möglichkeit, in einem multiprofessionellen Team die einzelne betreute Person wahrzunehmen und ihr individuell angemessene Betreuungsinhalte anzubieten. Damit ist eine hohe Anforderung an die therapeutischen Mitarbeiter und Mitarbeiterinnen verbunden, die sich weder an institutionellen Regeln noch an Programmen festhalten können. Sie können dann, aber auch nur dann erfolgreich einen großen Teil der gemeindepsychiatrischen Versorgung tragen, wenn der Teambezug der Arbeit etabliert und gepflegt wird. Diese Arbeitsform impliziert, dass jeder Bezugsbetreuer über weite Strecken des Arbeitstages auf sich allein gestellt ist. Das erfordert eine qualifizierte teambezogene Reflexion zur Prüfung der fachlichen Arbeit und zur Entlastung der einzelnen Mitarbeiter. Das Team ist heute noch an die Einrichtung gebunden; je enger aber unsere Kooperation mit anderen Diensten wird, desto wichtiger wird das personenbezogene Team aus etwa dem gesetzlichen Betreuer des Klienten, dem Klinikarzt, der Bezugsbetreuerin aus unserer Einrichtung und anderen.

Betreutes Wohnen ermöglicht den betreuten Personen, punktuell betreut zu werden, wann immer dies nötig ist – ermöglicht und fordert aber daneben, viele verschiedene normale Rollen einzunehmen. Es reduziert Klienten nicht auf ihre kranken Anteile, sondern die gesunden Anteile haben ihren Raum und können sich entfalten. Und das ist im Alltag und in den persönlichen Entwicklungen deutlich ersichtlich.

GABY OBERLIESEN-RICKERT, DIETER KORNMANN

Können Sie mir sagen, wo das Heim ist?

Stationäre Eingliederungshilfe für Menschen mit psychischen Behinderungen

Mit dem Wohnverbund Kontrapunkt *setzt der große nordrhein-westfälische Einrichtungsträger* Sozialwerk St. Georg e.V. *(www.sozialwerk-st-georg.de) eine eindeutige Wegmarke zu einer gemeindenahen Versorgung, die all das abdecken soll, was im Rahmen einer sozialpsychiatrischen Betreuung von psychisch kranken Bürgern abgerufen wird. Mit einem neuen Konzept in der Stadt Hamm wollte man etwas anderes anbieten, als es in den klassischen Einrichtungstypen vorgehalten werden kann: mehr Selbstbefähigung, mehr Selbstversorgung und mehr Selbstverantwortung. Träger und Mitarbeiter waren bereit, ihre Haltung gegenüber ihren Kunden zu überprüfen, und entschieden sich zu einer größeren Akzeptanz des Wollens und Könnens der Klienten. Sie wurden als Experten in eigener Sache, als Personen mit Ressourcen und als die eigentlichen Arbeitsauftraggeber in die Konzeptentwicklung einbezogen. Die Planungen erfolgten als Organisationsentwicklung in einem regionalen und kooperativen Prozess.*

Es entstand ein sehr engagiertes Team, das schon nach kurzer Zeit die Erfolge seiner Arbeit vorweisen konnte: Viele Klienten waren in der Lage auszuziehen und/oder in eine andere Wohnform zu wechseln. Bei ihnen ist der Wunsch nach Selbstbestimmung und persönlicher Freiheit erheblich gewachsen. Dem wird in einer steten Weiterentwicklung des Konzeptes und der Angebote Rechnung getragen. Der Wille zu Veränderungen und im Fluss zu bleiben, etwas Neues zu entwickeln und als Grundhaltung eine eindeutige Kundenorientierung haben die Professionalität der Mitarbeiter geprägt. Die Zukunft des Kontrapunkts *wird in einer Verstärkung der Angebote unter der eigenen Regie der Klienten liegen.*

Doch wie man vor der Zukunft zur Gegenwart kommt, beschreibt der Beitrag von Gaby Oberliesen-Rickert und Dieter Kornmann.

Aufbruch der Heime

Bei der gegenwärtigen Diskussion um die Veränderung und die Abschaffung der Heimstrukturen geht es immer wieder um die Frage, wie ein gemeindeintegriertes Assistenzkonzept für psychisch behinderte Menschen mit einem hohen, zeitweilig umfassenden Hilfebedarf gestaltet werden kann, für jene also, die unter den derzeit geltenden leistungsrechtlichen Rahmenbedingungen nur über die stationäre Eingliederungshilfe »in einer Anstalt, einem Heim oder einer gleichartigen Einrichtung« (§ 40/Abs. 4 BSHG) die notwendigen personellen Hilfen erhalten können.

Ein zentraler Anspruch dabei ist es, die Hilfen im Sinne des personenzentrierten Ansatzes (KAUDER/AKTION PSYCHISCH KRANKE 2001) so zu organisieren, dass eine künftige individuelle Aufgliederung von Leistungen der Betreuung, des Wohnens und des Lebensunterhaltes (Stichwort »persönliches Budget«) strukturell vorbereitet wird.

Unter solchen Veränderungen wird auch verstanden die Öffnung, Dezentralisierung und, an einigen Standorten, Auflösung von Heimen, die bis dahin infolge der Psychiatriereform die entlassenen und dann »vergessenen« Langzeitpatienten der psychiatrischen Kliniken beherbergt hatten. Es ging also darum, einen »Kontrapunkt« zu setzen zu den Lebensverhältnissen, die in der Geschichte der psychiatrischen Heime (auch unseres Trägers) mit der Entfremdung, Entrechtung und Entwürdigung der dort lebenden Menschen einhergingen.

Die Antwort auf die Frage, warum heute ein Klient um Aufnahme in einer stationären Einrichtung nachsucht, die mehr als 50 Kilometer von seinem Wohnort entfernt ist, ist häufig so einfach wie unbefriedigend: Er hat keine Alternative. Wiederkehrende Klinikaufenthalte konnten ihn nicht auf Dauer stabilisieren, das soziale Umfeld ist mit seinen Problemen überfordert und die verfügbaren ambulanten und teilstationären Hilfen reichen nicht aus, um tragfähige Lebensverhältnisse zu sichern. Und: Auch die letzte Alternative, ein Heimplatz, ist vor Ort nicht verfügbar.

Zwar stellte der Psychiatrieplan der Stadt Hamm im Jahr 1995 fest, dass »die Versorgung psychisch kranker und behinderter Mitbürger in vielen Bereichen auf eine gute und tragfähige Basis gestellt werden konnte«, davon ausgenommen waren aber offensichtlich Menschen mit einem umfassenden, komplexen Hilfebedarf.

Die Analyse der Aufnahmeanfragen in den Einrichtungen des Sozialwerkes St. Georg zeigte, dass Klienten aus der Stadt kontinuierlich in den umliegenden Kreisen um Heimplätze nachsuchten und dort einen festen Anteil der Bewohner ausmachten.

Um diesem »Heimtourismus« zu begegnen und gemeindefern untergebrachten Bewohnern, soweit im Einzelfall gewünscht, eine Rückkehr nach Hamm zu ermöglichen, realisierte das Sozialwerk in Abstimmung mit dem Landschaftsverband Westfalen-Lippe (als zuständigem überörtlichem Träger der Sozialhilfe) und der Stadt im Jahr 2000 ein zunächst auf 20 Plätze ausgelegtes stationäres Hilfeangebot. In enger Vernetzung mit den vorhandenen klinischen, ambulanten und teilstationären Einrichtungen und Diensten sollte so sichergestellt werden, dass Menschen wegen einer schweren psychischen Behinderung ihre Stadt nicht verlassen müssen.

Für einen Bedarf, der über die 20 Kernplätze hinausgehen würde, wurde eine Option auf angegliederte Außenwohnplätze in angemieteten Wohnungen bzw. Appartements auf der Grundlage einer Refinanzierung über den stationären Vergütungssatz vereinbart.

Im Rahmen einer Dezentralisierungsstrategie wurde geplant, die neu aufgebauten Wohnplätze an einem bestehenden – am lokalen Bedarf gemessen überdimensionierten – Heimstandort abzubauen. Der Aufbau und die Steuerung des neuen Angebotes in Hamm wurden daher an dieses bestehende Heim, in Ascheberg bei Münster, angebunden. Damit konnte ein für den dortigen Platzabbau notwendiger Mitarbeitertransfer in die neuen Einrichtungen sichergestellt werden, der dem Arbeitsplatzerhalt diente und für den Start der Arbeit an den neuen Standorten einen Kern von erfahrenen Fachkräften gewährleistete.

Leistungsspektrum

Das Leistungsspektrum des Angebotes richtet sich am Auftrag der Eingliederungshilfe aus. Es umfasst damit vor allem in folgenden Punkten die Anleitung, Begleitung und Unterstützung des einzelnen Bewohners durch fachlich qualifiziertes Personal bei:

- der Teilnahme am Leben in der Gemeinschaft,
- der Kommunikation,
- dem sozialen Zusammenleben,
- der individuellen Gestaltung des Wohnens,
- der Teilhabe am gesellschaftlichen Leben,
- der Erhaltung der Unabhängigkeit von Pflegeleistungen.

Die allgemeinmedizinische und psychiatrische Betreuung erfolgt unter Wahrung des Rechtes auf freie Arztwahl durch niedergelassene Ärzte oder die psychiatrische Institutsambulanz.

Personelle Ausstattung und Struktur

Eine stationäre Einrichtung hat innerhalb eines gemeindepsychiatrischen Verbundes die Aufgabenstellung, Menschen mit schwersten psychischen Behinderungen Eingliederungshilfe zu gewähren. Folgendes Anforderungsprofil wurde für die Bemessung des Personalbedarfs zu Grunde gelegt:

- Rund-um-die-Uhr-Präsenz an sieben Tagen in der Woche (die Zeit von 22–6 Uhr wird durch einen Bereitschaftsdienst abgedeckt, in Krisensituationen wird eine Wachpräsenz organisiert);
- fest zugeordneter Mitarbeiter je Klient zur Sicherstellung einer gemeinsamen individuellen Betreuungsplanung und Wahrung der personellen Kontinuität (Case-Management);
- Zusammenarbeit mit Angehörigen, gesetzlichen Betreuern, Kliniken, Nachbarn, Kirchengemeinden usw. (Netzwerkarbeit);
- personelle Kapazität zur Organisation individueller tagesstrukturierender Angebote innerhalb und außerhalb der Einrichtung;
- Einrichtungsleitung ist freigestellt zur Wahrnehmung der organisatorischen und inhaltlichen Leitungsaufgaben;
- personelle Kapazität für die Bereiche Verwaltung und Hauswirtschaft.

Dieses Profil wird abgedeckt durch (jeweils Vollbeschäftigtenwerte): eine Stelle (Fach-)Leitung, 8,75 Stellen Bezugsbetreuung (einschließlich Nachtdienst und Tagesstruktur), 0,8 Stelle Hauswirtschaft, 0,5 Stelle Verwaltung, zwei Zivildienstleistende.

Das Bezugsbetreuungsteam setzt sich zusammen aus pädagogisch und pflegerisch ausgebildeten Fachkräften. Der Dienstplan der Mitarbeiter richtet sich an den Bedürfnissen und dem Hilfebedarf der Klienten aus. In der Regel ist daher der Vormittag eher schwach, der Nachmittag und Abend deutlich besser besetzt. Die Nachtbereitschaft wird von allen Mitarbeitern im Wechsel geleistet.

Es gibt im Wohnverbund *Kontrapunkt* drei Arbeitsebenen, die in ständigem persönlichem Austausch stehen: die Bezugsbetreuer, die Fachleitung und die Einrichtungsleitung.

Bezugsbetreuer sind alle Mitarbeiter, die im Betreuungsdienst eingesetzt sind. Sie sind Case-Manager im stationären Setting und müssen befähigt sein, eine sachlich fundierte, an den individuellen Betreuungsbedürfnissen des Klienten ausgerichtete Hilfeplanung umzusetzen und zu dokumentieren. Der Bezugsbetreuer berichtet der zuständigen Fachleitung regelmäßig den aktuellen Stand und bespricht mit ihr die geplanten Betreuungsschritte. Er ist persönlich verantwortlich für die Organisation des Betreuungsprozesses für bis zu vier Klienten und ist direkter Ansprechpartner für Angehörige und Betreuer.

Die Fachleitung ist Ansprechpartner in fachlichen Belangen, unterstützt den Bezugsbetreuer und berät ihn bei der Planung und Durchführung des Betreuungsprozesses. Fachleiter sind Mitarbeiter, die befähigt sind, Fehler in der Betreuungsarbeit zu erkennen und die notwendigen Korrekturen mit den Bezugsbetreuern zu erarbeiten. Sie sind die eindeutig verantwortlichen Leitungspersonen der Bezugsbetreuer. Die Fachleitung ist der Einrichtungsleitung persönlich zugeordnet.

Die Einrichtungsleitung ist verantwortlich für alle wirtschaftlichen, konzeptionellen, personellen und inhaltlichen Belange der Einrichtung. Sie unterstützt und berät die Fachleitung bei der Anleitung, Beratung und Entwicklung der einzelnen Bezugsbetreuer. Sie ist die persönlich verantwortliche Leitungsperson der Fachleitungen.

Raumangebot

Unsere Vorstellungen, wie ein baulicher »Kontrapunkt« zum traditionellen Heimwesen aussehen kann, wurden über die Anmietung eines Mehrfamilienhauses realisiert. Es handelt sich um ein Wohnhaus mit sechs Mietwohnungen: fünf Wohnungen für je vier Klienten sowie eine Servicewohnung für die Mitarbeiter. Es hat kein innen liegendes Treppenhaus, alle Wohnungen sind von außen über einen Laubengang zugänglich. Diese Bauweise ermöglicht es, jede Wohnung als eigenständige Einheit zu sehen, für die die Bewohner selbst zuständig und verantwortlich sind.

Jede Wohnung bietet folgendes Raumangebot:

Funktion	Anzahl	Größe in qm	qm gesamt
Einzelzimmer	4	14	56
Wohnküche	1	16	16
Wohnzimmer	1	22	22
Bad/Dusche/WC	2	7,5	15
Lager-/Verkehrsfläche			8
je Wohnung			ca. 117

Im Keller gibt es einen Wasch- und Trockenraum, Abstellräume, einen Raum mit Möglichkeiten zur Freizeitgestaltung (Fitnessgeräte, Werkbank usw.) und mit einem Internetzugang für Klienten.

In unmittelbarer Umgebung des Hauses liegen: eine Bushaltestelle, Einkaufsmöglichkeiten, Ärzte und Apotheken, Naherholungsangebote, ein Freibad, Fahrradwege, eine Verwaltungsstelle der Stadt Hamm sowie Gemeindezentren der Kirchengemeinden. Die gute verkehrstechnische Anbindung ermöglicht die schnelle Erreichbarkeit der sonstigen besonderen Angebote für Menschen mit psychischen Behinderungen in der Stadt.

Wie Haustüren das Bewusstsein verändern

Das Konzept der sechs eigenständigen Wohnungen hat entscheidende Bedeutung für die Organisation der Hilfen. Es bietet die Grundlage dafür, dass auch aus dem stationären Setting heraus aufsuchende Hilfe möglich wird. Die Mitarbeiter kommen als »Besucher«, als »Nachbarn« mit fachlicher Qualifikation. Sie klingeln an der Wohnungstür und betreten die Wohnung nur nach Aufforderung und im Einverständnis mit dem Klienten (Notfallsituationen ausgenommen). Der Schlüssel als Machtinstrument der Mitarbeiter hat damit ausgedient. Übrigens gilt diese Zugangsregelung umgekehrt auch für die Servicewohnung der Mitarbeiter. Hier sind die Mitarbeiter die »Wohnungseigner«.

Den Klienten bleibt dadurch ein privater Raum erhalten, in dem sie (Haus-)Rechte besitzen, die ungestörte Kontakte zu Freunden und Angehörigen ermöglichen.

Jedes Klientenzimmer hat einen eigenen Telefonanschluss. Mitarbeiter und Bewohner müssen sich somit nicht unbedingt persönlich aufsuchen, wenn es um Absprachen und Informationen geht, vieles lässt sich über das Telefon regeln, etwa der Weckdienst am Morgen.

Bei den im *Kontrapunkt* lebenden Klienten handelt es sich um höchst komplizierte Menschen mit einem hohen Hilfe- und einem sehr hohen sozialen Integrationsbedarf. Sie zeigten in ihren Vorgeschichten häufig massive soziale Auffälligkeiten und manchmal auch ein hohes Gewaltpotenzial. Dennoch deutete sich bisher keine Notwendigkeit an, die Klienten stets unter »Aufsicht« zu haben, wohl aber, sie stets mit ihren Problemlagen im Blick zu behalten.

Jedem Klienten wird die Möglichkeit gegeben, so viel Verantwortung für sich zu übernehmen, wie er in seiner augenblicklichen Situation leisten kann. Dabei wird das Maß an förderlicher Verantwortungsübernahme im Betreuungsprozess von Klient und Mitarbeiter ständig überprüft und reflektiert.

Diese Arbeit erfordert hochprofessionelles Verhalten und einen sehr differenzierten Umgang mit Nähe und Distanz dem Klienten gegenüber. Auch darum wird im *Kontrapunkt* jeder Klient gesiezt (eigentlich eine Selbstverständlichkeit, die in Heimen dennoch oft keine ist). Da wir den Klienten darin unterstützen wollen, seine Rolle als eigenverantwortlicher Bürger, soweit es ihm möglich ist, wieder zu übernehmen, begegnen wir ihm in unserer Grundhaltung als Mit-Bürger. Mit dieser Sichtweise gelingt es auch dem Mitarbeiter besser, sich abzugrenzen und notwendige Ablösungsprozesse zu gestalten.

Es wird so viel Abstand wie möglich zum alltäglichen Wohnen der Klienten gehalten, gleichzeitig vermittelt aber die bei Bedarf jederzeit verfügbare personelle Unterstützung Sicherheit in Krisen.

Die Regeln des Zusammenlebens werden nicht durch eine Hausordnung vorgegeben, sondern müssen ständig in den einzelnen Haushalten zwischen den jeweils beteiligten vier Bewohnern nach eigenen Maßstäben ausgehandelt werden. Für Menschen, die sich als Partner nicht gegenseitig aussuchen konnten, ist dies allerdings eine hohe Anforderung mit latentem Konfliktpotenzial. Dennoch entstehen gerade aus den alltäglichen Abstimmungsnotwendigkeiten wichtige soziale Lernerfahrungen.

Besonders profitieren von dieser Wohnform vor allem jene Klienten, die bisher unter anderen Bedingungen in Heimen gelebt haben und dort als »schwierig« galten, bis hin zum Etikett »Systemsprenger«. Die dortige Gruppengröße, der mangelnde Rückzugsraum und die institutionellen Einordnungszwänge führten bei ihnen häufig zu Anpassungsproblemen und damit zu schwer wiegenden Krisen.

Durch die sehr individuelle Art des Wohn- und Hilfeangebotes erledigen sich viele dieser bisher der Person zugeschriebenen Probleme von selbst. Ein System, das ein hohes Maß an persönlichem Freiraum zulässt, muss nicht »gesprengt« werden.

Auf persönliche Stärken bauen

Die meisten Klienten sind bei Aufnahme nicht oder nur sehr eingeschränkt in der Lage, einer Arbeit in der Werkstatt für behinderte Menschen oder einer Beschäftigung in einer teilstationären Tagesstätte nachzugehen. Allerdings verfügen sie oft auch über wenig Möglichkeiten, eine eigene Tagesstruktur zu entwickeln. Daher hat das Erlernen oder die Wiedergewinnung Struktur gebender lebenspraktischer und hauswirtschaftlicher Fähigkeiten einen hohen Stellenwert in unserer Arbeit. Die Mitarbeiter bieten Unterstützung und Begleitung bei der Geldverwaltung, den Einkäufen, dem Kochen, den Reinigungsarbeiten, der Wäschepflege usw. an.

Sie übernehmen diese Tätigkeiten für den einzelnen Bewohner aber nicht, es sei denn, er ist akut mit der Bewältigung einer Krise beschäftigt oder zum augenblicklichen Zeitpunkt mit der Erledigung dieser Aufgaben deutlich überfordert.

Die Selbstbefähigung (Empowerment) des Klienten unter Wahrung seiner größtmöglichen Selbstbestimmung steht immer im Vordergrund. Dieser Arbeitsauftrag wird durch das Prinzip der (assistierten) Selbstversorgung jedes einzelnen Klienten noch unterstrichen. Es gibt keine Hotelleistungen im engeren Sinn. Die gesamte Haushaltsführung einschließlich der Zubereitung der Mahlzeiten wird je Wohnung selbst organisiert. Dadurch ist jeder Klient aufgefordert, mit den Mitarbeitern, den Mitbewohnern, aber auch mit seiner direkten Wohnumgebung in Kontakt zu treten. Gleichzeitig erfolgt eine Ablenkung vom »Kranksein« hin zu den gesunden Anteilen des Einzelnen.

Vermittelt über seine lebenspraktischen Angelegenheiten wird der Klient damit wieder zum Experten seiner selbst. Durch die schrittweise Bewältigung alltäglicher Anforderungen lernt er, wieder Entscheidungen für sich zu treffen und die daraus resultierende Verantwortung für sein eigenes Tun zu übernehmen. Das gemeinsame (Wieder-)Entdecken der Ressourcen jedes einzelnen Klienten und das Nutzen seiner persönlichen Stärken sind zentrale Themen für die Bewältigung des Alltags.

Die Zusammenarbeit mit dem sozialen Umfeld vor der Aufnahme sowie mit den Angehörigen und den gesetzlichen Betreuern ist dabei sehr eng. Sie werden in die Erstellung der Betreuungsplanung mit einbezogen und mit Einverständnis des Klienten an gemeinsamen Hilfeplangesprächen beteiligt. Die meisten Klienten werden mit der Perspektive eines späteren Auszugs in andere Wohnformen aufgenommen. Erste Klienten konnten über diesen Weg wieder in eine eigene Wohnung ziehen.

Ein Beispiel

Frau A. lebte lange in Kliniken und anderen stationären Settings, bevor sie in den *Kontrapunkt* zog. Beim Einzug war sie 31 Jahre alt. Eine Ausbildung zur Krankenschwester hatte sie auf Grund ihrer psychischen Erkrankung im Alter von 22 abbrechen müssen. Sie galt als latent suizidal. Eine kontinuierliche Begleitung durch feste Ansprechpartner und die Erreichbarkeit der Mitarbeiter über 24 Stunden des Tages ermöglichten einen ersten persönlichen Zugang zu ihr.

Viele Anhaltspunkte für die weitere Betreuungsarbeit ergaben sich aus der Betrachtung des familiengeschichtlichen Hintergrundes. Frau A. brauchte demnach immer das Bild von sich, »etwas anderes« zu sein, und holte sich ihre persönliche Bestätigung durch ständige Regelverletzungen. Ihre Möglichkeiten, den Tag ohne selbst verursachte Störungen zu gestalten, waren durch diese Symptomatik stark eingeschränkt.

Der Bezugsbetreuer verfolgte in der Betreuungsplanung die Strategie, Frau A. in ihrer Rolle »Ich bin anders« zu akzeptieren. Es wurde gemeinsam mit ihr überlegt, was sie benötigt, um sich äußerlich abzuheben und damit ihr Selbstbild auszudrücken (Kleidung, Haarfarbe usw.). Ihre gelegentlichen Selbstverletzungen waren ebenso als Bestandteil ihrer Persönlichkeit anzuerkennen. Sie wurde dann versorgt, aber die Handlung nicht dramatisiert.

In der Folge nahmen die Selbstverletzungen deutlich ab. Frau A. konnte sich wieder verstärkt auf die praktische Bewältigung ihres Alltags einlassen. Zudem erfolgte eine intensive Betreuung bei den hauswirtschaftlichen Tätigkeiten. Nach 30 Monaten im *Kontrapunkt*, davon nun sechs Monate im Betreuten Einzelwohnen, ist sie stabil genug, um in die Nähe ihrer Familie zu ziehen, zu der während der gesamten Zeit ein intensiver Kontakt gehalten wurde.

Krisen, Stärken und Auswege

Die Hilfeplanung für jeden einzelnen Klienten beginnt schon vor dem Einzug in den *Kontrapunkt*. Nach dem Erstgespräch werden mit dem jeweiligen Bezugsbetreuer weitere Kontakttermine vereinbart. Diese können auch am augenblicklichen Wohnort des Klienten, in der Klinik oder an neutralen Orten stattfinden. Anhand dieser Erfahrungen mit dem Klienten und seinem sozialen Umfeld, seinen Informationen und den ersten Eindrücken entwickelt der Bezugsbetreuer gemeinsam mit dem Klienten einen ersten Betreuungsauftrag.

Als Arbeitsinstrument bewährt hat sich dabei die Rekonstruktion der Familiengeschichte über die Erstellung eines Genogramms. Es ermöglicht Klienten und Mitarbeitern die Auseinandersetzung mit der Geschichte und den familiären Zusammenhängen des Einzelnen. Durch diesen Arbeitsansatz erschließen sich oft andere, verborgene, aber sinnvolle Erklärungen für Verhaltensweisen und Krisen.

Ein gesonderter Punkt der Betreuungsplanung ist die Kriseninterventionsplanung. In ihr beschreibt der Bezugsbetreuer gemeinsam mit dem Klienten, welches Setting oder welche Personen zur Krisenbewältigung wichtig sind, was Krisenauslöser und was Krisenanzeichen sein können. Dabei muss Krise nicht unbedingt eine gefährdende oder gefährliche Situation sein, in der zum Beispiel eine Krankenhauseinweisung unerlässlich ist; es gibt auch viele für den Klienten belastende Situationen im täglichen Ablauf, die eine unterstützende Begleitung erfordern.

Wenn im Einzelfall erforderlich, wird dieses Krisenmanagement in enger Zusammenarbeit mit der Ambulanz der psychiatrischen Abteilung der nahe gelegenen Klinik geleistet. Die Mitarbeiter der Ambulanz stehen aber auch zu anderen Zeiten etwa für Fallberatungen, Abschlussgespräche, Planungsgespräche zur Verfügung. Viele der Krisen werden vor dem Hintergrund dieser Zusammenarbeit im *Kontrapunkt* selbst aufgefangen und bewältigt, bis hin zur Organisation einer 1:1-Betreuungssituation, wenn es im Einzelfall für einen absehbaren Zeitraum erforderlich ist.

Droht eine Krise, gibt es Anzeichen für ein verändertes Verhalten des Klienten, sind durch Nachschlagen in der Betreuungsplanungsdokumentation eine sofortige Information und angemessene Reaktion des Dienst habenden Mitarbeiters möglich.

Ein Beispiel

Herr C. war immer wieder verzweifelt, konnte aber nicht äußern, warum. Er klagte, alles sei für ihn ausweglos, er wolle ins Krankenhaus eingewiesen werden. Wiederholte Behandlungsversuche dort brachten aber keine dauerhafte Verbesserung der Befindlichkeit.

Um die Routine der Klinikeinweisung zu durchbrechen, wurde für die nächste akute Krise eine zweitägige 1:1-Betreuung vor Ort geplant. Zwischen seinem Bezugsbetreuer und Herrn C. wurde ein gemeinsamer Besuch bei seinen Eltern vereinbart. Diese Besuche wollte er sonst immer allein unternehmen, sie waren aber deutlich angstbesetzt und für ihn offenbar kaum zu bewältigen.

Durch die erlebte konkrete Unterstützung war Herr C. in der Lage, seinen bisher verschlossenen Problemhintergrund zu offenbaren: Er litt unter der wiederkehrenden Fantasie, seine Eltern umbringen zu müssen, und fühlte anschließend den quälenden Drang zu überprüfen, ob sie noch lebten.

Seit diese Besuche wiederholt gemeinsam unternommen wurden, konnte die ursprüngliche Symptomatik allmählich abgebaut werden. Allerdings braucht der Klient weiterhin häufig ein Angebot, bei dem er für einen definierten Zeitraum die ungeteilte Aufmerksamkeit und Unterstützung des Bezugsbetreuers erhält.

Und wer begleitet die Begleiter?

Die Arbeit im *Kontrapunkt* setzt bei den einzelnen Mitarbeitern ein bestimmtes Selbstverständnis voraus. Es braucht hier flexible und neugierige Mitarbeiter, die bereit sind ihre Rolle im Hilfeprozess zu reflektieren und sich der Herausforderung im Umgang mit Menschen mit psychischen Erkrankungen und Persönlichkeitsstörungen immer wieder neu zu stellen.

Bei hohen Erwartungen an die Mitarbeiter bedarf es aber auch in besonderem Maße der Mitarbeiterpflege, daher ist unter Begleitung der Fachleitung eine regelmäßige kollegiale Fallberatung organisiert. Zur weiteren Unterstützung wird zusätzlich extern begleitete Teamsupervision durchgeführt. Hinzu kommen Angebote im Rahmen des jährlich formulierten Fortbildungsplans zu spezifischen Themen wie Borderlinestörungen, Teamentwicklung, lösungsorientierte Arbeit, systemische Grundlagen usw. Fallbesprechungen finden ebenfalls regelmäßig mit dem ärztlichen Leiter der psychiatrischen Fachabteilung oder einer Ärztin der Ambulanz statt.

Neben diesen internen und externen Angebotselementen ist die zentrale Triebfeder der Personalentwicklung die interne Organisation der Leitungsverantwortung, die immer über eine direkte persönliche Zuständigkeit definiert ist. Wie jeder Klient hat auch jeder Mitarbeiter einen verlässlichen Ansprechpartner für seine Belange. Arbeitsgespräche für den Einzelnen finden (neben den Teamgesprächen) regelmäßig, zwischen Fachleitung und Bezugsbetreuer wöchentlich bis 14-tägig statt. Dabei geht es einerseits darum, den Bezugsbetreuer bei der Betreuungsplanung zu unterstützen und die Erreichbarkeit von Betreuungszielen fortlaufend zu diskutieren. Andererseits geht es aber auch um den Mitarbeiter selbst, seine Befindlichkeit im Arbeitsprozess und seine persönlichen Entwicklungsnotwendigkeiten.

Der im Rahmen des Prozesses der Organisationsentwicklung neu konzipierten Funktion der Fachleitung kommt in der Praxis eine zentrale Bedeutung zu. Die Fachleitung wirkt als Anleiter, Berater und fachlicher Controller und sichert damit im Rahmen des Qualitätsmanagements die Einhaltung und Fortentwicklung der Standards unserer Arbeit.

Zum guten Schluss

Es sollte Folgendes deutlich geworden sein: Über die Gestaltung geeigneter Rahmenbedingungen lassen sich auch Hilfen auf Grundlage der stationären Eingliederungshilfe an die sehr individuellen Bedarfslagen von Menschen mit psychischen Behinderungen anpassen. Dies setzt normalisierte Wohnverhältnisse und einen personenzentrierten Ansatz in der inhaltlichen Arbeit voraus.

Wo ist denn hier das Heim? »Heimunterbringung« bedeutet in Hamm für die Betroffenen gerade nicht, gemeindefern unter Aufgabe ihrer persönlichen Bedürfnisse den Rest ihres Lebens verbringen zu müssen. Als Teil des gemeindepsychiatrischen Hilfesystems sichert der *Kontrapunkt* vielmehr mit seiner Zuständigkeit für Personen mit schweren psychischen Störungen und sehr hohem Hilfebedarf deren Recht, in ihrer Stadt ein adäquates umfassendes Assistenzangebot zu erhalten – so lange sie es benötigen.

Dies ist kein Votum für ein »besseres« Heim, sondern gegen die unsinnige leistungsrechtliche und in der Folge institutionelle Trennung ambulanter und stationärer Hilfen. Die konkreten Assistenzleistungen des *Kontra-*

punktes wären auch im Rahmen einer ambulanten Leistungsfinanzierung möglich: Über die Trennung von Miet- und Assistenzvertrag könnte dies realisiert werden. Voraussetzung wäre allerdings, dass der personelle Einsatz für Assistenzleistungen auch bei individuell sehr hohem Hilfebedarf als Komplexleistung finanziert wird. Als »Leistungsanbieter« bereitet sich das Sozialwerk St. Georg mit Konzepten wie denen des Wohnverbundes *Kontrapunkt* auf eine überfällige weitere Ambulantisierung der Hilfen vor.

MARTINA BOLLER

Professionelle Haltung und haltender Rahmen – Erfahrungen aus dem Intensiv Betreuten Wohnen

Das Intensiv Betreute Wohnen (IBW) in Bremen hatte sich zum Ziel gesetzt, psychisch erkrankten Menschen, die durch alle Maschen fielen, einen Ort zum Leben anzubieten. So begann dieses Projekt. Mittlerweile sind fünf Jahre vergangen und das IBW hat ein eigenes Gesicht entwickelt. Das IBW verläuft so erfolgreich, weil es für Bewohnerinnen niedrigschwellig und unverbindlich ist. Es gibt für die Bewohner keine generellen Verpflichtungen zu einer Tagesstruktur, sondern individuelle Lösungen, die sich entwickeln. Wichtig war es für alle, einen langen Atem zu haben: anknüpfen, lernen, weitermachen.
»Der Aufwand lohnt sich. Es wird gehen, auch ungewöhnlichen Leuten ein Wohnangebot zu machen«, so die Überzeugung der Mitarbeiterinnen. Die Haltung der Mitarbeiterinnen gegenüber Bewohnerinnen kennzeichnet sich durch Toleranz gegenüber Symptomen. Diese werden als Überlebensleistung angesehen und sind nicht »abzuschaffen«. Ebenso entwickelte das Team eine Toleranz und Akzeptanz gegenüber der Bandbreite von Lebensformen und Seinsweisen und »fremden« Ansichten.
Die Bewohnerinnen haben ganz verschiedene Meinungen zum IBW, genau 18 verschiedene! Bewohnerinnen und Mitarbeiterinnen wissen zwar, dass das IBW die Ideale und Wünsche ans Leben nicht erfüllt, aber immerhin ist es schon mal das, was möglich wurde. Die Bewohnerinnen, insbesondere die, die sonst nirgendwo einen Ort zum Leben fanden, profitieren jedenfalls vom IBW, sogar Forensiker.
Was lässt sich vom IBW lernen? Vieles! Insbesondere aber, dass bauliche Voraussetzungen ganz wichtig sind: Ein solches Projekt sollte vorrangig Einzelzimmer bzw. Einzel-Appartements haben und alle Räumlichkeiten baulich so gestalten, dass sich Menschen mit großen Distanzbedürfnissen darin bewegen können. Hinzu sollte ein Team mit vielen unterschiedlichen Menschen, mit verschiedenen Rollen und Talenten kommen – das ist wichtig!

Bedürfnisse nach Sicherheit, Versorgung, Kontakt, Distanz, Autonomie

Die Bedürfnisse chronisch psychisch kranker Menschen unterscheiden sich nicht grundsätzlich von den Bedürfnissen jedes anderen Menschen. Wir alle brauchen einen Wohnort, Personen, denen wir uns zugehörig fühlen, materielle Sicherheit, sinnstiftende Bezüge, Anerkennung und Bestätigung. Basale Sicherheit bietet das Intensiv Betreute Wohnen über die Bereitstellung eines Wohnortes, sozialer Bezüge und von Kontaktangeboten. Man kann sich vorstellen, dass sich wie in einer russischen Puppe Schicht um Schicht schließt: vom Bett und Zimmer über die Gemeinschaftsräume und die Mitarbeiterzimmer bis hin zum Krisendienst und zum Sozialpsychiatrischen Dienst. Diese Aspekte des äußeren Rahmens sind für alle Bewohnerinnen gleich, während es für die Versorgung mit Lebensmitteln und Kleidung annähernd so viele Modelle wie Bewohnerinnen gibt.

So bezieht beispielsweise Frau Ingenblek ihre persönliche Identität aus ihrem Selbstbild als autarke Stadtstreicherin, die sich aus Abfällen ernährt, mit gefundenen Sachen kleidet, sich vom Regen waschen lässt und kein Dach über dem Kopf braucht. Realiter hat sie nicht eine Nacht außerhalb des Hauses verbracht, legt jedoch tagsüber oft große Strecken in der Stadt zu Fuß zurück. Statt der Mahlzeit in der Küche bekommt sie bei jeder sich bietenden Gelegenheit Lebensmittel angeboten, die als »Reste« deklariert werden müssen, damit sie sie akzeptiert – was sie meist auch erfreut tut. Neue Bekleidung wird unter gewaschene Wäsche »gemogelt«, in Abfallkörben deponiert oder von Mitarbeiterinnen als Fehlkauf in eigener Sache vorgestellt, der sonst in den Müll wandern würde.

Neben der Absicherung durch das Sicherstellen einer materiellen Basis, verbunden mit einem offenen Angebot an persönlichen Kontakten, stellt für einige der Bewohner die Möglichkeit, jeweils subjektiv genügende Distanz halten oder herstellen zu können, eine zentrale persönliche Notwendigkeit dar.

So erinnerte etwa Herr Clemens in der ersten Zeit nach seinem Einzug an einen Tiger: Getrieben streifte er durchs Haus, sicherte sich in den relativ engen Fluren stets ab, ob ihm auch niemand entgegenkomme, und trat notfalls den Rückzug an und wartete in einer Nische, bis der andere vorbei war. Stets behielt er eine Wand in seinem Rücken, ertrug niemanden hinter sich und konnte sich in keiner Reihe anstellen. Er suchte sich Beobachtungsposten in sicherer Entfernung, von denen aus er das Geschehen zum Beispiel im Gemeinschaftsraum beobachten konnte. Sprechen konnte er am besten im Vorüberlaufen. Rede und Antwort wurden so in mehrere Etappen aufgeteilt: Jeweils ein Halbsatz passte in eine Durchquerung des Tagesraumes hinein zur Eingangstür und hinaus zur Terrassentür. Auf der Terrasse drehte Herr Clemens um, stob erneut durch den Raum, schleuderte der Betreuerin hinter dem Tresen einen weiteren Halbsatz zu, um fluchtartig im Flur zu verschwinden.

Die Flure, die Treppenhäuser, der Fahrstuhl erwiesen sich für ihn als schwieriges, weil unübersichtliches Terrain ohne Ausweichmöglichkeit. Zu geringe körperliche Distanz oder auch an ihn gerichtete Sätze empfand Herr Clemens als bedrohlich und reagierte oft mit vehementen Ausbrüchen. Beschimpfungen und fliegendes Geschirr waren häufig die Folgen. Unser grundsätzliches Wohlwollen und unseren Respekt vor seiner Person – nicht vor seinen Ausbrüchen – drückten wir zunächst über gute Versorgung aus: Insbesondere Milch (!) war – und ist – eines der beliebtesten Lebensmittel und in den ersten Wochen verteilten wir sie nahezu unbegrenzt. Herr Clemens machte reichlich Gebrauch davon. Wir respektierten sein räumliches Distanzbedürfnis, wo immer es möglich war, achteten also auch von uns aus darauf, ihm nicht zu nahe zu treten. Außerdem versuchten wir weitere Stressoren zu identifizieren, auszuschalten oder auszulagern, was zum großen Teil auch gelang. In den vergangenen vier Jahren ist Herr Clemens kein Gesellschaftsmensch geworden – das Team kann inzwischen aber auch einen Herrn Clemens erleben, der in der Sofaecke sitzt und entspannt lacht und plaudert, der Nähe und Gespräche von sich aus sucht und genießt. Der »Tiger« ist nicht »gezähmt«, jedoch vom grundsätzlichen Wohlwollen der Mitarbeiterinnen überzeugt und damit etwas freier in der aktiven und ihm angemessenen Gestaltung seiner sozialen Beziehungen.

Akzeptanz und Begrenzung: die professionelle Haltung des Teams

Der hohe Stellenwert, der in der Regel einer therapeutischen und gezielt rehabilitativen Arbeit eingeräumt wird, mag dazu verleiten, die Arbeit mit Menschen mit relativ geringem Entwicklungspotenzial und -tempo, die zudem solche Angebote verweigern bzw. davon nicht profitieren können, ebenso gering zu schätzen. Geduld und das Akzeptieren der absehbaren Erfolglosigkeit der eigenen Bemühungen scheinen wesentliche Qualitäten zu sein, die von Mitarbeiterinnen entsprechender Einrichtungen gefordert sind. Die Arbeit im Intensiv Betreuten Wohnen (IBW) zeigt hingegen, dass ein fester und flexibler Rahmen zusammen mit gesicherter Versorgung und einer akzeptierenden und begrenzenden professionellen Haltung Früchte zu tragen vermag.

Über das unstrittig nötige Stehvermögen hinaus erfordert diese Arbeit von den Mitarbeiterinnen auch jene Fähigkeit, die St. Becker u.a. als konstruktive (»therapeutische«) Illusionierung bezeichnet haben. Sie meinen damit »das sehr bestimmte und leidenschaftliche Glaubenkönnen an die weitere Entwicklung [...], auch wenn wir Rückschläge ohne Kränkung ertragen müssen, oder aber wenn sichere Entwicklungsmöglichkeiten [...] unendlich ungewiss erscheinen« (zitiert nach KRUMENACKER 1998, S. 92). Der Erfolg der Betreuungsarbeit erscheint dabei weniger von bestimmten methodischen Kenntnissen oder spezifischen Interventionen abhängig zu sein, als vielmehr von den Einstellungen der Betreuerinnen und der Einrichtung insgesamt zu den Bewohnern.

Bei der Zusammenstellung des Teams zu Beginn der Arbeit im IBW wurden die verschiedensten »Rollen« besetzt, von denen die Planerinnen und Wegbereiter des Projektes annahmen, dass sie in der Arbeit mit den Bewohnerinnen relevant sein könnten. So kam ein in Alter, Ausbildung, Berufserfahrung und privatem Hintergrund recht inhomogenes Team aus Psychologen, Sozialpädagoginnen, Krankenpflegerinnen und einem Ergotherapeuten zusammen. Es wurden vorrangig solche Mitarbeiterinnen ausgewählt, die selbst biografische »Brüche« durchlebt, oft andere Lebensbereiche und Berufszweige kennen gelernt hatten, bevor sie sich für eine Arbeit im psychiatrischen Bereich entschieden, oder sich auch selbst gerade in einer Phase von Veränderung und Neuorientierung befanden. So war ein grundsätzliches Verständnis für Menschen zu erwarten, die ihre eigenen biografischen Brüche weniger glücklich und erfolgreich durchlebt hatten.

Grundsätzlich ist festzustellen, dass sowohl das Team als auch die Bewohnerinnen des IBW zu Beginn vor der Aufgabe standen, sich neu zu orientieren, sich einzufinden, sich einzurichten oder wieder wegzustreben und an den jeweiligen Aufgaben zu wachsen.

Symptomtoleranz und Realitätsprinzip: Entwicklung fester und flexibler Strukturen

B. Bettelheim bezeichnete die Symptome eines psychisch erkrankten Kindes als dessen »höchste Leistung«. Mit großem Einfühlungsvermögen versuchten er und seine Mitarbeiterinnen, den Sinn auch bizarrster Verhaltensweisen zu entschlüsseln. Stets entpuppten sich diese als subjektiv sinnvolle Überlebensstrategien mit wichtigen stabilisierenden Funktionen. (BETTELHEIM 1989, S. 220)

Fast alle für den Einzug in das Intensiv Betreute Wohnen vorgesehenen

Menschen wiesen, verwoben mit den Symptomen psychiatrischer Störungen, als ängstigend, störend, gefährlich, provokant, antisozial oder auf sonstige Art beunruhigende persönliche Eigenheiten und Verhaltensweisen auf. So benutzte ein künftiger Bewohner grundsätzlich keinerlei Verkehrsmittel und erreichte das IBW einige Zeit nach dem geplanten Umzugstermin zu Fuß – die Entfernung betrug rund 20 km. Ein anderer Bewohner empfand seine Haare und Nägel als sensible Antennen und kürzte beides nie. Auch ließ er sich nicht berühren. Das Team war sich einig darüber, dass Akzeptanz, Zuwendung, Neugier, Kontaktbereitschaft und der Wunsch, zu verstehen, Priorität vor der Herstellung von zumindest äußerer »Normalität« genießen sollte. Wie man sich unschwer vorstellen kann, löste dies gerade bei letztgenanntem Bewohner intensive Diskussionen darüber aus, wo Grenzen gezogen werden sollten oder müssten. Dies geschah insbesondere dann, wenn das »wilde« Erscheinungsbild des Bewohners von außen als Zeichen für Vernachlässigung und mangelhafte Pflege von Seiten der Mitarbeiterinnen des IBW interpretiert wurde.

Noch vor dem Einzug der Bewohner wurden in Fallkonferenzen individuelle Betreuungsvereinbarungen geschlossen, die den jeweiligen Unterstützungsbedarf beschrieben. Es war geplant, diese jährlich zu überarbeiten. Bald schon jedoch erwiesen sich diese Papiere in den meisten Fällen als Makulatur. Das Gros der Bewohner war und ist nur sehr begrenzt »vertragsfähig« und vor allem »vertragswillig«. Zu groß ist das Misstrauen gegenüber professionellen Helferinnen und Institutionen. Und mindestens ebenso groß ist das Vertrauen in die eigenen Fähigkeiten als »Psychiatrieprofi«, mit eigenen Mitteln und Wegen schon das Optimum »herauszuholen« – eine wackelige Basis für Verträge und Vereinbarungen. Das Ziel, gemeinsam und individuell zu erbringende Dienstleistungen und erwartete »Gegenleistungen« in Form von kooperativem Verhalten zu vereinbaren, war im IBW auf diesem Weg nicht zu erreichen.

Ebenfalls anders als zunächst konzeptionell vorgesehen, richtete sich die Hauptarbeit der Mitarbeiterinnen eher weniger auf so genanntes lebenspraktisches Training und »wohnen lernen«: Viel Energie hingegen musste und muss in die Erhaltung des gesetzten und zur Verfügung gestellten Rahmens investiert werden. Allein die Tatsache, dass dieses Haus und seine Räume einige der anderswo »unhaltbaren« Bewohnerinnen aushalten, im Sinne Winnicotts »überleben« und sich nicht zerstören lassen, vermochte die basale Sicherheit zu vermitteln, die offenbar nötig ist, um gewisse Fertigkeiten überhaupt erwerben oder einsetzen zu können und zu wollen.

Von Beginn an waren die Räume und ihre Ausstattung – übrigens auch die nähere Umgebung – einer so intensiven Nutzung ausgesetzt, dass beinahe sofort Renovierung, Ersatzbeschaffung, Reinigung usw. vonnöten war. Auf diese Art und Weise sollte und konnte Stabilität und Sicherheit des Rahmens erhalten werden. Denn wo etwas kaputt oder verschmutzt ist, kommt auch rasch mehr desgleichen hinzu. Andererseits wurden die Konsequenzen aus unangemessenem Handeln von Hausbewohnerinnen keineswegs in jedem Fall sofort beseitigt: Dann hätten sich Team und Institution selbst »missbrauchen« und ausnutzen lassen – eine Erfahrung vielleicht, von der man annehmen kann, dass ein Teil der Bewohnerinnen sie in ihrem Leben häufig gemacht hat. Zum Erhalt des Rahmens gehört auch die angemessene Konfrontation mit dem Realitätsprinzip: Wird der Gemeinschaftsfernseher verkauft, so verfügt die WG über keinen Fernseher mehr. Werden die Räume auch mit intensiver Motivationsarbeit und praktischer Unterstützung nicht in angemessenem Zustand erhalten, so muss der externe Putzdienst bezahlt werden. Als »symbolische Botschaft« könnte formuliert werden: »Dieses Haus ist stabil genug, Sie (aus)zuhalten. Es akzeptiert Sie mit all Ihren Schwierigkeiten und schätzt Sie als Person wert. Dennoch gibt es Grenzen: Sie müssen die Konsequenzen Ihres Handelns tragen, wo Sie dazu im Stande sind.«

Auf dieser Basis konnten nach und nach in der alltäglichen Auseinandersetzung mit einzelnen Bewohnern individuelle Vereinbarungen entwickelt werden.

Meist werden hier konkrete alltagsbezogene – und zuvor oft über lange Zeiträume hinweg ausgehandelte und erprobte – Regelungen festgehalten, etwa die Auszahlungsmodi für von uns verwaltetes Geld, Putzpläne oder Vereinbarungen zur Körperpflege. Das Prinzip »Fest aber flexibel« gilt auch für diese Vereinbarungen: Sie werden zwischen jeweils zuständigem Betreuer und Bewohner erst dann getroffen, wenn sie konsensfähig und »gereift« sind. Dann aber wird eine längere Zeit hindurch auf ihrer Einhaltung bestanden – die Botschaft lautet: Wir nehmen Sie als Vertragspartner ernst und wir nehmen uns selbst ebenso ernst und bestehen auf der gegenseitigen Verbindlichkeit unserer Absprache. Sprechen jedoch »gute Gründe« oder »bessere Einfälle« für eine Veränderung oder Aufhebung der Vereinbarung, so ist diese im Prinzip jederzeit modifizierbar, also flexibel.

Auch nach vier Jahren sind Team, Bewohnerinnen, Konzept und Arbeitsorganisation in einem andauernden Prozess der Entwicklung und Veränderung begriffen. Dies ist deshalb positiv und produktiv, weil unserer Erfahrung nach die persönliche Entwicklung der einzelnen Bewohnerinnen, die Entwicklung eines positiven Klimas in der Einrichtung sowie die Entwicklung der Einrichtung selbst, ihrer Mitarbeiterinnen als Persönlichkeiten und als Team miteinander in Zusammenhang stehen. Phasen von Kontinuität, Stabilität und Ruhe wechseln dabei mit Krisen- und Umbruchszeiten ab. Die Bereitschaft und die Fähigkeit der Mitarbeiterinnen, jeweils Gültiges kritisch zu reflektieren, ggf. neue Ideen zu entwickeln. Die Spielräume, die Leitung und Träger für deren Umsetzung gewähren, halten diese Flexibilität und Fortentwicklung am Leben. Dass dabei auch Irr- und Umwege gegangen werden, ist vielleicht weniger wichtig als die Tatsache, noch immer »unterwegs« zu sein.

Um diese Dynamik zu erhalten, ist das IBW offen für Praktikantinnen, Hospitanten, Besucherinnen und engagiert neben »alten Hasen« gern junge und wenig erfahrene, quer einsteigende Mitarbeiterinnen, beispielsweise als Schlafwachen, Servicekräfte, Einzelbetreuer oder Kunstschaffende.

Aggressionen und Versorgungswünsche als alltägliche Herausforderungen

Zwei scheinbar widersprüchliche Verhaltensweisen der Bewohnerinnen fordern die (Weiter-)Entwicklung einer förderlichen professionelle Haltung des Teams in besonderer Weise heraus: Gemeint ist zum einen grenzverletzendes Verhalten, zum anderen Wünsche nach umfassender Versorgung. Verbale oder körperliche Gewalt oder auch die ungerichtete Abfuhr aggressiver Impulse fordert die begrenzende und sichernde Funktion der Einrichtung auf mehreren Ebenen ein. Dabei müssen die Mitbewohnerinnen ebenso geschützt werden wie die Mitarbeiterinnen. Zum anderen muss der gesetzte Rahmen erhalten werden, und »zu halten« ist schließlich auch die grenzverletzende Person selbst. Diese komplexe Aufgabe ist in einer Einrichtung des Betreuten Wohnens nicht einfach zu lösen. Entsprechend groß ist die Versuchung, entweder wegzusehen und grenzverletzendes Verhalten zu ignorieren oder massiv dagegen anzugehen, nur um festzustellen, dass die zur Verfügung stehenden Mittel begrenzt sind und Gegenaggression eskalierend wirkt.

Verbale Aggressionen, die Zerstörung von Gegenständen und auch körperliche Gewalt von Bewohnerinnen untereinander oder gegen Mitarbeiterinnen machen wütend, ohnmächtig, ängstlich und ärgerlich. Es stellen sich Fragen nach der Verantwortlichkeit der Bewohner für ihr Handeln – schließlich handelt es sich um psychisch kranke Menschen. Das Repertoire an »Sanktionen« ist sehr viel begrenzter als beispielsweise in einer psychiatrischen Klinik. Die Mitarbeiterinnen sind in der Regel nicht speziell in Selbstverteidigungs- oder Überwältigungstechniken ausgebildet. Meist sind zwei Betreuerinnen gemeinsam im Dienst und damit auch allein im Haus – direkte körperliche Übermacht ist also meist nicht herstellbar. Um sich selbst, den Mitbewohnern und auch den aggressiven Bewohnerinnen selbst gegenüber aggressiven Grenzverletzungen Sicherheit bieten zu können und damit auch den gegebenen Rahmen zu erhalten, erhielt das gesamte Team eine mehrteilige Fortbildung zum Thema.

Die schrittweise erarbeitete Haltung zu verbaler und körperlicher Gewalt kann wie folgt beschrieben werden: Wir sind aufmerksam für erste Anzeichen von Spannung und psychomotorischer Erregung. Wir intervenieren zum frühestmöglichen Zeitpunkt, indem wir unseren Eindruck rückmelden und Gründe für die Spannungen erfragen. Wir respektieren diese Gründe und versuchen, direkte Entlastung zu schaffen, indem wir situativ Stressoren reduzieren. Eskaliert die Spannung oder das grenzverletzende Verhalten weiter, so signalisieren wir ein deutliches »Stopp!«. Nötigenfalls wird die Polizei gerufen. Grenzverletzungen mit Straftatcharakter werden angezeigt, denn das IBW versteht sich zwar als Schutz-, nicht jedoch als rechtsfreier Raum. In jedem Fall werden aggressive Grenzverletzungen mit allen beteiligten Personen nachbesprochen, sobald dies (wieder) möglich ist.

Nachdem die Einrichtung mit Hilfe längerfristiger Fortbildung und Supervision zu dieser eindeutigen Haltung gelangt war, nahmen aggressive Übergriffe in der Tat deutlich ab. Als konstruktiv und hilfreich im Sinne einer Deeskalation erwies sich eine Haltung distanziert-neutralen Interesses an der erregten Person und ihren Beweggründen, verbunden mit einer deutlichen Zurückweisung unangemessenen Verhaltens.

Die nonverbale Botschaft des Umganges mit Gewalt und Aggression könnte lauten: »Wir akzeptieren Sie als Person und Ihre Beweggründe. Wir akzeptieren nicht Ihr Verhalten, denn auch als psychisch kranker Mensch sind Sie zumeist in der Lage, Ihr Verhalten zu steuern. Wir schützen uns vor Verletzung und Zerstörung und wir schützen Sie davor, andere zu verletzen. Wir bieten an, gemeinsam nach anderen Wegen zu suchen, wie Konflikte gelöst oder Anliegen formuliert werden können.«

Dem entgrenzten Verhalten gegenüber steht bei beinahe allen Bewohnerinnen der Wunsch nach umfassender Versorgung. Regressive Wünsche nach unmittelbarer Bedürfnisbefriedigung ohne eigene Verpflichtung bestehen parallel zu Wünschen nach maximaler persönlicher Autonomie. »Versorgen und immer nur versorgen, dafür habe ich nicht studiert«, lautete das Fazit der ersten Arbeitswochen einer unserer Anerkennungspraktikantinnen. Ein Kollege formulierte: »Was mich nervt, ist diese ungeheure Anspruchshaltung, dieser ewige Ruf nach sofortiger Bedürfnisbefriedigung.« Hier müssen Einrichtung und Mitarbeiter für Realität stehen, die widersprüchlichen Bedürfnisse als berechtigt anerkennen und vermitteln.

Der größte Teil der zuerst eingezogenen Bewohnerinnen hatte in der Tat die langfristig und intensiv vorbereitete Entlassung aus der Klinik als »Rauswurf« erlebt und bewertete die neuen Lebensumstände als »schlechter«. Verschlechtert hatten sich aus ihrer Sicht primär die Versorgung und der Service. Was den Mitarbeiterinnen als die großen Pluspunkte des Intensiv Betreuten Wohnens erschien – eigene Miet- und Betreuungsverträge, eigene Wohnungs- und Briefkastenschlüssel, ein eigenes Zimmer, Hilfe zum Lebensunterhalt oder Rente statt Taschengeld –, wurde aus der Sicht der Bewohner mit erhöhten Anforderungen an Selbstverantwortung und Aktivität viel zu teuer bezahlt. Konzeptionell besteht jedoch Einigkeit darüber, dass im IBW den Folgen von Chronifizierung und Hospitalisierung entgegengewirkt werden soll – und dies bedeutet oft, den Wünschen nach umfassender Versorgung der Bewohnerinnen und der Macht beginnender Routine und »Trägheit« aufmerksam und »widerständig« zu begegnen.

Dass Selbstbestimmung auch Selbstverantwortung bedeutet und umgekehrt Versorgung auch, oft im Wortsinn, ihren Preis hat, ist schwer einzusehen. Die Tatsache, dass Essen, Putz- oder Pflegedienste bezahlt werden müssen, wird häufig als Kränkung erlebt und führt zu Spannungen und Konflikten. Umgekehrt bereitet qualitativ und quantitativ gute Versorgung oft erst den Weg für ein gewisses Maß an Vertrauen in die guten Absichten der Institution und der Mitarbeiterinnen. In diesem Spannungsfeld bewegen sich Betreuerinnen und Bewohnerinnen gleichermaßen. Festigkeit und Flexibilität, Akzeptanz und Begrenzung bedeuten hier vor allem, individuelle Lösungen zu suchen. Wir akzeptieren das Bedürfnis nach Autonomie und ermöglichen reale Erfahrungen damit. Wir fordern, dass Konsequenzen ertragen werden, ermöglichen aber auch den »Rückschritt« zu einem Mehr an Versorgung und Service. Und manchmal gibt es einfach »Kuchen satt für alle« oder Eis mit so viel Schlagsahne, wie jeder mag und essen kann. Die nonverbale Botschaft lautet dann: »Wir mögen Sie, auch wenn wir so oft unbequem sein müssen.«

Vorläufige Zwischenbilanz

Das Intensiv Betreute Wohnen hat sich als ein bedarfsgerechtes Angebot für Menschen erwiesen, die eines stabilen und engen Betreuungsrahmens bedürfen. Neben dem Aspekt von Sicherheit bietet dieser Rahmen in eingeschränktem Maße auch Kontrollmöglichkeiten, was unter Umständen für forensische Patienten wichtig ist, die ansonsten keine richterliche Genehmigung zur Unterbringung in einer extramuralen Wohneinrichtung erhalten würden. Es können Pflege und Versorgung einschließlich der

Medikamentenvergabe regelmäßiger und konstanter sichergestellt werden, als es im Betreuten Wohnen der Fall ist.

Gleichzeitig stellt das Setting sehr geringe Anforderungen an die Beziehungsfähigkeit der Bewohner, ohne dass diese Gefahr laufen zu vereinsamen. Es bietet Raum für sehr individuelle Lösungen in Bezug auf Versorgung und die Gestaltung von Nähe und Distanz. Das IBW stellt ein ausgesprochen niederschwelliges Angebot dar: Die Ansprüche an Motivation und lebenspraktische Fähigkeiten der Bewohnerinnen sind gering. Menschen mit Doppeldiagnosen profitieren davon, dass im Haus kein generelles Abstinenzgebot gilt. Lediglich diesbezügliche individuelle gerichtliche Auflagen müssen eingehalten werden.

An Grenzen ist das IBW bislang dort gestoßen, wo die Pflegebedürftigkeit einzelner Bewohner das in Pflegestufe 1 durch einen ambulanten Pflegedienst zu leistende Maß an Pflege überstieg. Weiterhin gibt es Menschen, die eines größeren Frei-Raumes im wahrsten Sinne des Wortes bedürfen, für die also die Anforderungen an das Aushalten von Nähe in einem städtischen Appartementhaus zu groß sind und die dadurch ständig unter Stress stehen und aggressiv reagieren. So konnte ein Bewohner, der einen Brand legte und ankündigte, dies bei nächster Gelegenheit wieder zu tun, nicht länger im IBW wohnen. Zwei andere Bewohner zogen nach einigen Jahren in Pflegeheime.

Leider ließ bei der Planung des Hauses der finanzielle Rahmen lediglich den Bau von Gemeinschaftswohnungen zu. Viele der Bewohnerinnen möchten jedoch gern allein wohnen und arrangieren sich eher unfreiwillig mit den gegebenen Bedingungen. Da einzelne Bewohner auf Grund ihres Distanzbedürfnisses oder auf Grund störender Verhaltensweisen wie lautes Schreien im Grunde nicht gemeinschaftsfähig und -verträglich sind, wären Einzelwohnungen sehr wünschenswert. Böten Durchgänge, Flure und Treppenhäuser mehr Übersicht und Ausweichmöglichkeiten, ließe sich Stress vermeiden, der durch erzwungene Nähe und überraschende und unerwünschte Begegnungen entsteht.

Einige Bewohner würden von der Möglichkeit profitieren, in unmittelbarer Nachbarschaft des IBW eine eigene Wohnung bewohnen und einzelne Serviceleistungen, wie etwa die Medikamentenvergabe, mit nutzen zu können. Dies gilt sowohl für den Übergang in die Selbstständigkeit als auch für eine Überleitung in ambulante Betreuung. Denn so, wie unterschiedliche Wege in das Intensiv Betreute Wohnen hineinführen, sollte es auch differenzierte und individuelle Varianten geben, die Einrichtung wieder zu verlassen und einen neuen Lebensabschnitt zu beginnen.

PETRA ROTHE

Heim ohne Ordnung für »ordentliche Systemsprenger«?

Unter dem Prinzip der Normalisierung ist in diesem noch jungen Projekt der schwierige Versuch unternommen worden, erst einmal ohne Vorgaben, Regeln, Hausordnung usw. im täglichen Miteinander auszukommen. Von Anfang an gab es kein »Kochrezept«, wonach sich jeder richten konnte, weder Mitarbeiter noch Bewohner. Für diesen Personenkreis »gescheiterter Heimkarrieren« und so genannter »Systemsprenger« war der Bedarf an Plätzen groß. Die Leitung und Mitarbeiter waren sich der Herausforderung bewusst und haben mit viel Geduld dieses Konzept gemeinsam mit den Bewohnerinnen erarbeitet und bislang erfolgreich umgesetzt. Die Mitarbeiter wurden bewusst nicht nach den alten Mustern ausgesucht, sondern es wurden gezielt auch Berufsanfänger bzw. Aussteiger aus anderen Einrichtungen eingestellt.
Große Bedeutung und ganz wichtig für das Gelingen dieser Aufgabe war, dass es keine räumlichen Engpässe für diese Personengruppen gab und somit ein hoher Mietanteil bei den Kosten eingeplant werden musste.
Insgesamt gesehen sind sowohl Mitarbeiter wie auch Bewohner mit dem Erreichten sehr zufrieden. Alle sind beteiligt an der Entwicklung von demokratischen Strukturen bzw. am Abbau von hierarchischen Strukturen. Konflikte unter den Bewohnern werden intensiv und mit viel geduldigen Diskussionen begleitet.

Kann man ohne Vorschriften und Regularien einen Heimbetrieb aufrechterhalten? Ja, man kann. Aus unserer Sicht ist es sogar vorteilhaft und durchaus wünschenswert, gerade mit schwierigster Klientel ohne so genannte Haus- bzw. Heimordnung zu leben. Denn als Mitarbeiter ist man dann nicht mehr in der Not, einmal definierte »Übertretungen« hilflos zur Kenntnis nehmen zu müssen, da »Ahndungen« meistens ohnehin nicht durchführbar sind! Krankheitsbedingtes Fehlverhalten muss nicht mehr gerechtfertigt und allen Mitbewohnern gegenüber erklärt werden. Und der Weisheit letzter Schluss: Die Übertretungen der Hausordnung, auch kleinere und letztendlich unbedeutende, führen nicht mehr zur Androhung der Entlassung oder gar zur Kündigung, nur um sich nicht selbst unglaubwürdig zu machen.

Unsere Einrichtung gilt in hiesigen Fachkreisen als »die letzte Chance«. Zu uns wurden jene Klientinnen und Klienten vermittelt, die geschlossen untergebracht werden sollten und bisher überall »durchgefallen« waren.

Die Bewohner

Der zu betreuende Personenkreis ist nicht in der Lage sich außerhalb einer Einrichtung selbst zu versorgen. Manche Menschen waren stark hospitalisiert und scheiterten nach jahrelangem Aufenthalt in einer geschlossenen Abteilung an den normalen Heimstrukturen oder waren so verhaltensauffällig, dass sich niemand eine adäquate Betreuung in oder außerhalb einer Einrichtung vorstellen konnte. Einige waren erst vor kurzem an/in einer eigenen Wohnung gescheitert (Verwahrlosung; körperlicher Abbau wie Unterernährung; ständig wiederkehrende Klinikaufnahmen), andere kamen nach mehreren vorherigen Heimunterbringungen, scheiterten an ihrer »Unfähigkeit, einer festen Tagesstruktur standzuhalten«. Auch Personen, die vorher als nicht integrierbar galten, etwa Obdachlose mit psychischer Erkrankung, waren bereit, es mit uns zu versuchen.

Auch die Einnahme von Psychopharmaka war immer ein Problem. Entweder wurden im Vorfeld wahllos unzählige Medikamente eingenommen oder man lehnte jede Form von Medikamenten ab. Viele fielen zuvor durch ein hohes Aggressionspotenzial auf, galten als »in einer offenen Einrichtung nicht mehr betreubar«.

Die Rahmenbedingungen

Begonnen haben wir im August 2000. Unsere Einrichtung liegt in einem Wohngebiet, zentrumsnah, und beherbergt 24 chronisch psychisch kranke Menschen beiderlei Geschlechts (Durchschnittsalter 38 Jahre). Eine direkte Straßenbahnanbindung eröffnet den Bewohnern die Teilnahme am alltäglichen und kulturellen Leben einer Großstadt. Fachärzte, Klinikum und kleinere Geschäfte sind gut zu Fuß zu erreichen. Auf der Versorgungsetage der Einrichtung (Erdgeschoss) befinden sich ein Bistro, durch eine große Glasscheibe getrennt die »Großküche« (»Kinoersatz«), zwei Ergotherapieräume (ein Raum für künstlerische Gestaltung, ein Raum für Ton und Holzarbeiten), eine Waschküche und Büroräume. Im ersten Stock liegen ein Nachtbereitschaftszimmer, ein Büroraum des pädagogischen Teams, ein stets offener Raum für die Medikamentenausgabe und zum

Besprechen der aktuellen Probleme. Im zweiten Stock wurde auf Wunsch der Bewohner ein Fernsehzimmer eingerichtet. Nicht fehlen dürfen ein Besprechungsraum für Teambelange und Bewohnerkonferenzen sowie ein Therapieraum.

Die Appartements, bestehend aus einem Zimmer, Bad mit Dusche und WC, sind wahlweise mit oder ohne Küche ausgestattet, um selbstständigeren Bewohnern die Eigenversorgung zu ermöglichen. Auf jeder Etage befindet sich ein Putzkämmerchen, um nötige Utensilien wie Staubsauger etc. allen zugänglich zu halten.

Für Bewohner, die vorübergehend gehbehindert sind, steht ein Aufzug zur Verfügung, und ein vom Träger gestelltes Dienstfahrzeug sichert die Möglichkeit des Arztbesuchs. Eine Rund-um-die-Uhr-Betreuung mit Fachkräften stellt auch in Krisenzeiten eine optimale Versorgung sicher. Neben den neun pädagogisch-pflegerischen Kräften (Heilerziehungspfleger, Sozialpädagogen, Erzieher und Krankenschwester) sind von Montag bis Freitag zwei Ergotherapeutinnen und zwei Küchenkräfte im Haus. Die individuell am Bewohner orientierte pädagogisch-therapeutische Arbeit wird mit dem Bewohner besprochen und im IBRP dokumentiert. Ein mit dem Bewohner ausgearbeiteter Kriseninterventionsbogen dient einmal der Arbeitssicherheit der Mitarbeiter, zum anderen im Idealfall dem Abgleich von Selbst- und Fremdbild sowie der Krankheitsbewältigung.

Der Heimleiter steht dem organisatorischen und pädagogischen Bereich vor und die therapeutische Leitung sichert die Qualität der pädagogisch-therapeutischen Arbeit. Basis ist ein Bezugsbetreuungssystem, d.h., jeder pädagogische Mitarbeiter begleitet zwei bis drei Betreute. Die Mitarbeiter vertreten sich in Urlaubszeiten, damit fortlaufende Prozesse nicht unterbrochen werden. Ein für unsere Bedürfnisse ausgeklügelter Dienstplan sorgt für die Sicherstellung der Maßnahmen einerseits, für eine hohe Arbeitszufriedenheit der Mitarbeiter andererseits. Wichtig ist, nicht nur die Individualität der Bewohner zu berücksichtigen und mit der Klientel die Entwicklung zu planen und zu organisieren, ebenso wichtig, wenn nicht sogar wichtiger ist es, die Individualität der Mitarbeiter zu erkennen, zu berücksichtigen und diese in die Entwicklung vollständig einzubeziehen. Ein externer Qualitätszirkel von Fachleuten außerhalb unseres Trägers – Fachärzte, Angehörige etc. – erhält Einblick in unsere Arbeit und beugt Betriebsblindheit vor. Interne Qualitätszirkel und Supervision aller Mitarbeiter sichern unsere Arbeitsqualität.

Das Erlebnisfeld

Ohne die Bereitschaft der zu Betreuenden, mit uns zusammenzuarbeiten, wäre der geplante und von allen Mitarbeitern angestrebte »Paradigmenwechsel« einfach nicht machbar, unser gesellschaftlicher Arbeitsauftrag, und trotz bester Rahmenbedingungen und trotz aller Qualitätssicherungsmaßnahmen nicht umsetzbar. Unser Vorsatz war, individuell mit dem Betroffenen, in seinem Tempo und gemäß seiner Wünsche und Ressourcen, seinen Weg in die größtmögliche Selbstständigkeit zu begleiten. Dies bedeutet übersetzt, von vollständiger Übernahme bis hin zur selbstständigen Erledigung der persönlichen Anliegen des Betreuten alles zu ermöglichen.

Schon die Vorstellungsgespräche gestalten sich daher ein kleines bisschen anders als in Heimen üblich. Beim Erstkontakt werden die interessierten Bewohner über unsere Arbeitsweise und Vorstellungen nur informiert. Wichtig erschien uns hier bereits, auf die Notwendigkeit der Medikamentierung durch einen Neurologen freier Wahl hinzuweisen. Wir machen schon im Vorfeld deutlich, dass wir auf eine »rigide« Einnahme der verordneten Neuroleptika bestehen würden. Jede Medikamentenverweigerung müsse von dem Betroffenen schriftlich begründet werden und nach mehreren Verweigerungen stünde ein Gespräch mit dem Arzt und dem gesetzlichen Betreuer an.

Nach dem Vorgespräch hatten alle zukünftigen Bewohner Bedenkzeit, ob sie sich ein Leben unter unserem Konzept überhaupt vorstellen könnten und zu einer selbst gestaltenden Tagesstruktur bereit seien. Ihre kreative Mitwirkung war gefragt. Es hat sich gezeigt, dass zunächst das Angebot eines nach eigenem Geschmack mit Hilfe der Mitarbeiter auszugestaltenden Appartements, gepaart mit dem Angebot eines Ansprechpartners rund um die Uhr das Ausschlaggebende war, um sich für uns zu entscheiden. Schon in den ersten Wochen zeigte sich jedoch, dass mancher Neuling etwa noch nie in seinem Leben ein Lampengeschäft durch eine sich automatisch öffnende Tür betreten, geschweige denn unter dem Riesenangebot eine Lampe ausgesucht und gekauft hatte. Die Ausstattung der Appartements wurde zum »Toleranztraining für Mitarbeiter«. Insgesamt war diese Vorgehensweise sehr personalaufwendig, aber Kosten und Nutzen abwägend sehr gewinnbringend, da immens beziehungsaufbauend. Wir konnten auf diese Art zunächst die Ressourcen jedes neuen Mitglieds unserer kleinen »Anti-Gemeinschaft« abklären und lernten sehr kleinschrittig, Ziele abzufragen und Arbeitsaufträge zu erhalten. Und: Wir gewannen Vertrauen.

Ausgangszeiten Jeder Bewohner bekam seinen eigenen Schlüssel (Eingang/Appartement) und von Anfang an gab es keine festen Ausgangszeiten. Diese Regelung musste bisher bei keinem der Bewohner abgeändert werden. Wir baten lediglich darum, freiwillig ein Ausgangsbuch auszufüllen, damit uns die Arbeit erleichtert würde, falls jemand nach ihnen fragen sollte. Hier wurden wir zum Teil sehr überrascht. Es kristallisierte sich heraus, dass ein Bewohner nicht des Lesens und Schreibens mächtig war, ohne dass dies, über Jahrzehnte hinweg, aufgefallen war. Das Ausgangsbuch zeigte sich allerdings als nicht besonders dienlich und wurde als zu kontrollierend empfunden und schließlich aufgegeben.

Essenszeiten Im Rahmen der Vollversorgung wurde von den Bewohnern in Absprache mit der Hauswirtschaft ein Zeitrahmen abgesteckt, wann Frühstück, Mittag- und Abendessen angeboten werden sollten. Die Mahlzeiten können wahlweise in unserem Bistro oder im eigenen Appartement eingenommen werden.

Alkoholkonsum Es gab und gibt kein generelles Alkoholverbot, nur die Bitte, in den »öffentlichen« Räumen Rücksicht auf trockene Alkoholiker zu nehmen. Und siehe da: Bis heute ist Alkohol in allen gemeinschaftlich genutzten Räumen freiwillig tabu. Der Umgang mit Alkohol hängt individuell vom Trinkverhalten des Einzelnen, seiner Medikamentierung und seiner Grunderkrankung ab (siehe auch die Kernvereinbarungen).

Kernvereinbarungen Bei einer schwierigen Klientel bleibt es nicht aus, unerwünschte Verhaltensweisen mit dem Betreffenden abklären zu müssen. Wir können und wollen uns nicht auf das Polster der allgemeinen Regelungen zurückziehen. Gemäß unserem individuellen Ansatz werden mit dem Betroffenen Verträge oder Vereinbarungen ausgehandelt. Es gibt keine Strafen o.Ä., sondern nur Selbstverpflichtungen auf Grund von Einsicht. Diese Verhandlungen finden mit dem Bezugsbetreuer, manchmal mit dem gesetzlichen Betreuer und/oder den Ärzten statt. Mit der Unterschrift der therapeutischen Leitung oder des Heimleiters und der des Betroffenen sind sie »rechtskräftig« und werden allen Mitarbeitern zugängig gemacht. Einseitige Vertragsänderungen sind nicht möglich. Der Dienst habende Mitarbeiter kann sich so jederzeit auf die mit dem Bewohner ausgehandelten Ergebnisse berufen und muss nicht jedes Mal in neue Verhandlungen treten. Interessanterweise sind solche individuell ausgehandelten Verträge in vielen Fällen sehr tragfähig. Abhängig vom Einzelnen und gemäß dem persönlichen Lernprozess werden die Vereinbarungen immer wieder angepasst und auf gegenseitige Praktikabilität überprüft.

Zwischenmenschliches Bedingt durch die Möbeleinkaufs- und Möbelaufstellaktionen waren viele zwischenmenschliche Probleme im ersten halben Jahr noch nicht spürbar. »Basisdemokratisch« wurde zunächst auf einen Heimbeirat verzichtet, der mittlerweile gegen hohen Widerstand der Bewohner eingeführt wurde, um den gesetzlichen Bestimmungen zu entsprechen. Alle am Entwicklungsprozess Beteiligten, sowohl Mitarbeiter wie Bewohner, versuchten sich zunächst gemäß ihrer Ressourcen zu organisieren. Und sehr wichtig war, von Anfang an nur eine auf die jeweilige Person zugeschnittene Betreuungsform auszuhandeln.

Schon Anfang Februar 2001 zeichnete sich ab, dass die Personen, die vorher in anderen, streng reglementierten Einrichtungen gelebt hatten und dort an den entsprechenden Regularienwerken gescheitert waren, auch diejenigen waren, die bereits sehr früh Rufe laut werden ließen nach »Gesetz und Ordnung«. Das Personal sei zu »lasch«, die Mitbewohner zu laut, es gäbe keine Ruhezeiten, keine Ausgangszeiten und so weiter. Die Großküche müsse abgesperrt werden, ebenso der Waschraum, Pläne müsse man erstellen, außerdem Trainingsprogramme für Bewohner mit schlechten Manieren. Besonders Menschen mit der Borderline-Diagnose sprangen auf den Zug des »Alles muss geregelt und geordnet sein«.

Nach öffentlichem Aushang der Änderungswünsche mittels Protokoll der Vollversammlungen und weiteren Abstimmungen beim nächsten Treffen wurden die »Zügel« von Seiten der Bewohner teilweise rigide angezogen. Alles jedoch ohne größere Einflussnahme seitens der Mitarbeiter (wir waren lediglich bemüht, das Schlimmste zu verhindern). Nach den ersten Absperrungen verschiedener gemeinschaftlich genutzter Räume und nach Erstellung von Benutzungsplänen kamen interessanterweise auch Personen, die bis dato eher zurückgezogen nur mit ihren Stimmen leben wollten, zu den angesetzten monatlichen Besprechungsterminen. Die Diskussionen nahmen zu, die Reglementierung ab. Anfangs wurden die Bewohnerversammlungen nur von Mitarbeitern moderiert, inzwischen wollen aber selbst Bewohner, die sich »so was« zuerst gar nicht zugetraut hatten, die Runde leiten, andere führen Protokoll.

Lautstärke im Haus Das Thema »Lautstärke im Haus« zieht sich durch die Besprechungen wie ein roter Faden. Wieder und wieder wurde von Seiten der Mitarbeiter, insbesondere aber von den Betroffenen selbst, darauf hingewiesen, dass niemand Lärm um des Lärms willen mache, sondern spezielle, zum Teil krankheitsbedingte Ursachen vorlägen. Für uns »Fachleute« zeigte sich, dass die Auseinandersetzung der Bewohner mit ihrer Erkrankung über eine eventuell gemeinsam zu beschließende Hausordnung Gewinn bringender war als jede psychoedukative Schulung. Wir erfuhren weit mehr über die momentane Befindlichkeit der Anwesenden, als es erfahrungsgemäß in jedem Gruppengespräch mit Ausrichtung auf Krankheitsbewältigung möglich gewesen wäre.

Das Thema Lautstärkeregelung mittels Hausordnung wurde (voraussichtlich vorübergehend) einstweilen zu Grabe getragen. Ein leidenschaftliches Plädoyer einer Stimmen hörenden Bewohnerin trug dazu bei, lediglich einen »Wunschkatalog« zu verfassen und um entsprechende Ruhe zu bitten. Jeder, der sich gestört fühlt, solle dies dem Nachbarn mitteilen. Zwischenzeitlich wurden Klopfzeichen an die Heizung vereinbart, individuell untereinander Ruhezeiten abgesprochen und mehr Unruhe bzw. Selbstgespräche des Nachbarn toleriert.

Körperliche Auseinandersetzungen Ein weiteres, auch für uns als Mitarbeiter brisantes Thema ist das der körperlichen Auseinandersetzungen zwischen Bewohnern. Diese wurden entweder von Seiten der Polizei geschlichtet oder im Nachhinein von Mitarbeitern mit den jeweilig Betroffenen in Einzelgesprächen aufgearbeitet. Im Rahmen des Normalitätsprinzips und auf die Frage: »Was würden Sie außerhalb unserer Einrichtung mit einem Nachbarn machen, wenn er Sie derart angreift?«, kam natürlich der Hinweis, dass eine Anzeige wegen Körperverletzung bzw. Beleidigung möglich sei. Diese Vorgehensweise brachte gute Erfolge. Die Person, die Anzeige erstattete, sah sich in ihrem Anspruch ernst genommen, der »Täter« lernte, dass er nicht so ohne weiteres, weil er psychisch krank ist, andere Menschen attackieren kann. Anschließend wurde in einem Dreiergespräch nach erfolgter Anzeige nochmals der Vorfall abgeklärt. Die Betroffenen trafen sich an den folgenden Tagen auch ohne Mitarbeiter, um ihr Problem zu diskutieren, und die Anzeige wurde ohne Zutun der Mitarbeiter von Seiten des »Opfers« zurückgezogen.

Auch Sachbeschädigungen, insbesondere aber körperliche Attacken auf Mitarbeiter werden über den normalen, juristischen Weg geregelt. Heimleiter und/oder Mitarbeiter zeigen den Vorfall bei der Polizei an und der gängige Weg über Staatsanwaltschaft, Gutachter, Gerichtsverfahren setzt deutliche Zeichen. Eine persönliche Aufarbeitung der Vorfälle seitens der Mitarbeiterinnen mit der therapeutischen Leitung erwies sich als ebenso notwendig wie die Gründung einer Arbeitsgruppe »Sicherheit für weibliche Mitarbeiter«. Ein Vertrauensbruch oder besser: Vertrauenseinbrüche sind nach dem oben geschilderten Vorgehen nicht beobachtbar.

Zusammenfassung

Ohne Hausordnung arbeiten zu wollen war nicht unser primärer Wunsch. Im Vordergrund stand die gemeinsame Entwicklung oder besser: gemeinsame Weiterentwicklung eines theoretischen Konzeptes mit den Bewohnern. Durch den ständig wechselnden Klärungs- und Regelungsbedarf und in der steten Auseinandersetzung mit den Wünschen aller ergab sich bisher die Ablehnung eines Regelwerkes, um jedem Einzelnen seinen optimalen Lebens- und Entwicklungsraum bieten zu können. Die individuell abgesprochenen Einzelverträge erwiesen sich als hilfreich, das Regelwerk der Gesellschaft außerhalb unseres Hauses zeigte sich auch innerhalb der Einrichtung als tragfähig. Soziale Normen und gesellschaftlich anerkannte Werte reichen bislang aus, um ein Miteinander ausreichend zu reglementieren. Unsere Aufgabe war es bisher, den Bewohnern diese Werte zu vermitteln.

Um unsere Vorgehensweise, alle Punkte einer normalen Haus- bzw. Heimordnung betreffend, verstehen zu können, muss man die Verhandlungen mit und unter den Bewohnern als ständigen, sich weiterentwickelnden Prozess begreifen. Bis heute existiert lediglich ein »Wunschkatalog« aller Bewohner als heiminterne Ordnungsgrundlage unserer Einrichtung. Trotzdem scheint der völlige Verzicht auf eine Hausordnung, nimmt man die Bewohner *und* die Mitarbeiter ernst, langfristig nur unter großen Anstrengungen möglich zu sein.

Wichtig in unserem täglichen Arbeitsfeld ist es, den Pfad der Normalität möglichst nicht zu verlassen und jedem Bewohner die Wirkungsweise seines eigenen Handelns vor Augen zu führen. Sicherlich ist dies immer eine Gratwanderung zwischen Nachbarn, Wünschen aller am Betreuungsprozess Beteiligten, Heimauflagen, gesetzlichen Vorschriften und den persönlichen Ressourcen der Einzelnen.

Kann nun das Miteinander von Menschen mit schwieriger Natur, mit psychischer Erkrankung und starken Verhaltensauffälligkeiten in einer Wohneinrichtung ohne Hausordnung funktionieren? Unsere Antwort fällt eindeutig aus: Ja, sehr gut!

HERBERT LENNINGER

Beziehungsarbeit am Beispiel des Umgangs mit Alkohol

Das Haus Vivaldi *in Wesel am Niederrhein hat es sich zum Ziel gesetzt, seinen Bewohnern und Bewohnerinnen die Möglichkeit zu geben, mit ihrer Erkrankung und all ihren Begleiterscheinungen in Geborgenheit, Sicherheit und Zufriedenheit dort zu leben. Es will ein Ort sein, der auch als Durchgang genutzt werden kann, und zwar ohne therapeutische Ansprüche.*
Um dort zu sein, wo sie jetzt stehen, mussten die Mitarbeiter von Vivaldi *sehr mutig sein. Dabei spielt ihre Fähigkeit, sich einzulassen und zuzuhören, eine entscheidende Rolle. Offen wurden die Themen Alkohol, Sexualität, Altwerden und Sterben angesprochen und die Haltungen der Bewohner respektiert.*
Aber auch die Haltung, dass sich, wenn nur genügend Raum und Zeit gegeben wird, das Leben oft von selbst regelt, hat eine große Bedeutung.
Besonders gelungen ist es, mit den Bewohnern Zielvereinbarungen zu treffen, die von den Betroffenen selbst aufgestellt und gewollt sind. Die Bewohner fühlen sich im Haus Vivaldi *sehr wohl und wie zu Hause, das zeigt sich zum Beispiel durch die sehr geringe Fluktuation.*
Die Mitarbeiter haben genauso wie die Bewohner eine extrem hohe Identifikation mit der Einrichtung. Andere Einrichtungen und Kooperationspartner bringen Vivaldi *viel Respekt entgegen und schätzen die Arbeit.*
Der Leiter der Einrichtung betont, dass es sehr wichtig ist, den betroffenen Menschen zuhören zu können, sie ernst zu nehmen und sie in ihrem Leben zu begleiten.
Die Haltung, auf die Selbstheilung der Menschen zu vertrauen und den Menschen zuzutrauen, dass sie für sich selbst sorgen können, wenn man sie lässt und wenn man ihnen die Möglichkeit gibt, sich auszuprobieren, hat im Haus Vivaldi *einen hohen Stellenwert.*
Vivaldi *gibt es seit zehn Jahren und das Konzept hat immer noch Gültigkeit.*

Die Hoffnung ist der Anfang

»Im Grunde sind es die Beziehungen zu Menschen, die den Wert des Lebens ausmachen.« Dieser Ausspruch von Wilhelm von Humbold ist Grundlage unseres konzeptionellen Handelns im Wohnheim Haus *Vivaldi* für schwer chronisch psychisch kranke Menschen. Die Einrichtung ging 1993 aus dem Enthospitalisierungsprojekt des Landschaftsverbands Rheinland hervor, das das Ziel hatte, die zentralistischen psychiatrischen Großkliniken zu verkleinern. Menschen, die über Jahrzehnte dort in den Langzeitbereichen versorgt wurden, sollten wieder in ihre Heimatregionen zurückkehren können.

Das Haus *Vivaldi* in Wesel begann mit 25 Wohnheimplätzen verteilt auf sechs Wohnungen. Die Bewohner waren durchschnittlich 22 Jahre in psychiatrischer Klinikbehandlung gewesen, der Altersdurchschnitt war mit 55 Jahren dementsprechend hoch. Der älteste Bewohner zählte 83 Jahre (davon 49 Jahre in Kliniken). Sie alle haben im Laufe ihrer Behandlung Psychiatrie-Entwicklungsgeschichte erfahren: Isolation, nasse Bettlakenwickel, Insulintherapie, Elektroschock sowie Entwicklung und Einführung von Neuroleptika.

Noch 1993 lebten diese Menschen auf engstem Raum oft ohne eigenen Besitz (die meisten gar ohne eigene Unterwäsche) auf Stationen mit Bettsälen, in denen 20 und mehr Menschen lebten und schliefen sowie umsorgt, versorgt und rund um die Uhr bewacht wurden. Ihre Krankheitsbilder waren vorwiegend Persönlichkeitsstörungen aus dem schizophrenen Formenkreis, endogene und exogene Psychosen, Depressionen oder Korsakow-Syndrom. Neben ihrer psychiatrischen Diagnose litten sie unter massiven Hospitalisierungsstörungen.

Wir hatten das große Glück, schon Monate vor Eröffnung des Wohnheims unsere zukünftigen Bewohner durch viele Besuche kennen zu lernen. Abgestumpftheit, Misstrauen und Angst waren die vorrangigen Gefühle, die wir bei den ersten Kontakten in der Klinik wahrnahmen. Wir spürten aber auch so etwas wie Hoffnung. Doch Hoffnung worauf?

Wir als Team haben damals lange diskutiert, woraus diese Hoffnung bestand. Wir kamen zu dem Schluss, dass jeder Einzelne das *mit seiner Geschichte* nur selbst beantworten konnte. Einig waren wir darüber, dass wir dieses nur erfahren konnten, wenn wir unseren Bewohnern anders begegneten als die Mitarbeiter der Psychiatrie. Diese wollen natürlich in bester Absicht die psychische Erkrankung der Patienten lindern oder heilen und sie zur »Normalität« begleiten – einer Normalität, die bestimmt wird durch ethische und moralische Grundwerte unserer Gesellschaft.

Diese Sichtweise auf psychisch kranke Menschen haben wir genauer betrachtet und kamen zu dem Schluss, dass es auch für »Nicht-Verrückte« schwer ist, den Normalitätsstandards unserer Gesellschaft zu genügen. Es bleibt nicht selten ein Gefühl des persönlichen Versagens.

Höchst verunsichert als neue Bezugspersonen begannen wir unsere Rolle zu definieren. Wir wollten unsere Bewohner nicht als Patienten betrachten, auf ihre Krankheitsgeschichte reduziert, sondern sie in ihrer ganzen Persönlichkeit und Lebensgeschichte wahrnehmen, sodass wir unsere Rolle als »Lebensbegleiter« definierten.

Jedes Teammitglied hat zwar spezielle Fähigkeiten in Krankenpflege, Erziehung, Pädagogik, aber diese stehen nicht im Vordergrund. Lebensbegleitung bedeutete für uns, in allen Facetten das Leben des anderen anzunehmen, ihn als Menschen mit einer besonderen Geschichte zu sehen, seine Krankheit, sein »Ver-rückt-Sein«, seinen Charakter zu betrachten, und zwar ohne zu werten. Nicht den Wunsch zu haben zu verändern, sondern zu begleiten. Innerhalb des Konzeptes haben sich Leitsätze gebildet, die für die Begegnung mit unseren Bewohnern stehen:

- Jeder ist einmalig und wertvoll.
  Für die Arbeit der Lebensbegleitung bedeutet dies, dass egal wie wunderlich oder »ver-rückt« die Bewohner sind, ihnen mit Respekt zu begegnen ist.
- Jeder Mensch hat einen Lebensfaden.
  Im Laufe der persönlichen Geschichte und Krankheit dieser Menschen ist der Lebensfaden oftmals verloren gegangen und wir begeben uns gemeinsam mit dem Menschen auf die Suche danach.
- Jeder Mensch trägt in sich Hoffnung.
  Es gibt für jeden Menschen ein Ziel, wofür es sich lohnt aufzustehen und sich mit der Welt auseinander zu setzen.
- Leben ist Therapie genug.
  Es bringt »Sinn« in das Leben der Bewohner, wenn sie in den Alltag einbezogen werden und sich um sich selbst kümmern und sorgen müssen. Das Wort »Therapie« ist aus unserem Wortschatz gestrichen.
- Das Leben ist ein Geben und Nehmen.
  Wir können nicht erwarten, dass ein Bewohner sein Verhalten verändert, wenn er nicht auch etwas dafür bekommt.

Diese Leitsätze bestimmen nicht nur den Umgang der Mitarbeiter mit den Bewohnern, sondern sie sind ebenfalls Leitlinien für den Umgang innerhalb des Teams und der Leitung.

In den ersten Wochen und Monaten des Kennenlernens war es faszinierend festzustellen, wie neugierig und offen die Lebensbegleiter und die

Bewohner miteinander umgingen. Schnell wurde deutlich, dass Wünsche, Neigungen, Probleme und Hoffnungen nicht abstrakt, sondern banal und alltäglich waren. Durchgängig war die Hoffnung, nicht mehr nur als Patient gesehen, sondern als Mensch angenommen zu sein.

Offene Begegnungen und der Grundsatz, den anderen in den persönlichen Wünschen, Ängsten und Bedürfnissen ernst zu nehmen, bedeuten, die kleinen alltäglichen Dinge des Lebens wahrzunehmen.

In den ersten Gesprächen mit unseren Bewohnern zeigten sich jene Probleme der Bewohnerinnen und Bewohner, an denen sie fortan uns und unsere Form der Beziehung messen würden, nämlich etwa die Sorge: Wie werde ich versorgt, wenn ich alt und gebrechlich bin und sterben muss? Ein weniger deutlich ausgesprochenes Thema war unser Umgang mit ihren sexuellen Bedürfnissen. Und auch das Thema Alkohol spielte schon bald eine Rolle.

Der Umgang mit Alkohol

Sehr bedeutend für viele der Bewohner war die Frage unseres Umgangs mit Alkoholkonsum. Etwas, was uns sehr erstaunte, da Alkoholkonsum von Seiten der Klinik nur am Rande als Problem definiert wurde.

Mehrere Bewohner zeigten sich gegenüber unserem Wohnangebot eher ablehnend. Bei unseren Gesprächen mit ihnen erzählten sie, dass sie in ihrem Alltag nicht auf Alkohol verzichten wollten und könnten. Dies hatten sie in den Strukturen der Großklinik bislang gut verheimlichen können. Wenn ihr Alkoholkonsum auffiel, wurde dies als Ausrutscher gewertet, der zumeist mit Ausgangssperre oder kurzfristiger Verlegung in einen geschlossenen Bereich endete. Sie hatten nun Angst, in einer so kleinen und persönlichen Einrichtung ihren Alkoholkonsum nicht mehr verbergen zu können, und wussten uns diesbezüglich nicht einschätzen.

Zwei der zukünftigen Bewohner berichteten, ihr Wunsch Alkohol zu konsumieren wäre der einzige Grund, in die Werkstatt für behinderte Menschen zu gehen. So hatten sie Ausgang und konnten den Weg zur Arbeit und zurück nutzen, um unbemerkt zu trinken. Mehrere Bewohner erzählten, wie wichtig der Alkohol für sie sei, um ihre »Stimmen« ertragen zu können, wobei sie die Alkoholmenge sehr genau definieren konnten.

Das Team der Lebensbegleiter musste sich bezogen auf seine »Leitsätze« Lösungen zu dieser Problemstellung erarbeiten. Bei näherer Betrachtung konnten wir erkennen: Die trinkenden Patienten hatten innerhalb des Systems der psychiatrischen Klinik funktionieren können. Sie selbst hatten unbedeutenden bis keinen Leidensdruck und wenig Einsicht und

Willen, an ihrem Konsum etwas zu ändern. Wenn wir die »normale und gesunde« Gesellschaft betrachten, sehen wir, dass Alkohol in allen Schichten der Bevölkerung ein Thema und auch ein Problem ist.

Für einen alkoholabhängigen Menschen bedeutet es, einen langen und schwierigen Weg zu gehen, um sich von der Droge Alkohol zu lösen. Hohe Rückfallquoten und jahrelanges Leiden zeigen dies überdeutlich. Ein starker Wille, eine Perspektive und ein unterstützendes und intaktes soziales Umfeld sind nötig, um Sucht zu überwinden. All dies setzen wir für die Menschen, um die es uns geht, nicht voraus. Zwei Thesen haben wir aufgestellt:

1. Diese Menschen haben weniger ein Problem mit Alkohol als ohne Alkohol!
2. Wenn wir als Lebensbegleiter Einfluss haben wollen, müssen wir diese Menschen auch mit dieser Facette ihres Menschseins annehmen.

Grundsätzlich gibt es also im Haus *Vivaldi* kein Alkoholverbot! Mit jedem »trinkenden Bewohner« wird eine persönliche Vereinbarung über sich und sein Trinkverhalten getroffen, wobei nach dem Leitsatz »Geben und nehmen« verhandelt wird: Der Bewohner möchte oder muss trinken und die Beweggründe sind verschieden. Wir als Lebensbegleiter möchten den Bewohner dazu bewegen, mit seinem Trinkverhalten die Gemeinschaft der Wohngruppe und des Hauses nicht zu stören sowie sich seine Möglichkeiten zur persönlichen Entwicklung nicht einzuschränken. Dieses Verhandeln erreicht, dass der Bewohner die Art und Menge des Alkohols, die Zeiten und Situationen sowie einen Krisenplan (was passiert, wenn es nicht wie vereinbart abläuft) mit uns verbindlich vereinbart.

Unsere Umgangsweise mit psychisch erkrankten Menschen und ihrem Alkoholkonsum hat sich schnell innerhalb des psychiatrischen Umfeldes herumgesprochen. In der Folge wurden und werden uns gezielt Patienten mit einer »Alkohol-Problematik« vorgestellt.

Im Folgenden werde ich versuchen, unseren Umgang mit Alkohol anhand von Fallbeispielen mit Leben zu füllen.

Herr L. ist seit der ersten Stunde des Hauses *Vivaldi* bei uns. Er blickt auf 27 Jahre Psychiatrie-Geschichte zurück. Mit Mitte 20 kam er in die »Anstalt«, weil er für seine Familie zu schwierig wurde – eine Familie, in der Alkoholexzesse und körperliche Gewalt in Konfliktsituationen normal waren. Auf meine Frage: »Wie haben Sie die Psychiatrie erlebt?«, antwortete er damals: »Die Anstalt war das Beste, was mir passieren konnte. Da wurde ich nicht verprügelt und es gab regelmäßig zu essen.«

Herr L. leidet laut Arztbericht unter Minderbegabung, paranoid-halluzinatorischer Psychose im Rahmen einer Schizophrenie und unter Alkoholmissbrauchstendenzen. Als er bei uns einzog, war er sehr beeindruckt von den Möbeln, dem vielen Platz, seinen eigenen Schlüsseln und von der Freundlichkeit, mit der ihm begegnet wurde.

Betreffend seines Alkoholkonsums gab es folgende Vereinbarung: Sein Taschengeld wurde auf die Monatstage verteilt und ihm jeden Morgen ausgezahlt. Hiervon wollte er sich »Rauchwaren und Bier« kaufen. Er versprach sein Trinken so zu planen, dass er die hauswirtschaftlichen Arbeiten für die Wohngemeinschaft nicht vernachlässigt und sich in sein Zimmer zurückzieht, wenn wir und seine Mitbewohner sein Verhalten als störend empfänden.

Wichtig war ihm, da er Bekannte im Ort hatte, dass er diese zu sich einladen dürfe. Er erklärte sich einverstanden, darauf zu achten, dass sich seine Bekannten wie Besuch verhielten und dass keine harten Alkoholika bei diesen Besuchen konsumiert würden.

Trotz dieser Absprache ergaben sich problematische Situationen. Seine Gäste konsumierten trotz Bemühen von Herrn L. harte Alkoholika in den Wohnräumen der Gruppe, verhielten sich sehr störend und auffällig. Zudem trank Herr L. häufig vor dem Frühstück schon Bier und war infolgedessen am Tage mürrisch und aggressiv. Dies zog eine neue Vereinbarung nach sich. Herr L. erkannte, dass es ihm nicht gelang, auf das Verhalten seines Besuches Einfluss zu nehmen, und nahm deshalb von weiteren Einladungen in die Wohngruppe Abstand. Da es ihm beim morgendlichen Genuss eines Bieres mehr um den Geschmack ging als um den Rausch, war er damit einverstanden, morgens alkoholfreies Bier zu konsumieren und erst nach dem Mittagessen auf alkoholhaltiges Bier umzusteigen.

Mit dieser Vereinbarung lebt Herr L. bis heute in unserem Haus konfliktfrei.

Zweites Beispiel:

Herr M. lebt seit drei Jahren in unserer Einrichtung und ist 53 Jahre alt. In den frühen achtziger Jahren wurde er das erste Mal psychiatrisch auffällig. Diagnostiziert wurde eine Psychose aus dem schizophrenen Formenkreis – Residualzustand, gekoppelt mit einer chronischen Alkoholabhängigkeit.

Betreffend seiner Alkoholabhängigkeit war er sechsmal stationär in therapeutischer Behandlung. Zuletzt lebte er anderthalb Jahre in einer Suchtabteilung einer psychiatrischen Großklinik. Bei seinem Vorstellungsgespräch gab er an, dass er alkoholsüchtig und therapeutisches Einwirken auf ein abstinentes Leben fruchtlos sei. Er könne wegen seiner Psychose zudem nicht ohne ein intensiv betreutes Wohnangebot leben. Herr M. gab an, in den letzten anderthalb Jahren in der Suchtabteilung von Seiten der Mitarbeiter als »trocken« angesehen worden zu sein. Dies sei der Grund, dass in der Klinik keine weitere Behandlungsnotwendigkeit gesehen würde. In der Zeit habe er regelmäßig getrunken und bei starker Trunkenheit Psychose-Symptomatiken vorgetäuscht.

Bei Aufnahme wurde mit ihm Folgendes vereinbart: Er darf trinken, solle dies allerdings maßvoll praktizieren, da er ansonsten seinen Arbeitsplatz in der WfB in Gefahr bringe. An den Wochenenden solle er so trinken, dass die Gemeinschaft sein Verhalten akzeptieren könne. In der Praxis hielt Herr M. die Vereinbarung weitgehend ein. Es zeigte sich allerdings, dass er an Wochenenden, wenn er verstärkt trank, nicht zur Ruhe kam. Er wurde häufiger laut und trat bedrohlich mit rechtsradikalem Gedankengut auf. Mit ihm wurde eine neue Vereinbarung getroffen und gemeinsam ein Stufenplan erarbeitet, wie wir ihm in solchen Situationen begegnen können:

– Bei auffällig aggressivem Verhalten wird er gebeten, in seinem Zimmer zu bleiben.

– Kommt er der Aufforderung nicht nach, wird er aufgefordert, das Haus zu verlassen und in geordnetem Zustand zurückzukehren.

– Kommt er dieser Aufforderung nicht nach, wird er zur Entgiftung in die pflichtversorgende psychiatrische Klinik eingewiesen. Mit dem Krankenhaus hatte Herr M. einen Behandlungsvertrag für diesen Fall getroffen. Der behandelnde Facharzt hatte eine Einweisung hinterlegt.

– Kommt er diesem freiwillig nicht nach, wird er über die Ordnungsbehörden zwangsweise auf Grund seines fremdgefährdenden Verhaltens in die Klinik eingewiesen.

Von der letzten Maßnahme musste zweimal innerhalb von knapp drei Jahren Gebrauch gemacht werden. Trotz dieser Zwangsmaßnahmen gab es keinen Bruch der Beziehung zu uns, da er die Vereinbarung akzeptierte.

Leider zeigte sich nach zweieinhalb Jahren eine Veränderung im Verhalten von Herr M. Innerhalb seiner Alkoholexzesse wurde er immer weniger steuerungsfähig und es kam wiederholt zu Tätlichkeiten gegenüber Mitbewohnern und Personal. Er war im Nachhinein selbst erschrocken, dass er seine Kontrolle derart verlieren konnte. Trotz vieler gemeinsamer Gespräche und seinem Wunsch, die Selbstkontrolle nicht zu verlieren, brachte er sich dennoch weiter in extrem alkoholisierte Zustände, welche unkontrollierte Situationen mit sich brachten. Sein Verhalten wurde durch den Suchtdruck dominiert. Auf Grund dieser Situation, in der ein »Geben und Nehmen« nicht mehr funktionierte, wurde unsererseits der Heimvertrag gekündigt. Derzeit wartet Herr M. bei uns auf einen Heimplatz in einer Einrichtung, die ebenfalls mit von Sucht und Psychose belasteten Menschen arbeitet.

Und schließlich ein drittes Beispiel:

Herr N. lebt seit sechs Jahren im Haus *Vivaldi*. Bei ihm wurde eine chronisch verlaufende Psychose aus dem schizophrenen Formenkreis sowie chronischer Alkoholismus diagnostiziert. Herr N. ist 51 Jahre alt und lebte vor der Aufnahme in unserem Haus 26 Jahre lang in verschiedenen psychiatrischen Kliniken. Auf Grund seiner periodisch wiederkehrenden Alkoholexzesse pendelte er zwischen dem »offenen Langzeitbereich« und dem geschlossenen Bereich. Eine tagesstrukturierende Tätigkeit konnte ihm auf Grund seiner Alkoholproblematik nicht vermittelt werden.

Bei Aufnahme wurde mit Herrn N. Folgendes vereinbart: Er darf im Hause trinken. Da er für Rauchen und Trinken nicht genug Geld besitzt, soll er in einer WfB arbeiten. Zwei Flaschen Bier, so gab er an, sei sein tägliches Quantum, um nicht unter Entzugserscheinungen zu leiden. Diese Menge bekommt er von uns täglich ausgehändigt. Am Freitagabend sowie am Samstag bekommt er jeweils 5 Euro zur freien Verfügung ausgezahlt.

Herr N. willigte ein, sich beim Trinken so zu verhalten, dass die Wohngemeinschaft nicht gestört wird und er seinen Anteil an den hauswirtschaftlichen Pflichten übernehmen kann. Weiter wurde vereinbart, dass er an einer gemeinsamen Mahlzeit am Samstag und Sonntag in geordneter Weise teilnimmt.

Nach sechs Jahren haben wir mit ihm eine stabile Lebenssituation erreicht. Er geht täglich zur WfB. Gelegentliches exzessives Trinken findet am Wochenende statt, wobei er die Vereinbarungen weitgehend einhält. Mit seinen Mitbewohnern hat er sich betreffend der hauswirtschaftlichen Pflichten so weit arrangiert, dass er während der Woche mehr Arbeiten übernimmt, damit er am Wochenende in Ruhe trinken kann.

Er selbst ist sehr stolz, dass er arbeitet, und leitet daraus auch das Recht ab, Alkoholiker sein zu dürfen. Er spricht fast täglich darüber, dass das Haus *Vivaldi* ein Ort sei, an dem er sich wohl fühlt, und versichert sich, dass wir ihn so annehmen, wie er ist. Manchmal besorgt er sich auch werktags – entgegen der Vereinbarung – zusätzlich Bier. Hierdurch hat es allerdings noch keine Fehltage in der WfB gegeben. Ab und zu bringt er oder sein soziales Umfeld Schnaps ins Haus. Hier zeigt er sich einsichtig, dass wir harte Alkoholika für ihn verwalten und ihm einteilen. Da Herr N. heute auf Grund seiner Tätigkeit in der WfB mehr Geld besitzt, als er ausgeben kann, lädt Herr N. alle drei Monate seine Wohngemeinschaft und Freunde zu einem gemeinsamen Essen in ein Restaurant ein.

Großer Bedarf an neuen Konzepten

Die drei beschriebenen Fälle sind exemplarisch. Innerhalb der zehn Jahre des Bestehens von Haus *Vivaldi* ist Herr M. der einzige Bewohner, den wir nicht weiter in unserer Einrichtung betreuen konnten. Durch ihn wurde uns deutlich, dass bei psychisch kranken Menschen mit einer starken Suchtproblematik ein Miteinander von Geben und Nehmen nur schwer oder gar nicht funktioniert. Bei allen anderen Bewohnern unserer Einrichtung wird deutlich, dass unsere Beziehungsarbeit und die bindenden Absprachen emotionale Sicherheit und Stabilität geben.

Der Umgang mit Alkohol wird im Haus *Vivaldi* nicht tabuisiert, sondern gilt als Bestandteil sozialen Lebens. Auch dem nicht ver-rückten Menschen begegnet Alkohol im alltäglichen Umgang: ein Glas Wein beim Essen, ein Bier beim Fußball.

Unsere Beziehungsarbeit erreicht nicht jeden psychisch kranken Menschen. Es zeigt sich deutlich auf Grund vieler gezielt gestellter Bewerbungen, dass es einen großen Bedarf für unser Konzept gibt. Wir setzen mit unserer Einrichtung innerhalb der psychiatrischen Landschaft einen deutlichen Akzent. Nur mit der Vielfalt von therapeutischen Ansätzen kann unserer Meinung nach sozialpsychiatrische Versorgung mit einem hohen Maß an Qualität, Individualität und Partnerschaftlichkeit erreicht werden.

Institutionelles Erstarren lässt keine Entwicklung betroffener Menschen zu. An den Bedürfnissen orientierte sozialpsychiatrische Unterstützungsarbeit braucht Mut, auch andere Wege zu gehen.

MANFRED KOBER

Wie lassen sich disziplinarische Entlassungen aus dem Heim vermeiden?

In diesem Beitrag wird ein Thema beschrieben, das in fast jeder Einrichtung Mitarbeiter und Mitarbeiterinnen über einen längeren Zeitraum beschäftigt. Das Problem nämlich, sehr schwierige Klienten, die so genannten »Systemsprenger«, in die Wohnungslosigkeit zu entlassen. Die Forderung nach disziplinarischen Entlassungen ist die Notbremse von Heimmitarbeiterinnen schlechthin. Unter Berufung auf die gesammelten Verfehlungen des Bewohners werden Heimleiter auf die Verstöße gegen die Hausordnung und Heimverträge angesetzt. Disziplinarische Entlassungen in die Obdachlosigkeit stehen dann auf der Tagesordnung. Die Entscheidung fällt natürlich häufig nicht leicht. Es ist für jedes Heim eine Herausforderung, Lösungsmöglichkeiten zu erarbeiten, die am Ende für alle Beteiligten einen Erfolg darstellen und der gemeinsamen qualitativen Versorgungsverantwortung gerecht werden.
M. Kober beschreibt den Versuch, mit einem Handlungskatalog Lösungsmöglichkeiten zu erarbeiten, um disziplinarische Entlassungen zu vermeiden. Welche rechtlichen Hintergründe sind zu beachten? Welche Handlungsmöglichkeiten gibt es? Können zusätzliche Betreuungsverträge wirksam eingesetzt werden?

Alles, was richtig ist: Versorgungsverantwortung und Betreuungsqualität

Der sozialpsychiatrische Wohnverbund Reutlingen-Zollernalb (Baden-Württemberg) ist eine außerklinische stationäre Einrichtung für psychisch kranke Menschen mit dezentralen Wohn- und Betreuungsangeboten sowie dem differenzierten tagesstrukturierenden Angebot *TagWerk* in Komm- und Geh-Struktur. Im Raum Reutlingen werden insgesamt 127 Menschen in sechs Wohngruppen, 28 Wohnungen und elf Appartements betreut. In seiner konzeptionellen und organisatorischen Weiterentwicklung ist der sozialpsychiatrische Wohnverbund Reutlingen-Zollernalb unter anderem folgenden Grundsätzen verpflichtet:

- Übernahme von Versorgungsverantwortung für die Bürgerinnen und Bürger im Landkreis Reutlingen und Zollernalbkreis;
- individuelle Hilfeplanung und Personenzentrierung von Hilfen;
- Kooperation mit allen Einrichtungen und Diensten in der Region und Aufbau eines gemeindepsychiatrischen Verbundes.

Die Heimaufnahme insbesondere von jungen Klienten und Klientinnen, die bislang keine Angebote in der Region vorfanden, führte im sozialpsychiatrischen Wohnverbund in den vergangenen Jahren nach teilweise turbulenten Zeiten auch zu außerordentlichen Kündigungen von Heimverträgen. Zwar sind solche Kündigungen nie ganz vermeidbar, dennoch bleiben sie unter der Prämisse der Versorgungsverantwortung so lange als Misserfolg zu bewerten, solange die Qualität der Leistungserbringung im Heim selbst einen wesentlichen Beitrag zu diesem Scheitern geleistet hat. Inwieweit dies im Einzelfall zutrifft, lässt sich natürlich erst dann feststellen, wenn die Gesamtleistung der Institution näher betrachtet wird: Versorgungsverantwortung bedeutet mehr als nur psychisch kranke Bürgerinnen, für die Zuständigkeit besteht, aufzunehmen. Versorgungsverantwortung bedeutet auch, durch individuelle Anpassung der Angebote dafür Sorge zu tragen, dass diese – solange dazu Bedarf besteht – in der Einrichtung bleiben können. Dies erfordert, im Einzelfall die bestmögliche Betreuungsqualität zu erbringen, die strukturellen Gestaltungsmöglichkeiten auszuschöpfen sowie bei Schwierigkeiten möglichst auf außerordentliche Kündigungen zu verzichten.

Mitarbeiter des zuständigen Betreuungsteams geraten bei diesem Thema schnell unter Druck, sind sie es doch, die im Alltag die Hilfeplanung, die Beziehung und die Assistenzleistungen eines Heims erbringen. Sie sind es auch, die ganz wesentlich definieren, welches Verhalten tragbar, welche Umstände auszuhalten oder nicht mehr auszuhalten sind. Und sie sind es auch, die Bewohnerinnen, Nachbarn, Leitende und Beratende mit Informationen und Bewertungen versorgen und die die Interventionsleistungen im zumeist eskalierenden Prozess zu erbringen haben. Ganz wesentlich bestimmen sie also nicht nur die gewünschten Leistungen eines Heims, sondern auch dessen Leistungsgrenzen. Wenn »es nicht mehr geht«, sind sie es, die im Versorgungssystem verantwortlich gemacht und »schuldig« gesprochen werden.

Gerade die sich des institutionellen Versorgungsauftrags bewussten Mitarbeiterinnen sehen sich in schwierigen Betreuungsverhältnissen ganz besonders in der persönlichen Verantwortung und tragen – oft zu lange – auf eigenen Schultern, was auf mehrere Schultern gehört. Versorgungsverantwortung ist geteilte Verantwortung, dies gilt nicht nur in der Versorgungsregion, sondern auch innerhalb eines Heims.

Heime befinden sich gegenwärtig in Prozessen der Qualitätsentwicklung. Klienten, die nicht so viel Zeit haben, werden bevorzugt »Systemsprenger« genannt und des Heims verwiesen. Der Begriff ist also auch ein sprachliches Sonderangebot zur missbräuchlichen Benutzung: Es kann verführerisch sein, fachlich nachlässig zu arbeiten oder gar aktiv zur Eskalation beizutragen, um schneller von einer schwierigen Betreuungsaufgabe entlastet zu werden. Solch bösem Willen aber geht zumeist die Überforderung voraus, die in der Einrichtung nicht erkannt oder falsch eingeschätzt wurde. Versorgungsverantwortung verlangt also neben fachlichen Qualitäten auch, die Grundhaltung Motivation und Zielsetzungen der beteiligten Mitarbeiter und Mitarbeiterinnen zu pflegen. Die »Systemsprenger« können Wegweiser zur Organisationsentwicklung werden, wenn ihre Anliegen als Hinweise auf mangelnde Flexibilität (zu sprengende Systeme) der Leistungserbringung im Heim verstanden und bearbeitet werden. Wenn jede Kündigung mit allen Beteiligten als Lernfall im Heim rückgekoppelt wird, ist dies ein wertvoller Beitrag zur Optimierung der gesamten Versorgungslandschaft.

Bei schwierigen Betreuungsverhältnissen ist im Vorfeld von Kündigungen nach den erforderlichen Leistungen und deren Qualitäten zu fragen. Gründe dafür gibt's zuhauf:

- Die wohl breiteste Spur von psychisch kranken Menschen in die Wohnungslosigkeit führt geradewegs aus Heimen und Einrichtungen, in denen es nicht gelungen ist, Hilfen und Umstände hinreichend akzeptabel zu gestalten. Der angestrebte »Fix- und Angelpunkt« (wie es im Heimgesetz heißt) befindet sich jedoch nicht unter der Brücke – Wohnungslosigkeit ist kein akzeptabler Ausweg aus dem Heim.
- Nicht selten ist bei Krisen, Konflikten und außerordentlichen Kündigungen im Heim die (zu) späte Erkenntnis, angemessene Interventionen und unbequeme Fragestellungen versäumt zu haben. Drogenkonsum, Abbruch von Kooperation und ärztlicher Behandlung, Missachtung der Hausordnung, Diebstahl, Androhung und Ausübung von Gewalt usw. sind keine Einzelereignisse, die sich unangekündigt und über Nacht einstellen, auch ein solches Verhaltensrepertoire vollzieht sich in einem Prozess.

Ziel ist also, dass alles, was fachlich sinnvoll und erforderlich ist, zum richtigen Zeitpunkt geschieht. Die im Betreuungsprozess praktizierte Klarheit, Zuverlässigkeit und Verbindlichkeit erleichtert einer Einrichtung nicht nur die Übernahme von Versorgungsverantwortung, sondern sind sogar Voraussetzung, sich den »schwierigen« Klienten und Klientinnen engagiert zu widmen.

N. Greve (2002, S. 278 ff.) hat Leitideen beschrieben, die Mitarbeiterinnen in der Reflexion der eigenen Person und Arbeit im Zusammenhang mit grenzgängigem Verhalten sehr nützen können:

- Psychiatrische Hilfe ist eine Dienstleistung,
- jeder Beteiligte ist für sich selbst verantwortlich,
- jeder Beteiligte sitzt in einem eigenen Boot,
- alle Beteiligten sollten fortlaufend miteinander sprechen,
- jeder Beteiligte hat seine eigene Sichtweise, eigene Anliegen und gute Gründe für sein Verhalten und
- professionelle Helfer sollten ihre Ideen offen legen.

Alles, was Recht ist: Heimgesetz und Heimvertrag

Ist es zulässig, Betreuungsverhältnisse im Heim einmal nicht vom Beginn der Hilfeplanung, sondern von ihrer Beendigung her, d.h. von der Kündigung durch das Heim zu betrachten? Jedenfalls lässt das Heimgesetz außerordentliche Kündigungen durch das Heim nur unter den im Heimvertrag zulässigen und näher genannten Voraussetzungen zu:

§ 13 (3):»Die Einrichtung kann das Vertragsverhältnis nur bei Vorliegen eines wichtigen Grundes und unter Angabe von Gründen kündigen. Die Kündigung kann außerordentlich erfolgen, wenn:

- der Gesundheitszustand/Hilfebedarf der BewohnerIn sich so verändert hat, dass die fachgerechte Betreuung in der Einrichtung nicht mehr möglich ist und die Einrichtung der BewohnerIn eine angemessene andere Unterkunft zu zumutbaren Bedingungen nachweist,
- die BewohnerIn ihre vertraglichen Pflichten schuldhaft so gröblich verletzt, dass der Einrichtung eine Fortsetzung des Vertrages nicht mehr zugemutet werden kann,«
- bei Zahlungsverzug,
- bei Betriebsaufgabe oder -einschränkung.«

(Heimvertrag der Gustav-Werner-Stiftung zum Bruderhaus, Reutlingen)

In der praktischen Betreuungsarbeit entsteht angesichts eines drängenden und subjektiv unerträglichen Einzelfalls rasch das Bedürfnis nach klaren Grenzlinien, durchaus auch mit der Funktion von Sanktionierung und Ausgrenzung im Sinne der Entlastung der Beteiligten. Die Erwartung von Mitarbeitern und Mitbewohnerinnen an die Heimleitung nach einer schnellen Lösung wird in der Regel enttäuscht – das Unterbringungsrecht spricht zu Recht eine klare Sprache. Unerträgliches ist nicht allgemein gültig definiert und die individuellen Freiheitsrechte genießen nicht nur konzeptionellen, sondern auch (grund)gesetzlichen Schutz.

Welches ist nun der nicht nur fachlich richtige, sondern der auch rechtlich gültige Rahmen, der das erträgliche Zusammenleben und Zusammenarbeiten im Heim verbindlich regelt? Denn immerhin gibt es Ereignisse, die im Hilfemanual nicht geplant sind: (Nacht-)Ruhestörung, Drohungen, »Randale«. Was geschieht, wenn elementare Regeln und Absprachen des Zusammenlebens nicht eingehalten werden? Was geschieht, wenn Unerträgliches nicht länger ertragen werden kann?

Den rechtlichen Rahmen für den Aufenthalt im Heim begründet auf der Grundlage des Heimgesetzes der abgeschlossene Heimvertrag. Für den Umgang mit grenzgängigem bzw. grenzüberschreitendem Verhalten haben wir in der Vergangenheit einzelne, darüber hinausgehende Regelungsversuche unternommen, die bei juristischer Betrachtung allerdings haltlos sind:

- Zusatzvereinbarungen zum Heimvertrag, welche näher bestimmte Auflagen als vertragsrelevante Bestandteile des Heimvertrags aufführen, machen juristische Auslegungsdefinitionen erforderlich, die im Streitfall die Gefahr der Nichtigkeit beinhalten.
- Probezeitvereinbarungen mit bestimmten Auflagen vor dem Abschluss eines Heimvertrages steht das Heimgesetz entgegen.

Aus juristischer Sicht ist grenzgängiges Verhalten von Heimbewohnern und -bewohnerinnen also im Rahmen des Heimvertrages zu betrachten. Mit den dortigen Kriterien »Gesundheitszustand« und »Pflichtverletzung« sind die relevanten Schlüsselbegriffe genannt, die in der vergleichenden Übersicht auf der folgenden Seite näher betrachtet werden.

In der praktischen Betreuungsarbeit mit psychisch kranken Menschen ist die hier gezogene juristische Trennungslinie in personenbedingte und verhaltensbedingte Sachverhalte schwerlich zu definieren und kann auch im weiteren Behandlungs- oder Konfliktverlauf kaum gültig bleiben. Der Einzelfall birgt latent beide Elemente in sich, wobei das Übergewicht mal auf der Seite der »Krankheit«, mal auf der Seite »steuerbaren Verhaltens« liegen kann (»bad or mad«-Problematik).

Das Vulnerabilitäts-Stress-Bewältigungsmodell formuliert die Wirkung von Stressfaktoren auf den Krankheitsverlauf; so kann sozialpsychiatrische Intervention nicht stur der juristischen Trennung folgen, sondern hat beide Möglichkeiten fachlich angemessen zu beachten: Anspruchsvolle Aufgabe im Prozess der Begleitung und Intervention ist also, jeweils die Indizien für beide Möglichkeiten wahrzunehmen und bei Interventionen auf die im Augenblick richtige Karte zu setzen sowie (noch wichtiger!) auf die falsche möglichst zu verzichten.

Wenn am Ende eines konfliktreichen Prozesses der Heimaufenthalt durch

Kündigungsgrund:	**Gesundheitszustand/Hilfebedarf**	**Pflichtverletzung/Verhalten**
Sachverhalt:	Gesundheitszustand oder Hilfebedarf der Bewohnerin hat sich so verändert, dass eine *fachgerechte Betreuung nicht mehr möglich* ist	schwerwiegende und schuldhafte Pflichtverletzung der Bewohnerin macht die *Fortsetzung des Heimvertrags* unzumutbar
Juristische Definition:	personenbedingter, also vom Klienten *nicht beeinflussbarer Sachverhalt*	verhaltensbedingter, also vom Klienten *beeinflussbarer Sachverhalt*
Vorrangige Aufgabe der Fallkoordination:	Klärungsbedürftig ist hier, inwieweit ein Klient – etwa durch Medikamente oder durch Minderung von Stressoren – seinen Gesundheitszustand zu beeinflussen bereit und in der Lage ist: - *Haltung und Motive des Klienten* zu seiner Krankheit/Gesundheit	Klärungsbedürftig ist hier, welche Gründe hinter dem Verhalten stehen, ob der Klient die Folgen seines Handelns kennt, welche Absichten er damit verfolgt etc.: - Haltung und Motive des Klienten zur jetzigen und gewünschten Lebensform
Vorrangige Ansprechpartner:	*Klient und Arzt,* ggf. gesetzliche Betreuer (Aufgabenkreis »Gesundheitssorge«, »Aufenthalt« o.Ä.)	*Klient und Fallkoordinatorin,* ggf. gesetzlicher Betreuer (gemäß Aufgabenkreis)

außerordentliche Kündigung beendet wird, muss im Vorfeld dieser Kündigung, also im »Normalbetrieb« der Betreuung, das Richtige zum richtigen Zeitpunkt verlässlich getan und letztlich Wohnungslosigkeit vermieden worden sein.

Alles, was wichtig ist: Praktische Handlungsmöglichkeiten

Die folgende Übersicht (S. 214) dient unseren Mitarbeiterinnen im sozialpsychiatrischen Wohnverbund als Checkliste zur Überprüfung betreuerischer Standards und möglicher Ansatzpunkte bei »schwierigen« Klientinnen. Die Aufstellung beinhaltet in Stichworten eine Reihe von Fragestellungen, die einerseits völlig selbstverständlich sind, die andererseits in der Bewältigung des Alltags aber auch unterzugehen drohen, insbesondere dann, wenn Stress und Belastung die Reflexion beeinträchtigen. Ein Blick in die Liste empfiehlt sich also dann, wenn sich im Team Ratlosigkeit angesichts einer schwierigen Betreuungslage einstellt oder – und dann noch mehr – man sich absolut sicher ist im Entschluss einer disziplinarischen Vorgehensweise. Abstand gewinnen und ein paar Schritte zurückdenken ... vielleicht wurde eine Frage ja doch noch nicht gestellt, ein Gedanke noch nicht gedacht!

Die Liste ist (lediglich der Darstellung halber) gegliedert in vier Phasen; praktisch gehen diese Phasen ständig ineinander über, thermometergleich zwischen angenehmen und frostigen Temperaturen. Für Klärungen ist es wohl nie zu spät: Alle Fragestellungen gelten auch in späteren Phasen – womöglich umso drängender – weiter.

Alles, was gewollt ist: Die eigene Wohnung

Vorrangiger Fix- und Angelpunkt des Lebens ist die eigene Wohnung, nicht der Platz im Heim. Die Kommission zur Personalbemessung im komplementären Bereich (1992–1996) formulierte: »Für den Erfolg von Behandlung, Rehabilitation und Eingliederung ist von ganz entscheidender Bedeutung die Berücksichtigung des menschlichen Grundbedürfnisses nach eigener Wohnung, dies ist die entscheidende Voraussetzung für soziale Verwurzelung, persönliche Identität und psychische Stabilität. Dies gilt für Gesunde und gleichermaßen chronisch kranke und behinderte Personen einschließlich psychisch kranker und geistig behinderter Personen. Und wenn jemand keine eigene Wohnung (mehr oder noch nicht) hat, dann ist die Eingliederung in eine eigene Wohnung (ggf. auch Teil einer Einrichtung) und das von dieser Wohnung aus erschließbare Lebensfeld ein erstes Rehabilitations- und Eingliederungsziel. Behandlung, Rehabilitation und Eingliederung müssen dort stattfinden, wo ihre Ergebnisse langfristig genutzt werden sollen.« (Bundesministerium für Gesundheit 1999)

Dem ist beinahe nichts mehr hinzuzufügen.

Nur darf das Ziel, disziplinarische Kündigungen im Heim zu vermeiden, nicht dazu führen, keine Kündigungsentscheidungen zu treffen. Vielmehr muss die Vermeidung von disziplinarischen Kündigungen zur permanenten Qualitätsleitlinie für die Mitarbeiter der Betreuung, für die Fachdienste und für die Leitung eines Heims werden. Eine solche Qualitätsleitlinie gibt im Heim Orientierung für die Arbeit auch mit den schwierigsten psychisch erkrankten Menschen. Sie gibt aber über das Heim hinaus auch in einer Region Orientierung als Maßstab für andere Leistungsanbieter, um der gemeinsamen Versorgungsverantwortung gerecht zu werden. Und sie gibt bei durchgeführten außerordentlichen Kündigungen innerhalb und außerhalb des Heims die gegenseitige Gewähr, dass dieser Kündigung angemessene und qualitätsbestimmte Leistungen vorausgingen.

		»Gesundheitszustand«	»Verhalten«
1. »Normalbetrieb« Die Qualität des Betreuungsstandards mindert oder erhöht die Gefahren eines Scheiterns bereits im Vorfeld von Auffälligkeiten. Fragen zur Selbstkontrolle für Mitarbeiter der Betreuung: Welche relevanten Probleme/Themen vermeiden wir anzusprechen? Bestehen Ängste o.a. Vermeidungsgründe? Wie kann eine Situation geschaffen werden, in der Vermeidungen aufgelöst werden können?	Betreuerische Aufgaben und Themen	• Bewältigung von Krankheit • Umgang mit Symptomatik und Warnzeichen • Selbsthilfepotenzial ermitteln, Voraussetzungen? • Medikamente • Krisenprophylaxe und Stressoren • Motivation Arztbesuch •	• Derzeitige und gewünschte Lebensform überprüfen, nächste Schritte und Prioritäten abstimmen • Konkrete Hilfeplanung mit allen IBRP-Materialien • Biografiearbeit • Erbringung individueller und bedarfsgerechter Hilfen •
	Praktische Ansatzpunkte	• Psychoedukative Angebote schaffen, zur Teilnahme motivieren • Kooperation mit behandelndem Arzt • Individuelle Stressoren erkennen und minimieren • Unterstimulation – Überstimulation gegeben? • Reflexion der Betreuungsangebote und -leistungen (Beratung, Supervision)	• Aktuelle Motivationslage, bestehen Vorbehalte zum angebotenen Ort, dessen Umstände? • Sind derzeitige Lebensform und Hilfeangebot angemessen? • Entspricht das Maß von Selbst- und Fremdbestimmung der mit Klientin abgestimmten Hilfe? • Steht angemessener individueller Wohnraum zur Verfügung? • Arbeitet Mitarbeiter mit IBRP-Grundhaltung und -Materialen, insbes. A, D? • Ist Aufnahme von Beziehung gelungen? – Wie kann diese optimiert werden?
2. Warnzeichen und Konsequenzen Großen Problemen gehen kleine voraus: Aufgabe ist, möglichst früh Unstimmigkeiten zu erkennen, angemessen anzusprechen und gemeinsam mit dem Klienten zu minimieren.	Betreuerische Aufgaben und Themen	• Rückmeldung zum Krankheitsbild und Lebensstil • Angst gegeben? Wovor? • Zu viel/zu wenig Aktivität? • Zu viel/zu wenig Gespräch?	• Wahrnehmung und Minderung von Elementen struktureller Gewalt: Erlebt Klient Demütigung, Zurückweisung, Kränkung? • Bestehen unangemessene Regelungen, Hausordnung?

Probleme, die längere Zeit unbearbeitet bleiben, sind vertane Chancen und werden zu Risikofaktoren. Krisenzeiten sind auch daran zu erkennen, dass zunehmend über den und weniger mit dem Urheber der Probleme gesprochen wird: Unverzichtbar ist, den betroffenen Klienten in maximal möglichem Umfang zu beteiligen, auch (und gerade) hier gilt verhandeln statt behandeln! Unverzichtbar ist auch, Beziehungsstörungen und Grundhaltung des Teams zu reflektieren (Beratung, Supervision).		• Biografiearbeit: Erfahrung mit Krankheit und bisherigen Verlauf mit Klientin erarbeiten: Bewertungen und Schlussfolgerungen? – Informationen an wen weitergeben? • Krisenprophylaxe·Nähe – Distanz angemessen? • Belastungsgrenzen der Umgebung aufzeigen, Erwartungen konkret benennen • Motivation Arztbesuch • Motivation zur Einnahme von Medikamenten • Kooperation mit Arzt • Drogenkonsum festzustellen?	• Welche bestehenden Regelungen sind sinnlos und individuell unangemessen? • Werden Betreuungsleistungen bedarfsorientiert flexibel erbracht oder sind diese von Routine bestimmt? • Aktualität Hilfeplanung? • Tagesstruktur – welches ist die individuell gewünschte sinnvolle Betätigung? • Belastungsgrenzen der Umgebung aufzeigen, Erwartungen konkret benennen • Drogenkonsum festzustellen? Ggf. Drogenscreening
	Praktische Ansatzpunkte	• Engere Kooperation mit behandelndem Arzt • Medikamentenwechsel? • Geeigneten Ruheraum, Ruhezeiten organisieren • Ggf. Überwachung der Einnahme von Medikamenten (inkl. mörsern)·Klinikaufenthalt und Behandlungsziel abstimmen (IBRP-A) • Drogenkonsum? Information über Drogenwirkung auf Krankheitsverlauf, ggf. Drogenscreening • Nützlichkeit des verwandten Selbsthilfekonzeptes mit Klient reflektieren; Bereitschaft für Alternativen fördern • Autonomiebedürfnis respektieren, gemeinsames Ziel feststellen	• Auseinandersetzung mit Lebensstil • Beziehungsstörungen zur Betreuung vorhanden? • Wie lassen sich Beziehung und Vertrauen verbessern? • Ist die Beziehung Person-Bezugsmitarbeiterin stimmig? – Wechsel (Mitwirkung Klientin) • Motivation und Bewertung beteiligter Mitarbeiter abstimmen: Konsens –Dissens, Zuversicht – Skepsis, Aktivitäten – Prioritäten • Niedrigschwelliges Beschwerdewesen für Bewohnerinnen gegeben? • Aufenthaltsort und Lebensstil stimmig? Alternativen • Ist Betreuungsform/sind einzelne Mitarbeiter übergriffig? Autonomie eingeschränkt?

		• Zu wem hat Klient Vertrauen bzw. gute Erfahrung?	• Information und Beteiligung Dritter sicherstellen (Angehörige/SPD/...) • Abschluss Fallkoordination – wer geeignet? • Nichtklinische Aus- oder Schonzeit möglich? Urlaub?
3. Interventionen und Abmahnungen Hier geht es darum, möglichst früh diejenigen zu beteiligen, die a) eine Chance auf aktuelle Veränderung eröffnen und die b) für den Fall des Scheiterns bei der weiteren Perspektive relevant sind. Die Versuchung, Probleme ausschließlich innerhalb des Teams bzw. der Einrichtung lösen zu wollen, ist kein Ausdruck von Fachlichkeit und überschätzt eigene Möglichkeiten.	Betreuerische Aufgaben und Themen	• Dokumentation von Vorfällen, Information an Arzt, ggf. Leitung • Motivation/Voraussetzungen zur Aufnahme ärztlicher Behandlung feststellen, Motivationsbrücken? • Gefährdungsgrad feststellen und Arzt/Leitung informieren • Wer hat (noch) Beziehung zu Klient, wer ist ihm/ihr wichtig? • Suche und Beteiligung nach Dritten, die ggf. Einfluss auf Klientin haben • Kooperation mit gesetzlicher Betreuung (Wirkungskreis?) • Ärztlicher Hausbesuch möglich? • Kooperation für klinische Behandlung möglich? – Unter welchen Bedingungen? • Motivation und Ziele unter beteiligten Mitarbeitern abstimmen • Dissens und Prioritäten: Welche unterschiedli-	• Dokumentation von Vorfällen • Motivationslage Klient feststellen, gibt es gemeinsame Ziele? • Prüfen, in welchem aktuellen od. biografischen Zusammenhang Vorfälle stehen • Hilfe außerhalb des Teams einholen: Information an Leitung und Fachdienste, Maßnahmen abstimmen • Fallkonferenz • Unter Gesichtspunkt Personenzentrierung prüfen, welche praktischen Lösungen noch nicht realisiert wurden • Wer hat (noch) Beziehung zu Klientin, wer ist ihm/ihr wichtig? • Motivation und Ziele unter beteiligten Mitarbeitern abstimmen, inwieweit besteht Zuversicht/Skepsis? • Mitarbeiterinnen entlasten Kooperation mit gesetzlichem Betreuer (Wirkungskreis?) • Bei Straftaten: Beteiligung von Polizei und Strafanzeige

		chen Auffassungen zwischen Klientin und Betreuung können bestehen bleiben – welche nicht?	• Informationen an Kooperationspartner in der Region geben (gegenseitige Meldungen über Schwierigkeiten vereinbaren?)
	Praktische Ansatzpunkte	• Ist Klient über den Ernst der Lage informiert? – Schriftliche Mahnungen (Leitung) mit Hinweis, dass ohne begleitende medizinische Hilfen Kündigung erfolgt·Krisenfahrplan und weiteres Szenario konkret besprechen und abstimmen: Wer – was – wann? • Anregung gesetzlicher Betreuung (Aufgabenkreis), auch schon die Diskussion mit Klient darüber ist wirksamer Impuls	• Ist Klientin über den Ernst der Lage informiert? – Schriftliche Mahnungen (Leitung) mit Hinweis, dass Kündigung droht, wenn kritisiertes Verhalten anhält • »Asyl« innerhalb des Heims organisieren • Welche Ziele/Absicht verfolgt Klientin aktuell? • Leitungsaufgabe: Mitarbeiter beraten, entlasten, unterstützen • Ggf. Information/Beratung des Einzelfalls in der regionalen Hilfeplankonferenz • Information und Kooperation mit beteiligten Dritten (Angehörige/gesetzliche Betreuer/SPD/Arzt)
4. Kündigung und weitere Perspektive Die Einrichtung hat gemäß Heimvertrag § 13 gegenüber Mitbewohner/Mitarbeiterin ein Kündigungsrecht nur bei Vorliegen eines wichtigen Grundes. Sofern dieser Schritt unumgänglich ist, sollte eine vertretbare Kündigungsfrist eingeräumt werden, fristlose Kündigungen sind auf das unabdingbare Minimum zu reduzieren. Gleichzeitig ist die weitere	Betreuerische Aufgaben und Themen	• Anstelle außerordentlicher Kündigung Zwangseinweisung auf Grund des Gesundheitszustandes • Kooperation mit gesetzlicher Betreuung • Rückkehr vorbereiten, Bedingungen optimieren?	• Außerordentliche Kündigung bei Gewalttätigkeit gegenüber Mitbewohner/Mitarbeiterin, sofern der Vorfall nicht im Zusammenhang mit psychotischem Erleben steht • Opfer von Gewalttätigkeit gesondert beraten, entlasten (geeignetes Konzept entwickeln, Gewaltbeauftragte benennen) • Kündigung bei Missbrauch des Wohnraums (ohne Kooperation und Inanspruchnahme von Betreuung,

Perspektive, auch in der gleichen Einrichtung – an einem anderen Standort –, zu sichern.			anhaltendem Bruch von Hausordnung, Sachbeschädigung) • Reflexion in regionaler Hilfeplankonferenz: Wer kann (in Teilbereichen) Versorgungsverantwortung übernehmen?
	Praktische Ansatzpunkte	• Auftragslage an Klinik abstimmen zu Behandlungsziel und -dauer, auch Rückkehrbedingungen benennen, bevorzugt unter Beteiligung gesetzlicher Betreuung und/oder Fallkoordinatorin • Rückkehrmöglichkeit schaffen und vorbereiten (Wechsel Betreuungsort möglich?) • »guten Ruf«, Image des Klienten wiederherstellen	• Weitere Perspektive über Fallkoordination absichern • Wo/wie ist Neuanfang mit neuen Vorzeichen möglich? • Information/Kooperation mit beteiligten Dritten (Angehörige/gesetzliche Betreuer/SPD/Arzt) • Wohnungslosigkeit vermeiden: Nachfolgelösung für Wohnraum sicherstellen, ggf. auch Zeiten überbrücken (Sozialpension)

WOLFRAM BEINS

Hanna S. und die Hilfe Gottes oder: Hilfekonferenzen verändern die Praxis

»Wenn Gott Psychiater wäre, dann bräuchte ich nicht ins Heim.« So äußerte sich Hanna S. mit etwas klagendem, resigniertem Unterton und verblüffte damit vor allem den Oberarzt der Akutstation einer psychiatrischen Klinik.

»Was meinen Sie denn damit, Frau S.? So habe ich Sie ja noch nie reden hören«, fragte der denn auch sogleich nach.

»Na ja«, entgegnete Hanna S., »man sagt doch: ›Hilf dir selbst, dann hilft dir Gott.‹ Aber Sie haben ja gesagt, ich kann mir nicht alleine helfen und müsste deswegen in ein Heim.«

»Wie kommen Sie denn darauf, dass ich gesagt hätte, Sie könnten sich nicht alleine helfen? Und überhaupt, warum haben Sie mich deswegen nicht früher angesprochen?« Der Oberarzt ist immer noch überrascht.

»Ich habe Sie nicht früher angesprochen, weil Sie nie Zeit für mich hatten«, stellt Hanna S. klar. »Und jetzt müssen Sie Zeit für mich haben, denn jetzt ist Hilfekonferenz! Und der Herr vom Sozialpsychiatrischen Dienst hat doch eben Ihren Bericht vorgelesen, in dem steht, dass ich wegen der chronifizierten paranoiden Psychose nicht in der Lage bin meine Angelegenheiten selbstständig zu regeln. Und dass ohne Unterstützung meine Selbstversorgung nicht gesichert ist. Und deswegen soll ich in das Wohnheim, das haben Sie geschrieben!«, klärt Hanna S. den Oberarzt auf.

Neben Hanna S., dem Oberarzt der Klinik und dem Sozialarbeiter des zuständigen Sozialpsychiatrischen Dienstes sitzen noch der Stationsarzt der Akutstation, auf der Hanna S. seit neun Wochen behandelt wird, und die Sozialarbeiterin der Klinik in der Hilfekonferenz, in der die Entlassung von Hanna S. und die weitere Betreuung erörtert werden.

Hilfekonferenz vor der Kostenanerkenntnis

Hilfekonferenzen sind seit ca. drei Jahren in dem niedersächsischen Landkreis – in dem auch Hanna S. wohnt – verpflichtend eingerichtet worden. Bevor eine Maßnahme der Eingliederungshilfe nach §§ 39, 40 BSHG für seelisch behinderte Menschen bewilligt wird, soll eine solche Hilfekonferenz durchgeführt werden. Die Hilfekonferenz soll sich zu Art, Form und Maß der beantragten Hilfe äußern und damit dem Sozialhilfeträger eine Hilfestellung für seine nach pflichtgemäßem Ermessen zu treffende Entscheidung gemäß § 4 Abs. 2 BSHG liefern. Der Sozialhilfeträger nimmt diese Empfehlung als fachliche Feststellung und verzichtet damit auf eine amtsärztliche Stellungnahme.

Der Landkreis hatte sich entschlossen, die Hilfekonferenzen einzuführen, nachdem festgestellt wurde, dass stetig nach neuen Heimplätzen für seelisch behinderte Menschen gefragt wurde. Hierauf reagierten die Heimträger der freien Wohlfahrtspflege und private Anbieter mit einer kontinuierlichen Ausweitung der Plätze in den psychiatrischen Wohnheimen.

In der Folge stiegen die Ausgaben für stationäre Eingliederungshilfen regelmäßig an. Über diese Entwicklung kam es zu einer Verständigung mit dem Land Niedersachsen als für die stationären Hilfen zuständigen überörtlichen Sozialhilfeträger. Es wurde vereinbart, in dem Landkreis zu erproben, ob durch die Hilfekonferenzen der Anstieg an stationären Eingliederungshilfen für seelisch behinderte Menschen gebremst werden könne. Es sollte nämlich sorgfältiger erörtert werden, welche Art von Unterstützung seelisch Behinderte benötigen. Die Aufnahme in einem psychiatrischen Wohnheim durfte hierbei nur als letzte Möglichkeit und bei sehr hohem Hilfebedarf in Frage kommen. Zuvor sollten Unterstützungen im Umfeld der Menschen stärker genutzt werden und das Angebot von ambulanten und teilstationären Hilfen sollte vorrangig zum Einsatz kommen.

Die verbindliche Einführung der Hilfekonferenzen verband die fachliche Forderung des personenzentrierten Ansatzes mit dem sozialpolitisch begründeten Verlangen nach Steuerung in der Eingliederungshilfe für seelisch behinderte Menschen. Dabei ist allen Beteiligten bewusst gewesen, dass die Grundlagen des Sozialhilferechtes und der Sozialgesetzbücher nicht durch dieses Verfahren beeinflusst werden. Hierauf hatten die Spitzen der Heimträger hingewiesen, die nach Rücksprache mit ihren juristischen Beratern Bedenken zu dieser Einführung der Hilfekonferenzen anmeldeten.

Den Heimträgern waren dieses Verfahren und die damit verbundene Absicht, eine Belegung der Heimplätze zu steuern, suspekt. Sie hatten zunächst auch die psychiatrische Klinik auf ihrer Seite, die ebenfalls Vorbehalte gegen die Einführung der Hilfekonferenzen hatte. Die Klinik befürchtete ein aufwändiges Verfahren, das den Arbeitsalltag belasten würde. Noch mehr erwartete sie allerdings, dass ihr Einfluss auf die Entlassung der Patienten und auf eine im Einzelfall notwendige Anschlussbetreuung schwinden würde.

Einwände gegen die Einführung der Hilfekonferenzen

Von den Kritikern der Hilfekonferenz ist vorgetragen worden, dass es den Klienten und Klientinnen nicht zugemutet werden kann, sich nach ihrem Antrag auf Eingliederungshilfen einem Gremium zu stellen, das über »Art, Form und Maß« der beantragten Hilfen befindet. Hierbei wird allerdings übersehen, dass die Hilfe suchenden Menschen nicht vor ein Gremium zitiert werden, das über sie urteilt, sondern dass ihnen die Gelegenheit gegeben wird, ihren Hilfebedarf zu erläutern und in Abstimmung mit den psychiatrischen Fachleuten nach einer ihnen angemessenen Unterstützung zu suchen. Nicht eine Beurteilung von oben ist Gegenstand der Hilfekonferenz, sondern die partnerschaftliche Erörterung und Lösungssuche.

Weiter wurde kritisiert, dass eine Eingliederungshilfe nicht versagt werden könne, wenn ein Klient nicht an der Hilfekonferenz teilnimmt. Auch hier wird übersehen, dass eine Hilfekonferenz nicht unter Zwang durchgeführt wird, sondern ein Recht auf Erörterung darstellt. Selbstverständlich bleibt der Rechtsanspruch auf Eingliederungshilfe gewahrt, wenn der Betroffene sich nicht in einer Hilfekonferenz äußert. Die Hilfekonferenz wird dann mit den übrigen Beteiligten auf der Basis der vorliegenden Informationen eine Abstimmung herstellen und dem Sozialhilfeträger eine Empfehlung geben.

Eine Hilfekonferenz kann nur einberufen werden, wenn die Klientin in die Fallbesprechung und in die Einsicht der vorliegenden Informationen einwilligt. Insofern ist die Beachtung der Datenschutzbestimmungen gewährleistet. Die Hilfekonferenz hat darauf zu achten, dass nur die für die Beratungen relevanten Daten dokumentiert und an den Sozialhilfeträger weitergeleitet werden.

Die Umsetzung der Hilfekonferenzen

Für die Durchführung der Hilfekonferenz ist der Sozialpsychiatrische Dienst verantwortlich. Er beruft unmittelbar nach Bekanntgabe des Bedarfes auf Eingliederungshilfe die Konferenz ein und sorgt für eine zeitnahe Mitteilung an den Sozialhilfeträger. Diesem obliegt die Klärung der sozialhilferechtlichen Voraussetzungen, er hat sich verpflichtet, binnen vier Werktagen eine Entscheidung zu treffen.

In diesem zwischen dem Sozialpsychiatrischen Dienst und dem Sozialamt gemeinsam mit dem gemeindepsychiatrischen Verbund abgestimmten Verfahren der Hilfekonferenz ist festgelegt, dass die Klienten unbedingt beteiligt werden sollen. Ferner sind gesetzliche Betreuer zu beteiligen. Die Klienten können überdies eine Person des Vertrauens hinzuziehen. Es sollen eine fachärztliche Fachkraft und eine Fachkraft aus einer anderen Berufsgruppe teilnehmen. Wenn der Hilfebedarf der Klienten während einer stationären Behandlung deutlich wird, sollten Vertreter der Klinik hinzugezogen werden. Damit ist gewährleistet, dass in den Hilfekonferenzen interdisziplinär beraten wird und dass stationäre und ambulante Sichtweisen ausgetauscht werden.

Vor der Zusammenkunft in der Hilfekonferenz sollte eine sozialpsychiatrische Stellungnahme in halbstandardisierter Form erarbeitet werden, in der Aussagen über die Fähigkeiten und Beeinträchtigungen der Klienten getroffen werden. Dieses Formblatt ist am IBRP orientiert. Weiter sollte fachärztlich zur seelischen Erkrankung Stellung genommen werden und es können erste Vorschläge zur angedachten Maßnahme unterbreitet werden.

Die Hilfekonferenzen haben die Praxis der sozialpsychiatrischen Arbeit verändert. Der Sozialpsychiatrische Dienst ist maßgeblich in die Planung und Durchführung von Eingliederungshilfen für seelisch behinderte Menschen eingebunden. Er berät den Sozialhilfeträger bei der fachlichen Prüfung seiner Kostenentscheidungen, er berät die psychiatrische Klinik bei der Planung von Anschlussmaßnahmen für entlassungsfähige Patienten und er berät die gesetzlichen Betreuer bei der Suche nach geeigneten Hilfen für ihre Klientinnen. Vor allem aber sorgt er vor Beginn einer Eingliederungshilfemaßnahme für eine unmittelbare Abstimmung aller Beteiligten gemeinsam mit den Klienten.

Hilfekonferenzen sind also nicht allein eine Veranstaltung des Sozialpsychiatrischen Dienstes. Sie sind eher eine institutionalisierte Form des Zusammenwirkens im Gemeindepsychiatrischen Verbund. Hilfekonferenzen unterstreichen damit, dass Sozialpsychiatrie in der Gemeinde immer eine Gemeinschaftsaufgabe ist, dass einzelne Anbieter immer nur institutionell planen und unterstützen können.

»Feststellung« des Hilfebedarfes

Eine Hilfekonferenz kann nicht den Hilfebedarf einer psychisch erkrankten Person »feststellen«, denn Feststellung suggeriert jeweils einen objektivierbaren Tatbestand. Der Hilfebedarf eines psychisch erkrankten Menschen lässt sich aber nicht objektivieren, weil dieser unterschiedlich bewertet werden kann. Man denke nur an unterschiedliche Auffassungen über den Grad einer Vermüllung in einer Wohnung. Es wird vielmehr eine Auseinandersetzung über einen vermuteten Hilfebedarf angeregt, in der unter mehreren Beteiligten, die unterschiedliche Vorerfahrungen und Sichtweisen einbringen, die intendierten Hilfen und Unterstützungen erörtert werden. Hierbei sind die Wünsche und Bedürfnisse der Klienten in den Mittelpunkt zu stellen und müssen mit den Empfehlungen der Fachleute in Verbindung gebracht werden.

Dieser Prozess der Auseinandersetzung über einen Hilfebedarf kann nicht zu objektiven Entscheidungen gelangen. Stattdessen werden in der Erörterung Standpunkte aufeinander bezogen. Unterschiedliche Bedürfnisse, Wünsche und Interessen werden miteinander abgeglichen. Im Ergebnis wird eine von allen Beteiligten akzeptierte und damit bestmöglich realisierbare Hilfemaßnahme verabredet und schließlich dem Kostenträger für seine Entscheidung empfohlen.

In diesem Verfahren können die Empfehlungen der Hilfekonferenz durchaus von den zunächst fachlich intendierten Hilfen abweichen. Wenn beispielsweise eine Heimbetreuung für notwendig erachtet wird, diese aber vom Klienten nicht akzeptiert wird, kann auf eine weniger intensive Hilfe ausgewichen werden.

Die Hilfekonferenz würdigt in hohem Maße die Klientenbedürfnisse. Immer wieder nämlich berichten Bewohner psychiatrischer Heime, dass sie zur Aufnahme in das Heim überredet wurden. Sie hätten sich vor der Aufnahme hilflos gefühlt, wohl gewusst, dass sie eine Unterstützung benötigten, über die Konsequenzen einer Heimaufnahme seien sie sich aber nicht bewusst gewesen. Sie hätten das Heim auch besichtigt und einen guten Eindruck von der Einrichtung gewonnen, die Ausstattung sei natürlich viel besser als bei ihnen zu Hause. Das alles hätte sie positiv gestimmt und dazu beigetragen, dem Vorschlag ihrer Therapeuten in der psychiatrischen Klinik oder dem Vorschlag ihrer gesetzlichen Betreuer zu folgen und der Heimaufnahme zuzustimmen. Erst nach einigen Wochen sei ihnen klar geworden, was sie mit der Heimaufnahme eingebüßt hätten. Ihnen fehle die Selbstbestimmung, die sie in ihrer eigenen Wohnung gelebt hatten, die Möglichkeit des Rückzugs und der Ruhe, die Intimsphäre der eigenen vier Wände.

Hilfekonferenzen helfen, diese Entscheidungen, die häufig im Dialog zwischen Klienten und Bezugstherapeuten oder gesetzlichem Betreuer entwickelt werden, durch ein gründlicheres und breiteres Abstimmungsverfahren zu ersetzen.

Die Notwendigkeit von Heimaufnahmen wird immer im Zusammenhang mit einem akuten hohen Hilfebedarf bei anhaltenden psychischen Störungen gesehen. Meist artikuliert sich diese Notwendigkeit zur Heimaufnahme während einer stationären Behandlung. Die Mitarbeiterinnen und Mitarbeiter der psychiatrischen Klinik sind durch die Institution Krankenhaus geprägt und arbeiten stationär orientiert. Es liegt also nahe, dass sie den Hilfebedarf ihrer Patienten nach Entlassung eher stationär beantwortet sehen und dazu tendieren, Heimaufnahmen zu empfehlen. Mitunter arbeiten Ärztinnen und Ärzte einer Klinik nebenberuflich als ärztliche Berater in psychiatrischen Wohnheimen. Auch diese Tätigkeit beeinflusst ihre Wahrnehmung von Hilfemöglichkeiten und lässt sie zunächst an Heimbetreuungen denken.

Auch die gesetzlichen Betreuer werden häufig eingesetzt, wenn ein akuter Hilfebedarf bei einem Klienten vorliegt. Sie sind durch ihren Auftrag in den eigenen Unterstützungsmöglichkeiten eingeschränkt und suchen daher nach entlastenden Lösungen. Hier bietet das psychiatrische Wohnheim eine umfassende Übernahme von Betreuung und Wohnen.

Diese zunächst nachvollziehbare Ausrichtung auf die Heimbetreuung wird in der Hilfekonferenz überprüft. Häufig kollidiert sie dort mit den Bedürfnissen der Klienten. Nicht selten steht sie auch im Widerspruch zur ambulant geprägten Sicht des Sozialpsychiatrischen Dienstes. Dieser definiert sich in der Regel als gemeindepsychiatrisch orientiert. Über die Mitwirkung im Gemeindepsychiatrischen Verbund entwickelt er einen umfassenden Überblick über die sozialpsychiatrischen Hilfen in seiner Region. Gleichzeitig lernt ein langjährig arbeitender Dienst eine Vielzahl von psychisch gestörten Personen in seinem Einzugsbereich kennen, die er oftmals über eine lange Zeit begleitet. Über diese Einblicke an Entwicklungen von Klienten und Klientinnen erhält der Sozialpsychiatrische Dienst einen umfassenderen Eindruck von den Fähigkeiten und von den Beeinträchtigungen dieser Menschen.

Damit fällt dem Sozialpsychiatrische Dienst in der Hilfekonferenz die wichtige Funktion zu, den Fokus der Erörterung auf die Möglichkeiten der gemeindepsychiatrischen Versorgung zu lenken und dabei den Blick nicht einseitig auf den durch die akute Situation dominierten Hilfebedarf zu belassen.

Hilfekonferenzen als Instrument der Steuerung

Können Hilfekonferenzen den sozialpolitischen Anspruch der Steuerung der Ausgaben für Eingliederungshilfemaßnahmen erfüllen? Eine direkte Steuerung dieser Ausgaben können Hilfekonferenzen sicher nicht leisten. Sie können allerdings die Wahrnehmung des Hilfebedarfes und der Selbsthilfepotenziale vollständiger machen. Über die Beteiligung aller Betroffenen vor einer Entscheidung über eine Maßnahme der Eingliederungshilfe lässt sich die etablierte Praxis verändern und die tradierten Wege werden verändert.

Mögliche Aufnahmen in ein psychiatrisches Wohnheim werden nicht mehr einseitig zwischen psychiatrischer Klinik und Wohnheim angebahnt, sondern in einem breiten Abstimmungsprozess vorerst ohne Beteiligung des Wohnheims, unter Würdigung unterschiedlicher fachlicher Perspektiven und unter zentraler Berücksichtigung der Bedürfnisse der Klienten erörtert.

Hiermit lassen sich nicht Ausgaben steuern, aber die Entscheidung über mögliche psychiatrische Hilfen wird fachlich solider. Gleichzeitig wird einer Dominanz einseitiger Interessen vorgebeugt, indem mehrere fachlich beteiligte Personen und Institutionen ihre Positionen abstimmen müssen. Damit ist auch das vordergründige Interesse des Sozialhilfeträgers nach Ausgabenreduzierung begrenzt, indem fachliche Notwendigkeiten die Oberhand behalten.

Gleichwohl ist eine sorgfältigere Mittelverwendung zu erwarten, wenn die Hilfekonferenzen berücksichtigen, dass die Aufnahmen in einem psychiatrischen Wohnheim nur als letzte Möglichkeit bei sehr hohem Hilfebedarf in Frage kommen und zuvor Unterstützungen im Umfeld der Klienten und Klientinnen berücksichtigt sowie ambulante und teilstationäre Hilfen vorrangig als Unterstützungen eingeplant werden.

Hilfekonferenzen helfen dadurch, die Interessen der Klienten und Klientinnen mit den Anforderungen des Kostenträgers zu verbinden.

Können Hilfekonferenzen Heimaufnahmen verhindern?

Selbstverständlich können Hilfekonferenzen Heimaufnahmen nicht verhindern, wenn ein Hilfebedarf zwingend eine Heimbetreuung erforderlich macht. Wird ein solch hoher Hilfebedarf in einer Konferenz deutlich, so begründet diese gerade die Notwendigkeit einer Heimaufnahme.

Dennoch hat sich seit Einführung von Hilfekonferenzen in dem niedersächsischen Landkreis gezeigt, dass Heimaufnahmen deutlich zurückgegangen sind und tatsächlich auf die notwendigsten begrenzt werden. Gleichzeitig ist das Angebot von ambulanten und teilstationären sozialpsychiatrischen Hilfen gestiegen. Nach Einführung der Hilfekonferenzen werden mehr Klienten im ambulant betreuten Wohnen unterstützt und zunehmend mehr besuchen die psychiatrische Tagesstätte und das Kontaktcafé.

Die Quote der Heimeinweisungen wurde in einem Jahr nach Einführung der Hilfekonferenz um ca. 27 Prozent zurückgefahren (MELCHINGER 2001). Im weiteren Verlauf wurden im ersten Jahr der Hilfekonferenz ca. 56 Prozent stationäre Maßnahmen der Eingliederungshilfe empfohlen, im letzten Jahr waren dieses nur noch knapp 40 Prozent. Die Anzahl der ambulanten Betreuungen wurde entsprechend gesteigert.

Nach einem Jahr der Fortschreibung der Empfehlungen der Hilfekonferenzen wird die Entwicklung noch deutlicher: In rund 10 Prozent der Fortschreibungen wurde empfohlen, die Hilfen zu beenden, weil sich kein relevanter Hilfebedarf mehr erkennen ließ. In ca. 12 Prozent wurde empfohlen, anstatt einer Fortsetzung der Heimbetreuung einen Übergang in eine ambulante Eingliederungshilfe zu vollziehen. Die Arbeit im sozialpsychiatrischen Wohnheim war derart erfolgreich, dass der anfängliche Hilfebedarf geringer geworden war.

In einem Nebeneffekt haben die Hilfekonferenzen dazu beigetragen, dass sich die Anbieter sozialpsychiatrischer Hilfen in der Region verstärkt in den Gemeindepsychiatrischen Verbund des Landkreises einbringen. Lag vor Einführung der Hilfekonferenzen der Anteil der in den Einrichtungen betreuten Klienten und Klientinnen aus dem eigenen Landkreis bei ca. 36 Prozent, so waren es zwei Jahre nach Einführung der Hilfekonferenzen knapp 50 Prozent, die in den Einrichtungen vor Ort betreut wurden.

Empfohlene Hilfen für Hanna S.

Wie eingangs beschrieben, kann Hanna S. in der Hilfekonferenz dem Vorschlag des Oberarztes nicht folgen. Dieser hatte in seiner Stellungnahme dargelegt, Hanna S. leide an einem ausgeprägten Residuum einer paranoiden Schizophrenie. Sie sei in den letzten drei Jahren wiederholt stationär klinisch behandelt worden, jeweils infolge schwerer Dekompensationen, in denen sie unter akustischen Halluzinationen zu leiden hatte und nur geringfügig Distanz von ihrem wahnhaften Erleben aufbringen konnte.

Unter diesem wahnhaften Erleben sei Hanna S. derart abgelenkt gewesen, dass sie ihre Körperpflege, die Pflege der Bekleidung und die Ernährung vernachlässigte. Sie sei nicht mehr zum niedergelassenen Psychiater gegangen, habe nur sporadisch dem Sozialpsychiatrischen Dienst Einlass gewährt und sich insgesamt stark isoliert. Aus Sicht der Klinik sei zwingend eine Heimaufnahme erforderlich, damit eine weitere persönliche und soziale Verwahrlosung verhindert und damit die weitere Chronifizierung im Verlauf der psychischen Störung aufgehalten werde.

Der Stationsarzt weist aber ergänzend darauf hin, dass während der aktuellen klinischen Behandlung eine Umstellung der Medikation vorgenommen wurde und Hanna S. mit einem neuen atypischen Neuroleptikum deutlich mehr Distanz zu ihrem Wahn entwickeln konnte. Er kenne sie nun seit zwei Klinikaufenthalten und erlebe gerade in den letzten Wochen der nun schon fast drei Monate andauernden Behandlung eine offenere und wachere Hanna S., die sich aktiver in den Stationsalltag einbringe.

Die Sozialarbeiterin der Klinik bestätigt diesen Eindruck. Hanna S. sei neuerdings sehr aufgeschlossen. Sie bemühe sich wieder, ihre Angelegenheiten außerhalb der Klinik zu regeln. So habe sie sich vor 14 Tagen um eine Reinigung ihrer Wohnung bemüht, indem sie ihre Schwester gebeten hatte, ihr am Wochenende während eines Belastungsurlaubes beim Aufräumen behilflich zu sein. In der Klinik nehme sie das Angebot der Ergotherapie aktiv an, allerdings benötige sie doch noch längere Pausen, sie sei nicht in der Lage, das ganze Programm durchzuhalten. Im Kontakt zu den Mitpatientinnen sei sie allerdings sehr zurückhaltend. Sie bewege sich doch überwiegend allein auf dem Klinikgelände.

Hanna S. hört diesen Ausführungen interessiert zu, sie nickt bei einigen Aussagen zustimmend, anderen Mitteilungen folgt sie eher mit kritischem Blick.

»Ich höre noch Gottes Stimme«, ergreift sie das Wort, »das soll auch so bleiben, denn ich bin eine gläubige Frau. Gott hat mich in die Klinik geführt, er wird mich auch wieder hinausbegleiten. Und Gott wird mir helfen, anders als die Psychiater hier und da draußen.« Und dann erzählt Hanna S., dass ihr behandelnder niedergelassener Psychiater vor ca. zwei Jahren eine Medikamentenumstellung vorgenommen hatte, angeblich weil das bisher eingesetzte Medikament zu teuer gewesen sei. Er habe nun ein Ersatzmedikament verschrieben, was den gleichen Wirkstoff, nur eben einen anderen Namen habe. Hanna S. hingegen meinte, sie sei ihrem Psychiater nichts mehr wert gewesen, dem neuen Medikament hätte sie nicht getraut. Direkt nach der Verordnung habe sie die Einnahme abgesetzt. Zweimal sei sie noch zu ihrem Psychiater gegangen, dann aber habe Gott ihr geraten, das zu unterlassen.

»Ich konnte mit niemandem darüber reden. Ich schämte mich, dass der Doktor mich plötzlich so schlecht behandelte. Das sollte niemand erfahren. Nur Gott hatte Verständnis für mich. Dem war es auch gleichgültig, wie ich aussah. Ich bräuchte nicht zum Friseur, hat er gesagt, und so viel essen müsste ich auch nicht, ich sei sowieso zu dick.«

»Aber muss ich nun wirklich in ein Wohnheim?«, fragt sie in die Runde.

Der Oberarzt fürchtet weiter eine Chronifizierung und rät mindestens übergangsweise zu einer eng strukturierten Betreuung nach der Klinikentlassung, die im Übrigen in der nächsten Woche erfolgen könne. Diesem Vorschlag will der Stationsarzt nicht widersprechen.

Die Sozialarbeiterin der Klinik erkennt allerdings durchaus eine neue Energie bei Hanna S. Sie könnte sich darauf einlassen, dass Hanna S. mit intensiver ambulanter Betreuung in ihrer Wohnung zurechtkommt.

Im Dokumentationsbogen des IBRP, der von der Sozialarbeiterin der Klinik gemeinsam mit Hanna S. bearbeitet wurde, ist ein mittlerer Hilfebedarf im Bereich Beeinträchtigung durch die psychische Erkrankung vermerkt. Diesen Hilfebedarf erkennt Hanna S. an, sie betont jedoch nochmals, dass sie auf die Stimme Gottes nicht verzichten möchte, räumt aber gleichzeitig ein, dass es ihr nunmehr besser gelinge, zwischen Gottes Wort und der Realität zu unterscheiden.

Die Gestaltung und Aufnahme sozialer Beziehungen sind ebenfalls unterstützungsbedürftig. Hanna S. berichtet dazu, dass sie aus der Klinik heraus wieder Kontakt zu ihrem Pastor und einigen Gemeindemitgliedern aufgenommen habe. Sie sei in ihrer Gemeinde herzlich willkommen, habe der Pastor ihr gesagt. Sie wolle sich auch wieder mehr dort einbringen und nicht ständig mit diesen anderen Patienten zusammen sein.

Hanna S. bringt noch einmal deutlich zum Ausdruck, dass sie gerne in ihre Wohnung zurück möchte.

Sie folgt dem abschließenden Rat der Hilfekonferenz und begrüßt den Vorschlag, dass zunächst für ein halbes Jahr eine ambulante Betreuung durch das Betreute Wohnen für sie empfohlen wird. Gemeinsam mit der Sozialarbeiterin der Klinik will sie Kontakt zu den möglichen Einrichtungen aufnehmen. Nach einem halben Jahr soll in einer neuen Hilfekonferenz beraten werden, ob sie mit diesen ambulanten Hilfen zurechtkommt.

»Ich will mir auch selbst helfen, denn dann hilft mir Gott, das hat auch mein Pastor gesagt. Aber es ist auch ganz gut, wenn zweimal die Woche jemand vom Betreuten Wohnen kommt und mir hilft. Aber kann nicht jemand vom Diakonischen Werk kommen?«

Hanna S. hat das Schlusswort in der Hilfekonferenz gesprochen und ist mit Gott und der Sozialpsychiatrie versöhnt.

CLAUS VÖLKER

Die Aufgabe der Heimaufsicht im Rahmen der Deinstitutionalisierung

Aus dem Blickwinkel der Heimaufsicht werden in diesem Beitrag eine veränderte Rolle der Heimaufsicht und die damit verbundenen Aufgaben in Richtung Auflösung bzw. Veränderung von Heimstrukturen nach der Novellierung des Heimgesetzes zum 1. Januar 2002 beschrieben. Der Gesetzgeber hat dem Aufgabenkatalog der Heimaufsicht zur Überprüfung der Heime der Behindertenhilfe nach Auffassung des Autors einen deutlich anderen Akzent verschrieben. Dennoch soll die Heimaufsicht bei dem Umsetzungsprozess der Deinstitutionalisierung die Träger und Heime beraten und begleiten. Dies gilt auch für das Betreute Wohnen, soweit es neuerdings unter das Heimgesetz fällt.

Dabei darf es nicht um das Abhaken vorgefertigter Checklisten oder das krampfhafte Überprüfen von Mindestvorschriften gehen, sondern diese Überwachungsaufgaben erfordern ein hohes Maß an Sensibilität und viel Fingerspitzengefühl.

In der Zukunft werden die Mitarbeiterinnen der Heimaufsichten weitaus größere Verantwortung tragen, den Eingliederungsprozess gemäß des BSHG sowohl zu beraten als auch zu kontrollieren. Somit haben sie jetzt den gesetzlichen Auftrag, Heime bei der Entwicklung und Umsetzung von Konzeptionen zur Deinstitutionalisierung zu beraten und zu unterstützen.

Die Heimsituation und die Deinstitutionalisierung

Das klar definierte Heim – sieht man von der rechtlichen Definition in § 1 HeimG einmal ab – gibt es nicht mehr. Die »Heimlandschaft« ist so vielfältig wie nie zuvor. Heim ist nicht gleich Heim. Wir befinden uns also längst mitten in der so genannten Deinstitutionalisierung!

Deinstitutionalisierung bedeutet die Abkehr von anstaltsmäßiger Fremdbestimmung hin zu gemeindenahen Lebensformen mit maximaler Selbstbestimmung. Deinstitutionalisierung will die Zuwendung zu den Bedürfnissen der Menschen mit Behinderung (siehe DÖRNER 1998). Die »Behindertenanstalten« alter Prägung waren bestimmt vom Gedanken der vollstationären Rundumversorgung und der umfassenden Fürsorge. Sie waren beherrscht vom Geben der Betreuer und dem Nehmen der auf eine passive Bewohnerrolle eingeschränkten Menschen. Glücklicherweise ist das Heim dieser Prägung längst ein Auslaufmodell.

Deinstitutionalisierung umfasst ein breites Spektrum von Veränderungen innerhalb und außerhalb der Institution Heim:

- angefangen mit der Verkleinerung von Gruppen und mehr Autonomie innerhalb der Einrichtung,
- die Errichtung von Kleinstheimen,
- die Bildung von Außenwohngruppen und Wohngemeinschaften,
- das Betreute Wohnen außerhalb der bisherigen Einrichtung
- bis hin – noch in zarten Anfängen – zur völligen Ablösung von institutionell betreuten Wohnformen, dem »Unterstützten Wohnen« mit individuellem Hilfsmanagement.

Diesem Bild entspricht größtenteils auch die Heimsituation in Deutschland. Überall gibt es seit längerem eine Reihe von Veränderungen und Umstrukturierungen.

Viele Heime – längst noch nicht alle – haben sich auch schon umgestellt. Ein allumfassender Versorgungscharakter zeichnet die allermeisten Heime nicht mehr aus. Die Heime sind bemüht, die betreuten Menschen nicht mehr bloß als passive Konsumenten von fürsorgerischen Leistungen zu sehen. Sie gestehen den von ihnen betreuten Menschen den größtmöglichen Raum zur Entfaltung ihrer Persönlichkeit zu. Und das müssen sie auch, denn Menschen in Heimen haben ein Recht auf Respekt und Wahrung ihrer Selbstständigkeit, Selbstbestimmung und Selbstverantwortung.

Ziele der Deinstitutionalisierung

Bei der Deinstitutionalisierung geht es um Selbstständigkeit, Selbstbestimmung und Selbstverantwortung. Die einzelnen Ziele der Deinstitutionalisierung sind dabei eng miteinander verflochten:

- Autonomie des Einzelnen (einschließlich seiner Wünsche, wo, wie und mit wem er leben möchte) und darauf aufbauend eine
- individuell ausgerichtete und bedürfnisorientierte Betreuung (das, was der Einzelne braucht, aber auch nicht weniger) mit Regiekompetenz (Einfluss auf die Auswahl der Betreuer bzw. Helfer), sodass eine
- Teilhabe am gesellschaftlichen Leben nach den Wünschen des Einzelnen möglich wird, was zur
- Normalisierung des Alltags bis zur so genannten Inklusion (Einbezug

des Einzelnen in die Gesellschaft), die über das bisherige Konzept der Normalisierung der Lebensbedingungen (noch immer geprägt von Sondereinrichtungen) weit hinausgeht, und schließlich zur

- Auflösung des systemimmanenten Abhängigkeitsverhältnisses führt.

Auf dem Wege zur völligen Realisierung der Deinstitutionalisierung gibt es Abstufungen wie bei den Wohnformen selbst auch. Manche dieser genannten Ziele sind vielleicht nicht für jeden Menschen erreichbar, aber sie dürfen nicht von vornherein aus den Überlegungen für bestimmte Personenkreise, zum Beispiel für schwerstbehinderte Menschen, gestrichen werden.

Die Aufgaben der Heimaufsicht

Das Wort »Deinstitutionalisierung« findet sich im Heimgesetz zwar nicht, aber es formuliert die Zielrichtung aller Hilfen für Menschen mit Behinderung in Heimen und gibt die Rechtsgrundlagen:

- § 2 Abs. 1 Nr. 2 und § 11 Abs. 1 Nr. 2: »die Selbstständigkeit, die Selbstbestimmung und die Selbstverantwortung der Bewohner zu wahren und zu *fördern*«;
- § 2 Abs. 1 Nr. 5 und § 11 Abs. 1 Nr. 3 und 6: »eine dem allgemein anerkannten Stand der fachlichen Erkenntnisse entsprechende Qualität des Wohnens und der Betreuung sichern«;
- § 3 Abs. 1: »Die Heime sind verpflichtet, ihre Leistungen nach dem jeweils allgemein anerkannten Stand fachlicher Erkenntnisse zu erbringen«;
- § 11 Abs. 1 Nr. 4: »die Eingliederung behinderter Menschen fördern«.

Die Heimaufsicht hat die Heime gemäß § 15 Abs. 1 Satz 4 HeimG daraufhin zu überprüfen, ob sie die genannten Anforderungen an den Betrieb erfüllen. Mit der Novellierung des HeimG zum 1. Januar 2002 wurde erneut deutlich gemacht, dass sich Heimaufsicht– salopp formuliert – nicht auf ein Waschbeckenzählen oder das Ausmessen von Zimmergrößen beschränkt. Der Prüfungsauftrag der Heimaufsicht lässt sich nicht lediglich auf das reduzieren, was zu zählen, zu messen und abzulesen ist.

Es ist Sache der Heimaufsicht nachzuprüfen, ob die im Grunde selbstverständlichen, aber gleichwohl hohen und in einem Heimsystem nur schwer zu verwirklichenden Ansprüche des Gesetzes – formuliert bereits in § 2 HeimG – in den Heimen tatsächlich umgesetzt und gelebt werden und nicht bloß Programmsätze bleiben.

Aufsicht in allen Bereichen der Institution Heim

Unter das Heimgesetz fällt häufig auch das so genannte Betreute Wohnen für Menschen mit Behinderungen, denn der seit 1. Januar 2002 geltende § 1 HeimG (»Anwendungsbereich«) macht nun deutlich, dass das Heimgesetz nur dann *nicht* gilt, wenn das Betreute Wohnen folgende Kriterien erfüllt:

- selbstständige Lebens- und Haushaltsführung,
- Autonomie in der Regelung des Alltags,
- eigenverantwortliche Entscheidung über die Annahme und das Ausmaß von Betreuungsleistungen,
- keine dominierende Einflussmöglichkeit von außen stehenden Dritten und
- lediglich »Grundservice« des Vermieters (das Entgelt hierfür muss im Verhältnis zur Miete von untergeordneter Bedeutung sein).

Und diese Kriterien erfüllen m.E. die Formen betreuten Wohnens derzeit nur in den seltensten Fällen. Betreutes Wohnen ist zumeist noch heimabhängig bzw. unter der Regie eines Trägers.

Anders hingegen ist das so genannte ambulant unterstützte Wohnen zu bewerten (SCHWARTE u.a. 2002). Dies ist eine Hilfeform für Menschen mit Behinderung, mit der es ihnen – unabhängig von Art und Schwere ihrer Behinderung – ermöglicht wird, mit dem individuellen Hilfearrangement, das sie benötigen und selbst bestimmen können, zu wohnen, wo, wie, mit wem und solange sie wollen.

Es unterscheidet sich vom Betreuten Wohnen (in der jetzigen Form) bei der Finanzierung, ist nicht institutionell vorgegeben und setzt auf weitgehende Regiekompetenz des Einzelnen. Dieses ambulant unterstützte Wohnen unterliegt *nicht* dem Heimrecht und somit auch *nicht* der Heimaufsicht.

Aufsicht bei der Deinstitutionalisierung

Aufsicht erschöpft sich nicht in der Überprüfung fester Strukturen und Abläufe. Sie schließt alle Schritte im Rahmen der Deinstitutionalisierung mit ein, also Umstrukturierung, Ambulantisierung, Dezentralisierung, Regionalisierung und letztlich die Auflösung von Heimstrukturen.

Es ist also nicht nur Aufgabe der Heimaufsicht, darauf zu achten, dass die Leistungen *im Heim* den gesetzlichen Anforderungen entsprechen. Die vom Gesetzgeber geforderte Qualitätssicherung ist nicht mit der Erhaltung der Heimstrukturen gleichzusetzen.

Die Konzentration auf den Status quo, also auf die gegenwärtigen Strukturen, wäre zu wenig. Würde die Heimaufsicht darin verharren, wäre dies eine Missachtung des »allgemein anerkannten Stands der fachlichen Erkenntnisse«, der vom Gesetzgeber bewusst hoch angesetzten Messlatte für dynamische Qualitätsstandards. »Dynamisch« sind diese Standards per se, d.h., so wie sich die Lebensformen und die Lebensqualität für jeden Menschen verändern können, unterliegen auch die Lebensformen und die Lebensqualität für die Menschen in den verschiedensten Betreuungsformen Veränderungen.

Ich will damit nicht zum Ausdruck bringen, dass die Deinstitutionalisierung in ihrer extensivsten Form, der völligen Auflösung von Heimstrukturen, inzwischen »allgemein anerkannter Stand der fachlichen Erkenntnisse« ist. Wie das Ziel der Deinstitutionalisierung letztendlich zu definieren ist, kann zum jetzigen Zeitpunkt noch niemand sagen. Es kann die völlige Abschaffung von Heimen sein, es kann aber auch ein Nebeneinander von institutionellen und ambulanten Betreuungsformen sein.

Die Selbsthilfebewegung und andere Kritiker des Heimsystems wollen die Heime zunächst einmal auf den Prüfstand stellen. Auch die Forschungsgruppe »Menschen in Heimen« an der Universität Bielefeld mit der Aufforderung an die Fraktionen des Deutschen Bundestages, eine Kommission zur »Enquete der Heime« einzusetzen, hat ja das Ergebnis dieser Enquete bewusst offen gehalten.

Wie festgestellt, befinden sich Betreuungsformen aber schon seit längerem in einem Umwandlungsprozess, weg von stationären Strukturen, hin zu weitgehend autonom bestimmten offenen Hilfen. Und genau dieser Prozess ist es, der momentan dem »allgemein anerkannten Stand der fachlichen Erkenntnisse« entspricht: so viel Eingliederung wie möglich, so viel Selbstständigkeit wie möglich, so viel Selbstbestimmung wie möglich, so viel Selbstverantwortung wie möglich.

Die Aufgabe des Heimträgers, »die Eingliederung behinderter Menschen zu fördern«, und die damit verbundene Überprüfungspflicht der Heimaufsicht, ob dies auch wirklich geschieht, sind Teil dieses Prozesses.

Eingliederung im Sinne des Heimgesetzes ist nicht nur im Rahmen des Heimbetriebes bzw. mit dem Ausgangspunkt Heim zu sehen. Eingliederung macht nicht Halt vor den institutionellen Grenzen eines Heimes. Sie geht über die Heimtüren hinaus, muss schließlich, *wenn* es denn die Interessen und Bedürfnisse der Betroffenen erfordern, so weit gehen, dass die institutionellen Gegebenheiten aufgelöst und Grenzen überwunden werden. Das Heimgesetz führt insofern für den Bereich Heim das weiter, was bereits andere Gesetze vorgeben:

- Art. 3 Abs. 3 Satz 2 GG: »Niemand darf wegen seiner Behinderung benachteiligt werden«, und das damit verbundene Behindertengleichstellungsgesetz.
- § 1 SGB IX: »Behinderte oder von Behinderung bedrohte Menschen erhalten Leistungen nach diesem Buch und den für die Rehabilitationsträger geltenden Leistungsgesetzen, um ihre Selbstbestimmung und gleichberechtigte Teilhabe am Leben in der Gesellschaft zu fördern, Benachteiligungen zu vermeiden oder ihnen entgegenzuwirken.«
- § 3 a BSHG – Vorrang der offenen Hilfe vor der stationären Hilfe.

Konkretisierung der heimaufsichtlichen Aufgaben

Grundsätzlich sind es die Beratung und die aufmerksame Begleitung, die die Heimaufsicht bei diesem Prozess einbringen kann. Man kann vier Schritte formulieren: a) Prüfung der Situation; b) Beratung; c) fachliche und rechtliche Begleitung; d) Überwachung verbleibender Heimstrukturen.

Die Heimaufsicht berät Träger und Heime bei der Umsetzung der Deinstitutionalisierung. Das beinhaltet konkret:

1. Der Status quo und die Umsetzung der Anforderungen im Rahmen der Eingliederung sind zu prüfen:

- Ist das Ziel der fortschreitenden Eingliederung in der Konzeption und den Förderplänen verankert und beschrieben?
- Bestehen bereits ernsthafte Planungen für weitere erforderliche Veränderungen oder ist eine weitere Öffnung momentan nicht mehr möglich?
- Welche konkreten Schritte unternimmt das Heim im Rahmen des Eingliederungsauftrags?
- Gab es in den letzten Jahren »Entlassungen« in weniger betreute Wohnformen? Wenn ja, wie viele gab es und welche stehen akut an?

2. Bei der Umsetzung der Deinstitutionalisierung sind der Träger und das Heim zu beraten:

- mögliche Modelle diskutieren,
- die Träger über Vergleichsmöglichkeiten bei anderen Einrichtungen informieren,
- konzeptionelle Überlegungen einfordern,
- darauf achten, **dass außerhalb der Wohnung** gleichberechtigt »Arbeit und Beschäftigung« und »Freizeitangebote« zu finden und aufzunehmen sind,

- auf die erforderliche Vernetzung mit anderen Angeboten ggf. anderer Träger und Anbieter hinweisen,
- auf die Sorgen und Ängste der Betroffenen, Angehörigen und Mitarbeiter achten,
- die Zusammenarbeit mit den betroffenen Stellen anregen.

3. Der Prozess soll begleitet werden:

- Es ist darauf zu achten, dass die Rechte und Ansprüche der Betroffenen gewahrt bleiben. Veränderungen über die Köpfe der Betroffenen und Angehörigen hinweg müssen vermieden werden. Dies gebietet schon der im Grundgesetz und im HeimG gesetzlich verankerte Respekt vor der Würde und den Interessen der Menschen, mit dem Ziel der weitgehenden Selbstbestimmung und Autonomie.
- Aus den Erfahrungsberichten ist immer wieder zu entnehmen, dass der Prozess nicht zu schnell ablaufen und die Menschen nicht überfordert werden dürfen. Die Gefahr des Scheiterns wird umso größer, je weniger im Vorfeld auf die Ängste und Sorgen der Beteiligten geachtet wird.
- Es ist zu fragen, was mit den »Schwächeren und Schwächsten« eines Heims geschieht. Der Eingliederungsgedanke gilt für *alle* Menschen mit Behinderung.

Die Risiken der Deinstitutionalisierung für die Betroffenen (aber auch für Mitarbeiter bezüglich der Betreuungs- und Aufsichtspflicht) sind abzuwägen und so weit wie möglich zu minimieren. Dies ist Aufgabe des Heimes und des Trägers. Die Heimaufsicht muss darauf achten, dass Träger und Heim dieser Aufgabe qualifiziert nachkommen und ggf. beratend unterstützen. Die Heimaufsicht muss in allen Stadien der Umsetzung zuverlässiger Ansprechpartner mit dauerhaftem Beratungsangebot bleiben. Diese Aufgabe sieht § 4 HeimG explizit vor.

4. Nach der Umsetzung von Deinstitutionalisierungsmaßnahmen werden die Strukturen des Betriebs überwacht, die auch künftig unter das HeimG fallen:

Es wird als kritisch angesehen, wenn die Heimaufsicht das Betreute Wohnen (soweit es unter das HeimG fällt) und die Wohngemeinschaften besucht und überprüft. Die Heimaufsicht kann jedoch m.E. dabei sehr flexibel auf diese gewünschten »niederschwelligeren« Wohnformen eingehen:

- So gelten die HeimMindBauV und die HeimMitwV i.d.R. erst ab sechs betreuten Personen (vgl. § 1 HeimMindBauV bzw. § 1 HeimMitwV). Das entbindet den Betreiber des Betreuten Wohnens allerdings nicht von seiner Verpflichtung, eine angemessene Qualität des Wohnens zu garantieren (§ 11 Abs. 1 Nr. 6 HeimG). Das Gegen-

teil ist der Fall. § 11 Abs. 1 Nr. 6 HeimG ist vom Heimträger immer zu beachten. Die Wohnung muss so gestaltet sein, dass sich der Mensch darin wohl fühlt. Zudem muss das Entgelt angemessen sein.
- In Einrichtungen der Behindertenhilfe gelten die Sonderregelungen des § 7 HeimPersV bezüglich des Personaleinsatzes und des § 29 HeimMindBauV hinsichtlich der baulichen Voraussetzungen. Dies bedeutet, dass die Behörde sehr flexibel reagieren kann.
- Über § 25a HeimG »Erprobungsregelungen« kann die Heimaufsicht Ausnahmen von Mindestanforderungen zulassen, wenn der Zweck des Gesetzes nach § 2 Abs. 1 HeimG (Schutz der betreuten Personen) nicht gefährdet wird.

Diese Überwachungsaufgabe erfordert von der Heimaufsicht sehr viel Fingerspitzengefühl. Die Überwachung dieser betreuten Wohnformen ist bei »Erbsenzählern« in falschen Händen, die lediglich nach einer vorgefertigten Checkliste undifferenziert prüfen und abhaken oder sich krampfhaft an Mindestvorschriften halten, um auf »der sicheren Seite« zu bleiben.

Deinstitutionalisierung als langer Weg

Man wird im Rahmen der Deinstitutionalisierung Kompromisse eingehen, aber auch darauf achten müssen, dass Veränderungen für den Betroffenen keine unzumutbare Qualitätsverschlechterung mit sich bringen. Ein vollstationäres Heim wird von den baulichen und räumlichen Gegebenheiten mit einer Vielzahl von Gemeinschaftsangeboten mehr bieten als eine kleine Wohnung.

Autonomie und Bewegungsfreiheit für jene Menschen, die hierzu auch in der Lage sind, dürften diesen Verlust aber aufwiegen. Wichtig ist, dass sich der Betroffene in seiner neuen Wohnung wohl fühlt und dass diese hierfür die notwendigen Voraussetzungen aufweist (selbstständige Haushaltsführung muss möglich sein). Die Erfüllung dieser Ansprüche wird von der Heimaufsicht – jenseits fester Regelungen einer HeimMindBauV – mit Augenmaß und abgewogenem Urteil zu überprüfen sein.

Dies gilt gleichermaßen für die personelle Betreuung durch den Träger. Zum einen ist es wichtig, die richtige Balance zwischen den Autonomiewünschen des Betreuten und dem erforderlichen Ausmaß der Betreuungsleistung zu finden. Zum anderen ist abzuwägen, wie weit die Betreuungs- und Aufsichtspflicht des Personals geht und wie viel Selbstständigkeit dem Einzelnen möglich ist. Das ist eine Gratwanderung und kann nur im Zusammenwirken mit den Betreuten, den Heimträgern, der Leitung, dem Personal, dem Kostenträger und der Heimaufsicht erfolgen.

Kommt die Heimaufsicht zu der Einschätzung, dass es dem einzelnen Menschen in der speziellen Wohnform nicht möglich ist, sein Leben ohne Betreuungsdefizite zu führen, so muss die Heimaufsicht notfalls über das gesetzliche Aufsichtsinstrumentarium tätig werden. Das kann und sollte flexibel von ihr gehandhabt werden. Die Heimaufsicht darf nicht die Augen schließen und in Untätigkeit verharren, wenn Handlungsbedarf sichtbar wird. Jeder Betreiber – und auch der Kostenträger – muss seinerseits beweisen, dass er zu der gleichen Flexibilität fähig ist.

Es darf nicht sein, dass die Deinstitutionalisierung ohne Rücksicht auf die Interessen und Bedürfnisse der betroffenen Menschen unter dem Motto »Hauptsache billig« durchgeführt wird. Deinstitutionalisierung muss eine angemessene Lebensqualität gewährleisten. Zu klären ist: Was ist angemessene Lebensqualität? Wer definiert diese? Meiner Einschätzung nach kann das nur der betroffene Mensch selbst vornehmen. Das zwingt zu systematischen Nutzerbefragungen, wie es etwa im Rahmen der Qualitätssicherung vorgesehen ist. Deinstitutionalisierung darf nicht zur Isolierung oder gar Verwahrlosung führen (siehe den Beitrag von M. Kober). Der benötigte individuelle Hilfebedarf ist zu definieren und abzusichern.

Eine wesentliche Aufgabe der Heimaufsicht in diesem sehr sensiblen Bereich ist, darauf zu achten, dass die Konzeptionen und deren Umsetzung stimmig sind. Dies erfordert, dass auch die Heimaufsicht in ihre neue Aufgabe hineinwächst. Nur dann kann sie ihrem fachlichen Beratungs- und Überwachungsauftrag nachkommen.

Auf alle Beteiligten (Einrichtungsträger, Kostenträger, ambulante Träger und die Heimaufsicht) kommt große Verantwortung zu. Das letztendlich richtige System lässt sich nicht von heute auf morgen etablieren. Wichtig ist es, den Weg einzuschlagen und das Ziel »weitestgehende Selbstbestimmung der Menschen mit Behinderung« nicht aus den Augen zu verlieren. Die Deinstitutionalisierung ist ein langer und dornenreicher Weg, aber lohnenswert. Diesen Weg mitzugehen und nicht starr und stur auf die Rahmenbedingungen der Institution Heim zu blicken, ist eine wesentliche Aufgabe der Heimaufsicht.

Die Heimaufsicht muss Garant dafür sein und bleiben, dass alle Veränderungen im gesicherten Rahmen ablaufen und Fehlentwicklungen gegengesteuert wird. Die betroffenen Menschen und ihre Angehörigen müssen sicher sein können, in der Heimaufsicht einen verlässlichen und aktiven Partner zu haben, der ihre Bedürfnisse und Interessen schützt.

KLAUS LAUPICHLER

Brief aus der Zukunft

Lieber Freund,
du hast mir geschrieben, dass du dir überlegst, aus deiner Wohngruppe auszuziehen. Und nun soll ich dir von meinen Erfahrungen berichten.

Ehrlich gesagt habe ich lange Zeit nicht daran geglaubt, alleine und selbstbestimmt leben zu können. Mehrmals habe ich die größten denkbaren Katastrophen erlitten. Mir wurde oft eingeredet, ich sei zu krank, um alleine außerhalb des gemeindepsychiatrischen Verbundes wohnen zu können. Daher trage ich gerne dazu bei, dir bei deiner Überlegung zu helfen, ob du diesen großen Schritt wagen kannst. Ich möchte dir Mut machen, mit deinen Schwierigkeiten an ein selbstbestimmtes Wohnen zu denken. Vielleicht macht dein Schritt auch den Mitarbeitern deines Heim Mut, mit anderen den Schritt nach draußen zu wagen.

Seit fast drei Jahren lebe ich nun alleine. Natürlich habe ich noch meine Handikaps, und doch hat sich vieles für mich zum Positiven verändert. In Absprache mit dem Psychiater brauche ich nun weniger Medikamente und lebe fast außerhalb des psychiatrischen Systems. Dafür bin ich all den Mitarbeitern dankbar, die an mich glaubten und meinen Weg unterstützt haben. Sie handelten sicher nicht im Sinne der Belegungszahlen, dafür aber menschlich. Dankbar bin ich auch den »Normalen«, die mich unterstützt haben und weiterhin unterstützen.

Die Bedenken deines Betreuerteams unterliegen einem großen Irrtum. Sie sind der Meinung, dass man gesund sein muss, um aus dem Heim auszuziehen. Aber wer ist denn schon gesund – da müsste doch der größte Teil der Bevölkerung im Heim leben. Und sind all die uns betreuenden Fachleute denn gesund? Haben sie nicht vielleicht lediglich Angst um ihren Arbeitsplatz? Wenn wir nach deren Definition leben, sind sie gesund. Leben wir mit unseren Schwächen, sind sie arbeitslos. Deswegen müssen wir krank und unselbstständig sein, damit die Mitarbeiter gesund und abgesichert leben können. Wenn wir Betroffenen das kapieren, dann können wir mit unserem eigenständigen Leben beginnen. Natürlich haben

Heime ihre Berechtigung, wenn sie uns tatsächlich rehabilitieren. Wenn sie uns Hilfe zur Selbsthilfe beibringen. Wenn sie uns merken lassen, dass wir auch mit einem Handikap eine Würde und ein Recht auf ein selbstbestimmtes Leben haben. Wir sollten in der Psychiatrie unsere Grenzen kennen lernen, lernen, ökonomisch mit unseren Kräften umzugehen, und, wenn es schwierig wird, Fachleute aufzusuchen und uns Unterstützung zu holen.

Es gibt viel zu bedenken bei dem wichtigen Schritt des Auszugs. Du musst sehr genau planen, und natürlich teile ich dir gerne meine Erfahrungen mit. Über eines musst du dir immer im Klaren sein: Du bist nicht perfekt, aber du musst deine Schwierigkeiten kennen. Ich ging nie davon aus, dass meine Schwierigkeiten mit dem Auszug verschwänden und ich gesund sein würde. Für mich stellte sich die Frage: Wie komme ich mit meinen Problemen draußen zurecht und auf welche Hilfen kann ich zählen? Heute kann ich meine Angst kaum noch verstehen, aber damals dachte ich allen Ernstes, dass es besser sei, schon alleine wegen der Tagesstruktur, in die verhasste Werkstatt für Behinderte zu gehen. Jetzt weiß ich, dass es dieses Problem für mich gar nicht gibt, und den Begriff Tagesstruktur kenne ich kaum noch.

Durch mein ehrenamtliches Engagement beim Bundesverband der Psychiatrie-Erfahrenen bin ich so ausgelastet, dass ich eher an eine Freizeitstruktur denken muss. Übrigens bin ich mit diesem Engagement viel näher bei mir und ärgere mich nicht über eine zur Verblödung führende Arbeit in der Werkstatt. Leider denken viele Menschen, dass es bei psychischen Schwierigkeiten ausreicht, Schrauben zu zählen. Dabei wäre gerade Arbeit oder ein ehrenamtliches Engagement so wichtig, denn was wertet unser angeschlagenes Selbstwertgefühl mehr auf als sinnvolle Arbeit und positive Anerkennung? Geld dafür zu bekommen wäre auch ganz gut – oder eine sozialversicherungspflichtige Anrechnung auf meine Altersrente.

Ich bekenne mich dazu, dass ich chronische Schwierigkeiten habe, das heißt aber nicht, dass ich chronisch hospitalisiert werden muss. Was ich benötige, ist ein Leben in Würde *mit* meinen Handikaps und *mit* einem Unterstützungsprogramm.

Weißt du, ich erinnere mich noch heute mit Schrecken an den Tagesablauf in der Wohngruppe. Der Ärger war schon mit dem Frühstück vorprogrammiert. Wegen meiner depressiven Stimmungen kam ich frühmorgens ganz schlecht aus dem Bett. Dagegen war mein manischer Mitbewohner schon seit 4 Uhr 30 wach und wartete mit hungrigem Magen und voller Ungeduld auf das Frühstück. Unser Zwängler dagegen blieb mal wieder beim Waschen hängen. Du weißt, wie unter solchen Bedingungen die

Aggressionen blühen und jeder schon morgens schlechte Laune bekommt, da wir doch mit der Morgenrunde und dem Frühstück nur beginnen durften, wenn alle komplett versammelt waren. So war der Tag schon versaut, bevor er richtig begann. Aber wem erzähle ich das, du kennst es ja selbst zur Genüge.

Heute sieht mein Start in den Tag ganz anders aus. Jetzt stehe ich etwas später auf, habe mir aber eine Grenze gesetzt, und wenn ich die längere Zeit nicht einhalten kann, ist das ein Warnzeichen. So höre ich jeden Morgen meinen Lieblingssender mit den internationalen Notizen. Mit einem guten und harmonischen Frühstück gehe ich zudem viel lieber in den Tag. Gleichzeitig weiß mein Bekanntenkreis, dass ich ab zehn Uhr telefonisch zu erreichen bin.

In meiner Wohngruppe hatte ich oft schon gar keine Lust auf den morgendlichen Ärger, und das war auch einer der Gründe, warum ich so schlecht aus dem Bett kam. Gerade mit meinen Schlafschwierigkeiten ist es wichtig, zu einer festen Zeit ins Bett zu gehen. Das ist eine Trainingssache, aber es ist nicht zu unterschätzen. Das hängt auch mit der Ökonomie zusammen, von der ich sprach. Aber das geht doch anderen auch so! Ich kann einfach nicht die Nächte durchmachen und dann tagsüber fit sein.

In unserer Wohngruppe herrschte Sauberkeit. Es gab Zimmerkontrollen und es musste peinlich sauber sein, sonst gab es eine Strafarbeit. Versöhnung mit meiner Sauberkeit verschafften mir Besuche in der Studentenwohngemeinschaft meines Freundes. Dort war es nicht gerade dreckig, aber es gab auch keine Zimmerkontrolle. Der Küchenboden wurde auch nicht täglich geputzt; das ist auch gar nicht nötig, denn wir essen ja vom Tisch und nicht vom Boden. Im Heim galt die Devise: sauber, satt und ruhig. In meiner Wohnung ist es nicht gerade sauber, aber aushaltbar. Ich bin satt, aber keineswegs ruhig. Jedenfalls: Wenn die Lebensmittel grünlich aussehen und vielleicht sogar schon weglaufen, dann machst du mit Sicherheit etwas falsch. Sauberkeit sollte schon so weit gewährleistet sein, dass sich keine kleinen unerwünschten Gäste breit machen.

Bei deinem Auszug aus der psychiatrischen Betreuung musst du auch noch einige andere wichtige Dinge beachten. Das Sozialamt zahlt dir keine Villa. Es gibt feste Sätze, was eine Wohnung pro Quadratmeter kosten darf, und das ist meistens mit dem Baujahr der Wohnung gekoppelt. Am besten gehst du mit dem Wohnungsangebot zum Sozialamt und lässt dir die Wohnung genehmigen, dann bist du auf der sicheren Seite. Bei diesen Mieten bist du auf den sozialen Wohnungsbau angewiesen. Die Wohngruppe habe ich oft als eine krank machende Zwangsgemeinschaft erlebt, aber mit dem Haus und dem Wohngebiet ist es nicht anders. Schau dir die

Umgebung und deine neuen Nachbarn genau an, denn jetzt hast du noch die Wahl. Achte darauf, dass du in ein ruhiges Wohngebiet ziehst. Wenn dies schon als Problemviertel bekannt ist, dann meide es. Schau auch nach den Einkaufsmöglichkeiten und ob in der Nähe eine oft angefahrene Bushaltestelle oder ein Bahnhof liegt.

Suche lieber ein paar Wochen länger, denn ein erneuter Umzug kostet viel Geld, Energie und Zeit. Vielleicht hilft dir bei der Suche auch deine Kirchengemeinde. Vielleicht hast du Glück und findest einen privaten Vermieter. Aber achte immer darauf, dass du einen separaten Eingang hast. Ein Trockenraum und ein abschließbarer Keller sind nicht mit Gold aufzuwiegen.

Vom Sozialamt bekommst du ohne Mietbescheinigung keinen Sozialhilfebescheid und ohne den bekommst du keine Mietbescheinigung. Jetzt bekommst du zum ersten Mal mit, wie verrückt die Normalität ist.

Wenn du Glück hast, gibt es bei euch einen fortschrittlichen gemeindepsychiatrischen Verbund. Dann kann es sein, dass dieser eine Wohnung für dich anmietet und dich so schrittweise in deine Selbstständigkeit entlässt.

Du wirst etliche Schwierigkeiten dieser Art finden, die Zeit und vor allem Nerven kosten. Deshalb sollte es nie zu einem überstürzten Auszug aus dem Heim kommen. Es wäre gut, wenn dich eine Person begleitet. Ich war sehr dankbar, dass ich Hilfe hatte. Dies hat auch ein psychologisches Moment und ist von Vorteil bei den Sacharbeitern von Wohnungsbaugesellschaften, bei Vermietern und beim Sozialamt. Es ist auch leider so, dass diese Institutionen mit ehemaligen Heimbewohnern vorsichtig sind und schon deshalb eine Begleitung sehr gut ist.

In der Berufswelt gibt es Coaching-Programme, bei denen in den ersten Monaten in der neuen Arbeit jemand als Begleitung und Unterstützung zur Verfügung steht. Deshalb plädiere ich für einen Sozialcoach, der einem in der schwierigen Phase vor, während und nach dem Umzug und der Eingewöhnung in die neue Wohnung hilft.

Übrigens kann dir kaum einer dein Handikap ansehen und deshalb brauchst du dich auch nicht zu verstecken. Aber du solltest mit deinem Handikap ausgesöhnt sein und damit umgehen können. Ich gönne es jedem, dass er gesund wird, aber du wirst mir auf Grund deiner eigenen Erfahrungen Recht geben, dass wir teilweise so tiefe Verletzungen erlebt haben, dass dies nicht mehr geht. Und doch sollte uns dies nicht daran hindern, am öffentlichen Leben teilzunehmen. Du musst dir über deine Ängste im Klaren sein und mit ihnen umgehen können. Wenn du Angst hast vor dem Bus oder Zug, dann darfst du auf keinen Fall aufs Land ziehen, denn dort bist du genau darauf angewiesen.

An deiner Angst solltest du arbeiten, dann kannst du lernen, wenn auch mit Herzklopfen, mit ihr umzugehen. Du kannst dich nicht darauf verlassen, dass die Nachbarn dich aus dem Bett holen, wenn du selbst nicht rauskommst. Du musst aktiv mit deinem Handikap umgehen lernen, denn die bisherige stetige Versorgung entfällt ja nun.

Neben der Hilfe zur Wiedereingliederung solltest du auch Angebote abklären, die es zur Hilfe zur Pflege gibt, sonst kann es dir passieren, dass du über kurz oder lang wegen eines Defizits wieder ins Heim musst. Wenn du das mit dem Kochen nicht auf die Reihe bekommst, so wäre das Essen auf Rädern eine brauchbare Alternative. Vielleicht brauchst du aber eher eine Haushaltshilfe. Diese Unterstützung kann man beim Sozialdienst der Gemeinde bekommen. Du siehst, es gibt inzwischen die unterschiedlichsten Hilfsangebote und die sind immer noch billiger als ein Heimplatz – und vor allem hast du selbst mehr Lebensqualität.

Für mich ist es sehr wichtig, dass ich nicht in eine Isolation gerate. Arbeit schied für mich aus, da bleibt eigentlich nur die WfB – dachte ich zuerst. Natürlich gibt es noch die Tagesstätte oder das Tageszentrum. Damit wäre ich aber wieder in der psychiatrischen Versorgung geblieben, und ich wollte mich doch eingliedern in das ganz normale Leben. Mir hat die Tageszeitung meiner Gemeinde geholfen. Hier erfährst du neben den Todesanzeigen alles, was in deiner Gemeinde los ist. Hier findest du die Einstiegsmöglichkeiten für die Kirche, Gesangsverein, Sportverein, Bürgerinitiativen und anderes. Such dir etwas aus und probier es. Vielleicht findest du im Anschluss daran einen netten Stammtisch. Auch wäre ein Engagement im Altersheim denkbar, denn für die alten Leute hat heute keiner mehr Zeit. Du könntest aus der Tageszeitung vorlesen, Gespräche führen oder den einen oder anderen beim Spaziergang begleiten. Das Wichtigste ist, dass du dich nicht isolierst.

Ich selbst habe gute Erfahrungen mit den Kirchen gemacht und dort gute Kontakte gefunden. Es sei dir unbenommen, in die psychiatrischen Einrichtungen zu gehen, aber ich finde, das sind Scheinwelten, die mit der realen Welt nichts zu tun haben. Ich will dir aber nichts vormachen: Kontakt zur Außenwelt zu finden ist sehr schwierig. Daher ist es auch hier wichtig, dass du dir Unterstützung holst. Vielleicht gibt es ja bei euch Bürgerhelfer, sonst solltest du unter Freunden, Bekannten oder Nachbarn Umschau halten, wer dich in den Alltag mitnehmen kann.

Vor dem Schritt, auszuziehen, hatte ich fürchterliche Angst. Ein Scheitern ist nicht auszuschließen, aber du kannst ja jederzeit ins Heim zurück. Wenn du dann endlich deine Wohnung hast, kann es gerade am Anfang Eingewöhnungsschwierigkeiten geben. Darum ist der schnelle Weg zum

Psychiater deines Vertrauens oder zu deiner Bezugsperson wichtig. Diese Eingewöhnungsschwierigkeiten heißen aber nicht, dass du dein Vorhaben, selbstbestimmt zu leben, aufgeben musst, im Gegenteil, daran kannst du wachsen und dich beweisen.

Eine weitere Schwierigkeit ist das Geld. Es ist sehr wichtig, dass du dich nicht verschuldest. Bisher hast du dein Taschengeld erhalten und alles andere wurde bezahlt. Nun musst du sehr eigenverantwortlich mit deinen Finanzen umgehen. Schulden sind wie Mühlsteine, die einen immer wieder herunterziehen. Deshalb suche billige gebrauchte Möbel, vielleicht bei der AWO, Lebenshilfe oder bei Selbsthilfefirmen. Nutze die Möbelkammer des Sozialamtes, sei dir ja nicht zu fein, einen Möbelschein abzuholen. Du hast auch das Recht auf Vorhänge und Gardinen. Die Haushaltsauflösungen sind eine Fundgrube! Sei nicht zu stolz, dir etwas schenken zu lassen. Wenn du einige Zeit in deiner Wohnung bist und alles klappt, dann kannst du dir nach und nach auch neue Sachen anschaffen. Wichtig sind Kühlschrank und Waschmaschine. Versuche irgendwo günstig eine Kombination von Kühl- und Gefrierschrank aufzutreiben. Es ist nämlich sehr praktisch, wenn du auf Vorrat einkaufen kannst und das Übriggebliebene einfrieren kannst.

Übrigens ist ein Kochkurs in der Volkshochschule oder sonst wo nicht zu unterschätzen und du hast Kontakt zu den »normalen« Mitbürgern, vielleicht entwickelt sich ja auch hieraus eine Freundschaft.

Weißt du, es gibt leider eine hohe Anzahl von Menschen im Heim, die gar nicht mehr rauswollen, sie haben schon längst resigniert. Zu diesen Leuten gehörte ich auch und darum habe ich 1991 beantragt, für immer im Heim bleiben zu dürfen. Zu dieser Zeit war ich allerdings auch voller Medikamente, die durch das Zusammenwirken von verschiedensten Schwierigkeiten in der Wohngruppe erforderlich waren. Wesentlich besser ging es dann schon im Betreuten Wohnen und mit dem Kontakt zu den dortigen Nachbarn. Aber die Besuche bei meinen Freunden und Bekannten machten mich neugierig auf ein eigenständiges Leben. Die Freundschaft zu einer erfahrenen Hausfrau und Mutter half mir so manchen Fehler zu vermeiden.

So sollte es auch für Heimbetreiber ein Gütesiegel werden, wie und wie viele Heimbewohner sie in die Selbstständigkeit begleiten. Da die Wiedereingliederung Geld und Zeit kostet, sollte die Finanzierung der Heime auch nach diesen Kriterien erfolgen, dann ist für alle Mitarbeiter der Anreiz höher, in diesem Sinn qualifizierte Leistungen zu bringen. Leider gibt es in den Heimen noch zu viele Mitarbeiter, die sich selbst auf einen Sockel stellen und sich bewundern lassen, wie sie mit allen Problemen scheinbar fertig werden. Wir stehen dann da, staunen sie an und können uns nicht vorstellen, das auch selbst zu schaffen.

Lieber Freund, das sind noch nicht alle Probleme, die auf dich zukommen. Viele von uns leiden darunter, dass sie keinen Partner haben und ihre Sexualität nicht leben können. Wir sind, auch wenn wir draußen leben, nicht die Lieblinge der Schwiegermütter. Aber schon das Senken der Medikamente ermöglicht es (immer nur in Absprache mit dem Arzt), den eigenen Körper neu zu entdecken. Bisher habe ich noch keine Freundin gefunden, aber wenn ich so die partnerschaftlichen Probleme meiner Umgebung mitbekomme, kann ich vielleicht ganz froh sein. Wir haben eine Sexualität, und ich bin der festen Meinung, außerhalb der Heime und des kommunalen Hospitalismus kann ich eher zu einer Partnerschaft finden als innerhalb. Jedenfalls erfreue ich mich, so mancher Frau an der Kasse des Lebensmittelmarktes oder auf dem wöchentlichen Markt in meiner kleinen Stadt zu begegnen.

Nebenbei bemerkt habe ich in Bethel ältere Mitbetroffene erlebt, die nach Jahrzehnten im Heim in die Familienpflege ausgegliedert wurden. Sie waren richtig stolz auf ihre Gastfamilien und sie hatten eine neue Erlebniswelt. Dies ist auch eine Möglichkeit, die ich mir offen halte, wenn ich älter bin. Wir sollten die Familienpflege als eine taugliche Alternative zur Langzeitstation oder dem Heim sehen. Den Betreibern vom Betreuten Wohnen schließe ich mich nach einem anderen Betreuungsschlüssel an. Es sollte vermehrt ein betreutes Wohnen in einer Einzelwohnung möglich sein. Ich kann dich nur nochmals davor warnen zu glauben, dass eine psychiatrische Unterstützung mit dem Auszug aus dem Heim unnötig sei. Nur die Inhalte der Unterstützung müssen anders sein.

Aber jetzt genug, lass dich wegen meiner Ausführungen nicht von deinem Plan abbringen. Ich möchte dir nur die eventuellen Schwierigkeiten aufzeigen, aber sei versichert, bei entsprechender Vorbereitung ist es zu schaffen, und die Mühe lohnt sich. Und eins noch: Ich habe bemerkt, dass der Alltag und »das Normale« ganz schön verrückt sind, und wir fallen gar nicht weiter darin auf!

Dein

Klaus

Literatur

ADERHOLD, V. (1998): Alternativen zum Krankenhaus. In: BOCK, T.; WEIGAND, H. (Hg.): Handwerksbuch Psychiatrie. Bonn, S. 646–660.

Arbeiterwohlfahrt (2001): Menschlich innovativ – Leitsätze und Leitbild: Arbeiterwohlfahrt modern. Leitfaden. Arbeiterwohlfahrt Bezirksverband Weser-Ems e.V. Oldenburg.

Arbeiterwohlfahrt (2002): QM-Handbuch der Arbeiterwohlfahrt, Bezirksverband Weser-Ems e.V., Handbuch-Nr. 305/2, Änderungsstand 12. Dezember 2001. Oldenburg.

Arbeitskreis Pflege in der Deutschen Gesellschaft für Soziale Psychiatrie (Hg.) (1996): Pflegequalität in der psychiatrischen Versorgung – soweit sie sich messen lässt. Köln.

ARMBRUSTER, J. u.a. (2002): ProPsychiatrieQualität – Handbuch zur leitzielorientierten Qualitätsentwicklung in der Sozialpsychiatrie. Reutlingen.

BANDEMER, S.v.; WEIGEL, R. (2000): Grobkonzept zur Einführung einer Verbesserungsinitiative: Beschwerde- und Vorschlagswesen. Sozial- und Seniorenwirtschaftszentrum im Wissenschaftspark. Gelsenkirchen.

BETTELHEIM, B. (1989): The Empty Fortress. Frankfurt a.M.

BRANDT, E. (Hg.) (2001): Qualitätsmanagement & Gesundheitsförderung im Krankenhaus: Handbuch zur EFQM-Einführung. Neuwied.

BRILL, K.-E. (2003): Psychisch Kranke im Recht. Bonn.

Bundesministerium für Gesundheit (1999): Leben im Heim, Bd. 102. Baden-Baden.

Bundesministerium für Gesundheit (Hg.) (1999): Von institutions- zu personenzentrierten Hilfen in der psychiatrischen Versorgung. Bd. 1: Bericht des Bundesministeriums für Gesundheit »Personalbemessung im komplementären Bereich der psychiatrischen Versorgung« (Schriftenreihe des Bundesministeriums für Gesundheit, Bd. 116). Baden-Baden.

Bundessozialhilfegesetz (BSHG). Lehr- und Praxiskommentar, Stand: 15. Juli 1998. Baden-Baden.

Bundesvereinigung der Altenheimbewohner (2002): Stellungnahme zur Heimgesetznovelle. In: www.biva.de/binfl12.htm. Zuletzt gesehen am 3. März 2002.

CREFELD, W. (1999): Gesundheitsberichterstattung zur Anwendungspraxis des Unterbringungsrechts nach dem PsychKG NRW und dem Betreuungsrecht des Bundes des Ministeriums für Frauen, Jugend, Familie und Gesundheit des Landes Nordrhein-Westfalen. Bonn.

Deutscher Verein (1997): Fachlexikon der sozialen Arbeit. Frankfurt a.M.

Dietz, A. u.a. (1998): Behandlungsvereinbarungen. Vertrauensbildende Maßnahmen in der Akutpsychiatrie. Bonn.

Dörner, K. (1996): Qualitätssicherungskatalog für Heime. Gütersloh.

Dörner, K. (Hg.) (1998): Ende der Veranstaltung. Anfänge der Chronisch-Kranken-Psychiatrie. Gütersloh/Neumünster.

Dörner, K. u.a. (2001): Aufforderung an die Fraktionen des Deutschen Bundestages, eine Kommission zur »Enquete der Heime« einzusetzen. Forschungsarbeitsgemeinschaft »Menschen in Heimen«, Bielefeld.

Dörner, K.; Plog, U. (2002): Irren ist menschlich. Bonn.

Durrant, M. (1996): Auf die Stärken kannst du bauen. Dortmund.

Ebner, H. u.a. (2002): Grundlagen von Qualitätssicherung und Qualitätsmanagement im Gesundheitswesen. 13. Studientext des Weiterbildenden Fernstudiums Angewandte Gesundheitswissenschaften. Bielefeld u.a.

EFQM (1999): Selbstbewertung Richtlinien für den Öffentlichen/Privaten Sektor. Brüssel.

EFQM (2000): Spektrum Fallstudie. Brüssel.

EFQM (2000): Spektrum Modell-Bewertungsbuch. Brüssel.

Eink, M. (Hg.) (1997): Gewalttätige Psychiatrie. Bonn.

Finzen, A. (1998): Die junge Generation der chronisch psychisch Kranken. In: *Psychosoziale Umschau*, 4, S. 8–10.

Flick, U. (Hg.) (2002): Innovation durch New Public Health. Göttingen.

Gerber, U. u.a. (2001): Einführung in die Gesundheitswissenschaften. 1. Studientext des Weiterbildenden Fernstudiums Angewandte Gesundheitswissenschaften. Bielefeld u.a.

Greve, N. (2002): Sechs Vorschläge für professionelle HelferInnen in psychiatrischen Diensten und Einrichtungen. In: Keller, Th.; Greve, N. (Hg.): Systemische Praxis in der Psychiatrie. Heidelberg, S. 278-295.

Gromann, P. (1997): Schattenseiten der Reform oder Die »Zurückgebliebenen«. In: Eink, M. (Hg.): a.a.O., S. 164–170.

Harris, R. u.a. (1995): Heime zum Leben: Wege zur bewohnerorientierten Qualitätssicherung. Hannover.

Heimgesetz (HeimG). In: Sozialgesetzbuch XI und Heimgesetz, Stand: 1. Januar 2002. Stuttgart.

Heimler, J.; Schulze Steinmann, L.; Suhre, R. (Hg.) (2000): Wer, wenn nicht wir ...! Dokumentation der Zukunftswerkstatt des DGSP-Fachausschusses »Menschen in Heimen« vom 21.–23. Oktober 1999 in Magdeburg. Köln.

Heinrich, J. (1998): Aggression und Stress. Weinheim.

Herriger, N. (1997): Empowerment in der Sozialen Arbeit. Stuttgart.

Jungk, R.; Müllert, N.R. (1981): Zukunftswerkstätten. Hamburg.

Kämmerer-Rütten, U. (1999): Nutzerrolle und Nutzerperspektive in der Psychiatrie. In: *Sozialpsychiatrische Informationen*, 4, S. 38–41.

Kauder, V; Aktion Psychisch Kranke (2001): Personenzentrierte Hilfen in der psychiatrischen Versorgung. Manual mit Behandlungs- und Rehabilitationsplänen. Bonn.

KEBBEL, J.; PÖRKSEN, N. (Hg.) (1998): Gewalt und Zwang in der stationären Psychiatrie. Tagungsbericht. Köln.

Kerbe (2001): Themenschwerpunkt Genderperspektive, H. 4.

KEUPP, H. (1997): Ermutigung zum aufrechten Gang. Tübingen.

KLOTZ, D. (1990): Hilfen für Helfer. In: BOCK, Th.; WEIGAND, H. (Hg.): Handwerksbuch Psychiatrie. Bonn, S. 412–431.

KNUF, A.; SEIBERT, U. (2001): Selbstbefähigung fördern. Empowerment in der psychiatrischen Arbeit. Bonn.

KRISOR, M.; PFANNKUCH, H. (1997): Die Mitgestaltung der Institution durch ihre NutzerIn. In: *Sozialpsychiatrische Informationen*, 4, S. 32–40.

KRISOR, M. (2001): Freiheit und Verantwortung in der Psychiatrie. In: *Sozialpsychiatrische Informationen*, 2, S. 18–20.

KRUCKENBERG, D.; KUNZE, H.; AKTION PSYCHISCH KRANKE; KAUDER, V. (Hg.) (1997): Personenbezogene Hilfen in der psychiatrischen Versorgung, Tagungsberichte 24. Köln.

KRUMENACKER, F.-J. (1998): Bruno Bettelheim. Grundpositionen seiner Theorie und Praxis. München.

KUNZE, H.; PÖRKSEN, N.; AKTION PSYCHISCH KRANKE (1997): Qualität in Psychiatrischen Kliniken, Tagungsberichte Band 23. Köln.

LAUPICHLER, K. (2001): Nie wieder Heim. Beitrag auf der Tagung des Dachverbands für psychosoziale Hilfsvereinigungen. Stendal, unveröff. Ms.

MELCHINGER, H. (2001): Hilfekonferenzen als Instrument der Eingliederungshilfe. Evaluation und analytische Auswertung des Modellvorhabens »Fallkonferenz Enthospitalisierung«. Projektbericht des Arbeitsbereichs Versorgungsforschung Nr. 02.01 der Medizinischen Hochschule Hannover.

MOSHER, L.; BURTI, L. (1992): Psychiatrie in der Gemeinde. Bonn.

NOUVERTNÉ, K.; WESSEl, Th.; ZECHERT, Chr. (Hg.) (2002): Obdachlos und psychisch krank. Bonn.

OBERT, K. (2000): Alltags- und lebensorientierte Ansätze sozialpsychiatrischen Handelns. Bonn.

PLOG, U. (1998): Wahrnehmung gehört die Selbstwahrnehmung. In: *Soziale Psychiatrie*, 3, S. 16–19.

PRINS, S. (2001): »Gut, dass wir mal darüber sprechen!« Neumünster.

RADKE, Ph.; WILMS, D.; KAMISKE, G.F. (Hg.) (1997): European Quality Award – Die Kriterien des EQA umsetzen. München.

ROSENBROCK, R. (1998): Gesundheitspolitik. In: HURRELMANN, K.; LAASER, U. (Hg.): Handbuch Gesundheitswissenschaften. Weinheim, S. 707–751.

RUPP, M. (1996): Notfall Seele. Stuttgart.

SCHELLHORN, W.; HOHM, K.-H. (2002): Das Bundessozialhilfegesetz. Ein Kommentar für Ausbildung, Praxis und Wissenschaft. Neuwied.

SCHERNUS, R. (2000): »Lohnt sich das noch?« In: *Sozialpsychiatrische Informationen*, 1, S. 8–11.

SCHERNUS, R. (2001): Die Kunst des Indirekten. Neumünster.

SCHERNUS, R. (2002): Moderne Zeiten – Mögliches und Unmögliches in der Psychiatrie. In: *Sozialpsychiatrische Informationen*, 2, S. 33–38.

SCHWARTE, N.; ZPE der Universität Siegen (2002): Selbstbestimmte Lebensform als Merkmal von Lebensqualität: Ambulant gestütztes Wohnen als gleichberechtigte Option – Voraussetzungen und Bedingungen der Weiterentwicklung des Unterstützten Wohnens für Menschen mit einer geistigen Behinderung. Marburg, unveröffentlichter Vortrag.

SELIGMAN, M. (1995): Erlernte Hilflosigkeit. Weinheim.

SELVINI PALAZZOLI, M. (1995): Hinter den Kulissen der Organisation.

Sozialgesetzbuch – Neuntes Buch (SGB IX): Rehabilitation und Teilhabe behinderter Menschen, Stand: 19. Juni 2001, BGBl. I, S. 1046.

Sozialpsychiatrische Informationen (1996): Themenheft: Qualitätssicherung in der Psychiatrie. Bonn.

TERGEIST, G. (2001): Führen und Leiten in psychiatrischen Einrichtungen. Bonn.

THIERSCH, H. (1998): Heimerziehung als Lebenshilfe. In: Europäische Studien zur Jugendhilfe, Bd. 2. Mainz.

WEINWURM-KRAUSE, E.-M. (Hg.) (1999): Autonomie im Heim. Heidelberg.

WIENBERG, G.; DRIESSEN, M. (Hg.) (2001): Auf dem Weg zur vergessenen Mehrheit. Innovative Konzepte für die Versorgung von Menschen mit Alkoholproblemen. Bonn.

WILHELM, H.-J. (2001): Direkt übernehmbare Vorlagen zum Qualitätsmanagement im Gesundheits- und Sozialwesen. Mering.

ZECHERT, C. (2002): Werden Heimbewohner bei der Wahl des Heims beteiligt? In: *Psychosoziale Umschau*, 3, S. 10–11.

Herausgeberinnen

Lisa Schulze Steinmann, Jahrgang 1959, lebt in Bremen und arbeitet freiberuflich in der Aus- und Fortbildung sowie im Coaching in den Bereichen Sozialpsychiatrie, Sozialarbeit, Sozialpädagogik, Praxisbegleitung und Lehre. Sie ist Erzieherin, Diplom-Sozialarbeiterin, Diplom-Sozialtherapeutin, Psychotherapeutin (HPG), hat an mehreren psychiatrischen Kliniken im Sozialdienst und in leitenden Funktionen gearbeitet. Weiterbildungen in Angewandten Gesundheitswissenschaften, Diplom als Coach, und in der Erwachsenenbildung. An mehreren Fachhochschulen und Universitäten ist sie als Lehrbeauftragte tätig. Adresse: Hermannstraße 65, 28201 Bremen, mail@sozialtherapeutisches-coaching.de.

Joachim Heimler, Jahrgang 1958, Lehre zum Büromaschinenmechaniker und Tätigkeit als Rettungssanitäter, hat Diplom-Sozialarbeit und -Sozialpädagogik (FH) sowie Soziale Therapie (U) an der GH/Universität Kassel studiert. Seit 14 Jahren bei AWO Bremen beschäftigt: zuerst Betreutes Wohnen, ab 1993 Leitung eines Wohn- und Übergangsheimes und seit 2000 Bereichsleitung des Einrichtungsverbundes für psychisch kranke Menschen der AWO Bremen in der Region Bremen-Süd. Er ist Mitbegründer des DGSP-Fachausschusses »Menschen in Heimen«. Adresse: AWO Integra gGmbH, Senator-Willy-Blase-Haus, Mainstraße 46, 28199 Bremen, j.heimler@awo-bremen.de.

Hans Cordshagen, Jahrgang 1944, Diplom-Psychologe und Psychologischer Psychotherapeut. Tätigkeiten im Psychiatrischen Krankenhaus, vollstationär, teilstationär und ambulant in einer Institutsambulanz. Seit 16 Jahren bei der *Brücke Schleswig-Holstein* beschäftigt, inzwischen in der Geschäftsleitung zuständig für das interne Beschwerdewesen und den Bereich der Psychosozialen Rehabilitation. Adresse: Die Brücke Schleswig-Holstein, Muhliusstraße 94, 24103 Kiel, h.cordshagen@bruecke-sh.de.

Josef Claaßen, Jahrgang 1950, 1965–1981 Ausbildung zum Dreher, Meisterbrief. Ab 1981 Mitarbeiter in verschiedenen Modellprojekten wie der Auflösung von Kloster Blankenburg, Aufbau des Betreuten Wohnens in Bremen und Rostock. Zwischenzeitlich Ausbildung zum Ergotherapeuten. Seit 1998 Einrichtungsleiter des Psychiatrischen Pflegewohnheims »Baggermeisterring 29« in Rostock. Adresse: Psychiatrisches Pflegewohnheim, Baggermeisterring 29, 18109 Rostock, josef.claassen @ggp-hro.de.

Autorinnen und Autoren

Wolfgang Bayer, Jahrgang 1958, Diplom-Pädagoge, Sozialmanager. Seit 18 Jahren in den von Bodelschwinghschen Anstalten Bethel beschäftigt, seit zwölf Jahren Leiter von ambulanten und stationären Einrichtungen und Diensten. Derzeit Leiter eines Verbundes dezentraler Wohneinrichtungen.

Wolfram Beins, Jahrgang 1954, Diplom-Sozialarbeiter, Studium der Sozialen Therapie an der GH/Universität Kassel. Geschäftsführender Leiter der Psychosozialen Beratungsstelle im Sozialpsychiatrischen Dienst und Fachstelle für Suchtberatung beim Ev.-luth. Kirchenkreis in Celle.

Martina Boller, Jahrgang 1960, Studium der Sozialpädagogik, Weiterbildungen in Gestaltberatung (FPI) und Frauenspezifischer Therapie. Derzeit Fortbildungsreferentin und Mitarbeiterin im Intensiv Betreuten Wohnen der Bremer Werkgemeinschaft; freiberufliche Fortbildungs- und Fachberatungstätigkeit.

Lothar Flemming, Jahrgang 1954, Studium der Soziologie, von 1991 bis 2002 als Leiter einer geschlossenen Langzeitbehandlungsstation eines psychiatrischen Krankenhauses bis zu deren Auflösung tätig. Seit 2003 Leiter des medizinisch-psychosozialen Fachdienstes beim Rheinischen Sozialamt, Landschaftsverband Rheinland.

Rainer Hölzke, Jahrgang 1951, Studium der Psychologie und Soziologie in Hamburg und Abschluss als Diplom-Psychologe. Nach Tätigkeiten in Erziehungsberatungsstelle und Kinderheim mehrjährige Arbeit auf einer geschlossenen Station. Seit 1982 im Wohnhaus Jüthornstraße in Hamburg beschäftigt. Forschungstätigkeit für die *Aktion Psychisch Kranke*.

Petra Jahnke, Jahrgang 1966, Studium der Sozialpädagogik. Tätigkeiten in der Kinder- und Jugendhilfe, Kontakt- und Beratungsstellen für seelisch behinderte Menschen sowie seit 2001 im Sozialdienst der ambulanten und stationären Betreuung seelisch Behinderter Menschen im Wohnheim Fichtenstraße in Delmenhorst.

Manfred Kober, Jahrgang 1948, Erstberuf Bankkaufmann, dann 2. Bildungsweg und Studium der Sozialpädagogik. Von 1989 bis 2002 Stellvertretender Dienststellenleiter in einem Sozialpsychiatrischen Wohnverbund, seit 2003 Referent für Sozialpsychiatrie bei Gustav Werner Stiftung, Urach. Susanne König, Jahrgang 1973, Studium der Sozialpädagogik, von 2000 bis 2002 Bezugsbetreuerin bei *Nussknacker e. V.* in Hamburg.

Dieter Kornmann, Jahrgang 1955, Diplom-Pädagoge. Tätigkeiten in der Westfälischen Klinik für Psychiatrie Dortmund, Leitung einer Wohnstätte für Menschen mit geistiger Behinderung und seit 1997 Geschäftsführer der Sozialwerk Betriebsführungsgesellschaft Westfalen Nord in Ascheberg.

Klaus Laupichler, Jahrgang 1954. Er hat über 30 Jahre Psychiatrieerfahrung von innen, davon 15 Jahre im stationären Bereich und lebt zurzeit glücklich in einer Sozialhilfewohnung. Seit drei Jahren Mitglied des geschäftsführenden Vorstandes des Bundesverbandes Psychiatrie-Erfahrener.

Herbert Lenninger, Jahrgang 1956, Studium der Sozialarbeit an der FH Düsseldorf. Tätigkeiten: Zunächst Leitung der Außenstelle Borgardtshof des Heilpädagogischen Heimes Bedburg-Hau und später berufsbegleitendes Studium der Betriebswirtschaft. Jetzt Geschäftsführer und Heimleiter bei *Spix e. V.*, Xanten.

Kay Nernheim, Jahrgang 1960, Diplom-Sozialarbeiter und -Sozialpädagoge, Sozialmanager, Systemische Ausbildung für die Arbeit mit chronisch psychisch kranken Menschen. Von 2000 bis 2003 Leitung des Wohnheimes *ToHus*. Seit 2003 Leiter des Verbundes Wohnen der Ev. Stiftung Alsterdorf, Kreis Stormarn.

Gaby Oberliesen-Rickert, Jahrgang 1950. Nach der Lehre als Hauswirtschaftsgehilfin und 2. Bildungsweg Studium der Sozialpädagogik in Marburg und Abschluss als Diplom-Pädagogin. Seit 1992 Einrichtungsleitung *Wohnverbund Kontrapunkte* des Sozialwerks St. Georg e.V.

Petra Rothe, Jahrgang 1958, zuerst Hotelfachfrau, dann 2. Bildungsweg. Jura- und Psychologie-Studium, Abschluss zur Diplom-Psychologin. Seit 2000 therapeutische Leitung bei den Dr. Loew'schen Einrichtungen in Nürnberg.

Joachim Schwerdtfeger, Jahrgang 1948, Diplom-Psychologe, Tätigkeiten in einem Forschungsprojekt, dann Arbeit mit geistig Behinderten in den Alsterdorfer Anstalten, Aufbau des *Nussknackers*. Seit 1992 Leitung und Geschäftsführung der Einrichtungen des Nussknacker e.V. in Hamburg.

Günter Storck, Jahrgang 1945, Ausbildung zum Krankenpfleger, Lehrer für Pflegeberufe und Pflegedienstleiter. Früher Heimleiter in einem Altenpflegeheim in Wilhelmshaven, zahlreiche Lehraufträge. Seit vielen Jahren Heimleiter des Psychiatrischen Wohnheimes »AWO Wohnanlage Schlichthorst« in Merzen-Engelern.

Klaus Völker, Jahrgang 1953, tätig als Diplom-Verwaltungswirt bei der Regierung von Unterfranken in Würzburg.

Günther Wienberg und Martin Driessen (Hg.)
Auf dem Weg zur vergessenen Mehrheit
Innovative Konzepte für die Versorgung von Menschen
mit Alkoholproblemen
3-88414-271-2, 336 Seiten, mit zahlreichen Tabellen und Abbildungen
24.90 Euro (44.50 sFr)

Die Herausgeber präsentieren eine aktuelle epidemiologisch fundierte Analyse der Versorgungslandschaft in der Suchtkrankenhilfe. Darüber hinaus stellen Praktiker innovative Konzepte aus der traditionellen Suchthilfe, der psychiatrisch-psychosozialen Basisversorgung und der medizinischen Primärversorgung vor. Mitarbeiter der Suchtkrankenhilfe werden auf vielfältige Anregungen für ihre Praxis stoßen, und Lehrende und Studierende an Fachhochschulen und Universitäten sowie Verantwortliche in Politik und Verwaltung können dieses Buch als Grundlage für versorgungs- und sozialpolitische Diskussionen nutzen.

Gunther Kruse/Joachim Körkel/
Ulla Schmalz
Alkoholabhängigkeit erkennen
und behandeln
Mit literarischen Beispielen
ISBN 3-88414-244-5
384 Seiten, br., 24.90 Euro (44.50 sFr)

»Dies ist kein trockenes Fachbuch über Alkohol! Kruse, Körkel und Schmalz legen vielmehr eine genuss-bringende Lektüre vor, die gleichzeitig offensiv mit einer Fülle von sich hartnäckig haltenden Sucht-Mythen aufräumt, den aktuellen Stand der für die Praxis wichtigen Suchtwissenschaft darstellt, Praxiserfahrungen und Handwerkszeug für alle relevanten Arbeitsbereiche vermittelt und fernab jeder Resignation für die Arbeit mit Alkoholikern motiviert. Bei alledem zeigen sie Sympathie und Respekt für die sonst eher ungeliebten und vernachlässigten Kinder der Psychiatrie, die ›vergessene Mehrheit‹«.
Marianne Bosshard, Suchttherapie 1/2000

Klaus Nouvertné, Theo Wessel, Christian Zechert (Hg.)
Psychisch krank und obdachlos
ISBN 3-88414-268-2
208 Seiten, 19.90 Euro/34.60 sFr

»Mangelhafte psychiatrische Betreuung führt bei vielen Betroffenen in die Obdachlosigkeit mit starker Verwahrlosung oder zu dramatischen Lebenseinschränkungen. Die Alternativen liegen nicht in einer neuen Therapie, sondern darin, den Einzelnen so lassen zu können, wie er ist, unter dem Aspekt der Schadensbegrenzung für ihn selbst und seine Umwelt. Konzepte, die dies zum Inhalt haben, müssen stark individualisiert sein.« *Klaus Nouvertné*

Sie gehören längst zum Erscheinungsbild jeder Stadt: Obdachlose. Was aber die wenigsten wissen: Viele obdachlose Menschen leiden unter schweren psychischen Beeinträchtigungen. Das Hilfesystem reagiert darauf nur unbeholfen, die Mitarbeiterinnen und Mitarbeiter in der Obdachlosenhilfe können nur bedingt mit psychisch Kranken umgehen. Die psychiatrische Versorgung berücksichtigt in den Behandlungsplänen zu wenig das fundamentale Problem der Obdachlosigkeit. Was tun?
In diesem Buch werden neben Grundsatzbeiträgen praktische, kommunal umsetzbare Lösungsmöglichkeiten vorgestellt. Die zentrale Forderung des Buches lautet: Hilfeeinrichtungen müssen sich stärker vernetzen und die Hilfen selbst müssen viel stärker auf die Bedarfslagen der Einzelnen eingehen. Dazu muss die Finanzierung flexibilisiert werden und kommunal »therapiefreie« Räume angeboten werden.